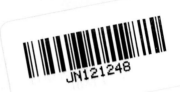

イラストで学ぶ　改訂第２版

無事帰る

高所作業の知識とべからず83事例

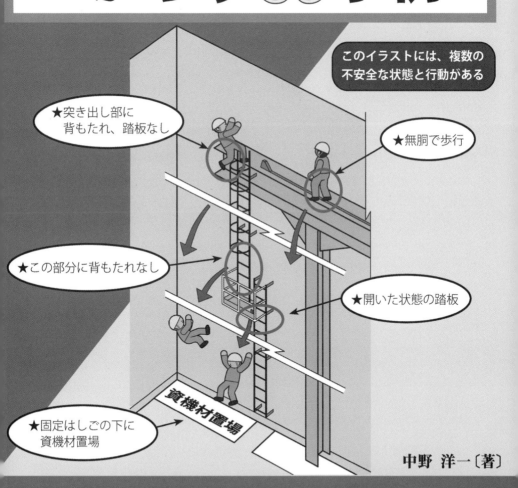

このイラストには、複数の不安全な状態と行動がある
★突き出し部に背もたれ、踏板なし
★無胴で歩行
★この部分に背もたれなし
★開いた状態の踏板
★固定はしごの下に資機材置場
資機材置場

中野　洋一〔著〕

高所作業の災害防止の決め手は、「落ちない状態の確保」。それができなければ、「落ちてもすぐ阻止する設備」を講ずることです。本書は、高所作業に関わる知識を学び「リスクアセスメントを作成」するための手引書です。

労働新聞社

はじめに

「高所」の言葉だけで、「高所恐怖症」の人は一歩退きますが、高所（high places）＊1からの墜落・転落（以下、墜落等）による災害は、「人間が活動するあらゆる場所」で生じます。

直立２足の姿勢で歩行する人間は、頭が最も高い位置にあるので、高い場所に乗ると、わずかな力で「足が滑って・足を踏み外して・自分の動作の反動」などにより、直立姿勢のバランスを崩して墜落等となり、固い床面等に頭部が激突すると致命的な災害になり、墜落等の災害は「高所で人間行動により生じる現象」です。事業場では設備面（環境含む）の「安全な状態には限界」があり、墜落等の災害防止対策（prevent measures）は「未来永劫（えいごう）安全対策を講ずべき課題」といえる。

筆者は、平成 11 年５月から中央労働災害防止協会（以下、中災防）の安全管理士になってから、官公庁含む全産業の安全診断・安全教育・安全講話に従事、また、多数の図書執筆と安全専門誌への長期間連載を行ってきました。今回の第２版では、高所作業＊2に於いて管理・監督者が求めている「教材・資料として即活用できる図書」となるように、初版全体を見直し＊4ました。、本書は「高所作業の知恵・知力〔知恵（wisdom）を働かす力〕」として頂きたく、当表題にまとめましたので、「高所作業の災害予防」に、役立てて頂ければ幸いです。これからの時代は「災害防止（disaster prevent）でなく、災害予防（disaster prevention）」の時代です。

―― ご安全に ――

＊１：安衛則では「作業床の高さ・深さ２m 以上を高所作業」＊2としているが、本書では「高さ 1.5m 以上を高所作業に準じた対応」とします。

＊２：高所作業の災害発生は、事故の型別分類では「墜落・転落＊3動作の反動・無理な動作」になる危険性が高い

＊３：墜落・転落は、全産業の令和４年死亡者数で最も多く（30％）、建設業では 41％でワースト１、製造業では 16％でワースト２

＊４：《主な見直し事項：リスクアセスメントの必要性を強調！》

①表紙のイラスト（以下、挿絵）は、重篤な災害３事例を想定

②「べからず 83 事例」は同じですが、災害のテーマを一部差し替え

③第１章に「数値化によるリスクアセスメント」の評価基準の説明

④第２～４章の冒頭に「リスクの算定（ＲＬ－Ⅲ・Ⅳ）を記載

⑤複数の挿絵に「災害１・災害２・災害３」と記述

⑥テーマの番号は各章毎とし、図の番号は連続番号

⑦文字数の多い文字は、（以下、○○）と略

目次

はじめに

第1章　高所作業の共通知識

第2章　はしご・踏台・作業台・脚立

第３章　足場・水平親綱

第４章　受水槽（タンク）・開口部・安全帯

Column

Column ①「大地震の知識」

〔Ⅰ〕「震度６強」①はわないと動くことができず、飛ばされることもある　②固定していない家具のほとんどが移動し、倒れるものが多くなる　③大きな地割れが生じたり、大規模な地滑りや山体の崩壊が発生することがある
〔Ⅱ〕「震度７」④耐震性の低い木造建物は傾く物や、倒れる物がさらに多くなる　⑤耐震性の高い建物も、まれに傾くことがある　⑥耐震性の低い鉄筋コンクリート造りの建物は、倒れるものが多くなる

出典：東京防災（東京都）の揺れなどの状況から「震度６強と震度７」を抜粋

震度７のイメージ図

耐震補強なしの建物倒壊２事例　　耐震補強の木造建物＊

＊震度７の連続発生は、耐震補強の建物でも居住が困難（熊本地震の教訓）

マメ知識 「平成28年熊本地震」と「明治維新以降発生した大地震〔M7.3以上〕と大津波」

「地震前に増大する地電流に、ナマズが敏感に反応する」といわれている

(a)「平成28年熊本地震（M7.3)」平成28年4月14日と16日：熊本県益城町では両日に「震度７が２回発生」、人的被害は死亡110・重傷919・軽傷1,488、住宅被害は全壊8,257棟・半壊と一部破損17万1,878棟、火災被害は15棟（消防庁：平成28年10月14日現在）
(b)「明治三陸地震（M8.2－8.5)」明治29年6月：死者・不明２万1,959、大津波が発生、(c)『関東大震災(M7.9)』大正12年９月死者・不明10万5,385、建物被害は全壊が10万9,000余棟、全焼が21万2,000余棟、(d)『昭和三陸地震（M8.1)』昭和８年３月：死者・不明3,064、大津波が発生、(e)『北海道南西沖地震（M7.8)』平成５年７月：死者・不明230、(f)『阪神・淡路大震災（M7.3）最大震度７』平成７年１月：死者・不明6,437、(g)『十勝沖地震（M8.0)』平成15年９月：死者・不明２、(h)『東日本大震災（M9.0）最大震度７(宮城県栗原市)』平成23年３月：死者・不明１万8,434、震災関連死（岩手県・宮城県・福島県）3,615（平成30年３月現在）大津波が発生。

出典：「安全スタッフ：連載第144回」(中野執筆)

第1章

高所作業に関わる知識

「高所」の定義は、高さ２m以上(安衛則第518条)となっているが、日本の成人男子(40歳～ 59歳)＊1の身長は約1.66mで「眼の高さ(眼高)は約1.5m」なので、本書では内規として眼高より上「高さ1.5m以上を高所作業」とする。なお、昇降設備が必要な「深さ1.5m以上の開口部(安衛則第526条)」も、高所作業に準じた対応としてのテーマとする。

この章では、高所作業に関わる知識を「イラストと文章をリンク」させて判り易く解説する。墜落防止の決め手は「落ちないような設備」にする。困難な時は「落ちても直ぐ阻止」すれば致命的な災害にはならない。

＊１：「建築設計資料集成(人体計測値)」日本建築学会刊

1 高所作業と墜落・転落の定義など

《高所作業とは》

高所作業とは、労働安全衛生規則（以下、安衛則）第 518 条では、高さ 2 m 以上の箇所で行う作業としているが、本書では上乗せして、作業床などの「高さ・深さ 1.5m 以上を高所作業」とする。

《墜落・転落による労働災害》

墜落・転落（以下、墜落等）による死亡災害は、全産業で毎年 労働災害のワーストを占めている。また、休業 4 日以上の死傷者数でも
転倒に次いで第 2 位である。特に作業床の高さが目線（約 1.5m）以上からの墜落（頭頂の高さは 3.2m）は「死亡や永久労働不能につながるケガ」になる危険性がある。

《「墜落と転落」の定義（definition）》〔図－1〕

安衛則第 518 条の解釈例規には、こう配が「40 度以上の斜面上を転落することは墜落」に含まれるとあるので「40 度未満は転落」である。そこで本書では「墜落等」は、傾斜角（こう配）が「40 度以上は墜落、40 度未満は転落」と明確に区分して説明する。なお「階段・段ばしご（階段はしご）・はしごなど[*1]」は起因物である。

〔図－1〕墜落、転落、転倒[*2]の違い

＊ 1：「JIS B 9713 － 1」によると、**階段**は 20 度＜こう配≦ 45 度、**段はしご**は 45 度＜こう配≦ 75 度、はしごは 75 度＜こう配≦ 90 度である。脚立の設置角は 75 度程度なので、脚立から落ちると事故の型は「墜落」である

＊２：「労働災害分類の手引」によると「転倒とは、人がほぼ同一面上を転ぶ場合をいい、つまずき、またはすべりにより倒れた場合等をいう。車両系機械などとともに転倒した場合も含む。交通事故は除く」となっている

《「天板、天場、作業床」の違い》〔図－２〕

本書では「天板・天場・作業床」の違いを、下記にように区分して述べる

①**天板**（てんいた）は、奥行き 12cm ～ 20cm で幅 30cm 程度

〔記〕兼用脚立の最上段で、軽量の物などを仮置きする面

②**天場**（てんば）は、奥行き・幅 30cm 程度。（※成人男子の靴の長さ）

〔記〕作業者が直立姿勢で「短時間の軽作業」を行う床面

③**作業床**は、奥行き・幅 40cm 以上。（安衛則第 563 条第１項[＊3]）

＊３：作業者が乗って「定点で連続作業」を行う最小床面寸法

〔図－２〕「天板・天場・作業床」の違い

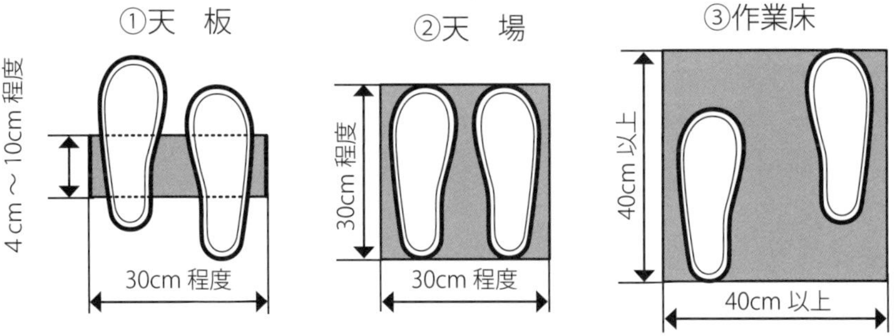

《「足場からの墜落・転落防止」の法規制の強化》

足場からの墜落・転落災害を防止するために、安衛則の一部が平成 21 年、および平成 27 年に改正され「足場からの墜落防止のための措置」がより強化された。平成 27 年７月施行の内容は次の５つである。

① 足場の組立てなどの作業の「墜落防止措置」を充実（安衛則第 564 条）

② 足場の組立てなどの作業は「特別教育を義務化」（安衛則第 36 条）

③ 足場・作業構台を労働者に使用させるときは「注文者も点検を義務」づけ（安衛則第 655 条・第 655 条の２）

④ 足場の作業床に関する「墜落防止措置を充実」（安衛則第 563 条）

⑤ 鋼管足場（単管足場）に関する「規定の見直し」（安衛則第 571 条）

2 事故の型別労働災害の発生状況

主要産業における令和４年の「事故の型別労働災害発生状況」を見ると、未だに「墜落・転落災害」が多いことが判る〔図－３〕。

《墜落・転落（墜落等）の死亡者数（%）》

全産業死亡者数（774 人）のうち、墜落等は（**234 人：30%**）でワースト。業種別では、建設業（281 人）は（**116 人：41%**）でワースト、製造業（140 人）は、はさまれ・巻き込まれ（**56 人：40%**）に次いで第２位（**23 人：16%**）で、第三次産業（**198 人**）は交通事故に次いで多い（**54 人：27%**）。

なお、第三次産業とは「商業（小売業等）、保健衛生業（小売業等）、接客・娯楽業（飲食店等）、清掃・と畜等、通信業、警備業」をいう。

《墜落等の死傷者数（%）》

全産業の死傷者数（132,355 人）のうち、墜落等は（**16%**）で３番目で、業種別に見ると、建設業は死亡者数と同じワースト（**32%**）で、製造業は（26,694 人）４番目（**11%**）です。

《全産業で「なぜ、墜落等が多い！」》

墜落等は「人がエネルギーとなって衝突*1」する現象で、高所作業を行う限り、墜落等の災害の危険性は常に潜在している。製造業でも墜落等が多いのは、機械設備の大型化に伴い高所作業が多くなり、それらの「安全な設備と適正な作業方法」が後手になっていると考えられる。

具体的に「墜落」は（a）高所（高さ 1.5 m以上）防護柵の不備・不良、（b）こう配 40 度以上の昇降設備の不備・不良。「転落」はこう配 40 度未満の階段等の不良。「墜落・転落」の共通事項は（c）手すりがない、（d）路面がすべりやすい（e）路面の照度不足が考えられます。

＊１：労働災害は「No.1 ～ No.4」〔第１章：４〕に分類される。墜落・転落は No.3：人がエネルギーとなって衝突。なお、「こう配が 40 度以上の斜面上を転落は墜落に含まれる」〔安衛則第 518 条の解釈例規〕。

《死亡災害の業種別起因物》

全産業の起因物では、「動力運搬機→仮設物等→環境等→乗物等」の順に多く、建設業は「仮設物等→環境等→建設機械等→動力運搬機」の」順、製造業は「動力運搬機→般動力機械→仮設物等」の順に多い。

〔図－3〕事故の型別労働災害発生状況（令和4年）〔令和5年度：安全の指標〕

（1）〔全産業の死亡者数〕774人

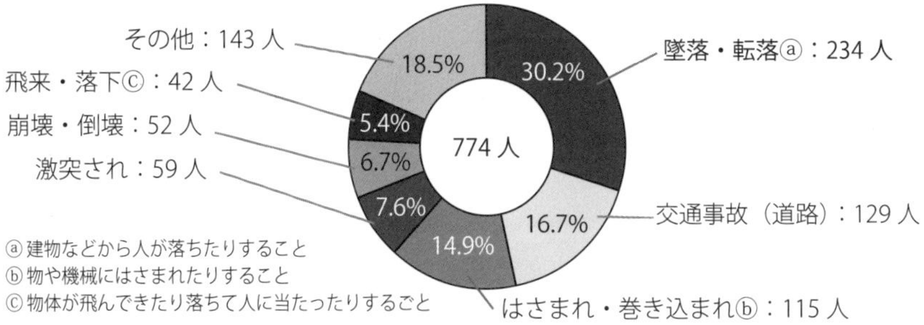
その他：143人
18.5%
墜落・転落ⓐ：234人
30.2%
飛来・落下ⓒ：42人
5.4%
崩壊・倒壊：52人
6.7%
774人
激突され：59人
7.6%
交通事故（道路）：129人
16.7%
14.9%
はさまれ・巻き込まれⓑ：115人

注　ⓐ建物などから人が落ちたりすること
　　ⓑ物や機械にはさまれたりすること
　　ⓒ物体が飛んできたり落ちて人に当たったりすること

（2）〔全産業の死傷者数〕132,355人

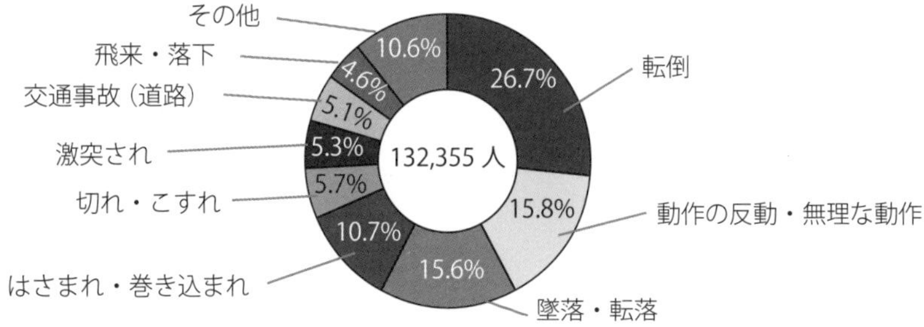
その他
10.6%
飛来・落下
4.6%
転倒
26.7%
交通事故（道路）
5.1%
激突され
5.3%
132,355人
切れ・こすれ
5.7%
15.8%
動作の反動・無理な動作
10.7%
はさまれ・巻き込まれ
15.6%
墜落・転落

（3）〔製造業の死亡者数〕140人

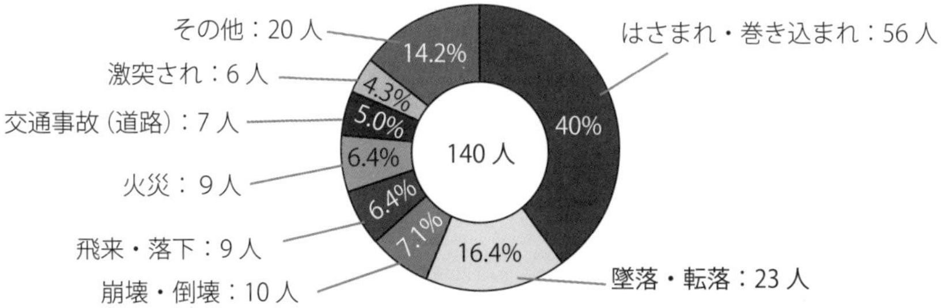
その他：20人
14.2%
はさまれ・巻き込まれ：56人
激突され：6人
4.3%
交通事故（道路）：7人
5.0%
40%
6.4%
140人
火災：9人
6.4%
飛来・落下：9人
7.1%
16.4%
崩壊・倒壊：10人
墜落・転落：23人

（4）〔建設業の死亡者数〕281人

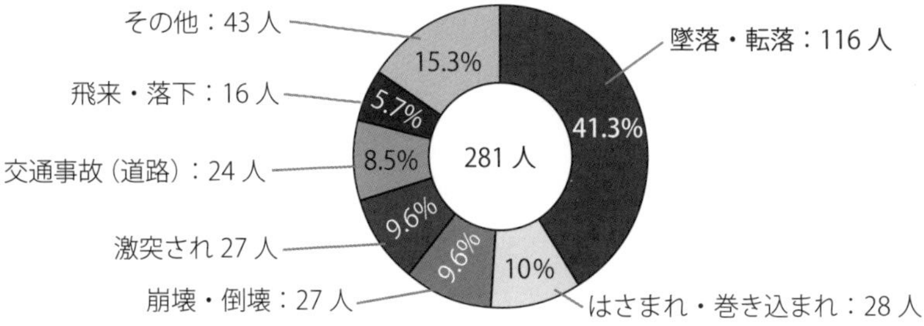
その他：43人
15.3%
墜落・転落：116人
飛来・落下：16人
5.7%
41.3%
交通事故（道路）：24人
8.5%
281人
9.6%
激突され27人
9.6%
10%
崩壊・倒壊：27人
はさまれ・巻き込まれ：28人

3 製造業と建設業の災害

《墜落・転落の主な原因》〔表－１〕

墜落・転落の主な原因は、製造業（平成 25 年）では「滑って、踏み外して、自分の動作の反動」の順に多く、建設業（平成 26 年）では「滑って、自分の動作の反動」の順となっている。

〔表－１〕製造業と建設業の墜落・転落の死傷者数と主な誘因

原因＼墜落・転落	製造業（平成 25 年）計 2,895 人	建設業（平成 26 年）計 2,009 人
滑って	①　750 人	① 549 人
踏み外して	②　720 人	② 467 人
自分の動作の反動	③　549 人	③ 347 人

出典：「なくそう！墜落・転落・転倒：第８版（中災防）」

(a)〔滑って〕

■床面が滑りやすい
▲床面を走る

(b)〔踏み外して〕

■足元が見えない
▲両手で物を抱えている

(c)〔自分の動作の反動〕

■作業床が狭く、
補助手すりがない
▲つま先立ち・両手
で物を抱えている

《墜落・転落の主な起因物（製造業・建設業・第三次産業）》

〔製造業〕

令和４年の死傷者数は 26,694 人、そのうち墜落・転落の死傷者数 11%、転倒の死傷者 22%。

起因物の内訳は①仮設物・建築物・構築物等（階段・桟橋、作業床・歩み板、通路）で 22%、②一般動力機械（食品加工用機械、ロール機、印刷用機械、混合機）で 14%、③用具（はしご等、玉掛用具等）で９%で、これら３つで 45%でした。

〔建設業〕

令和４年の死傷者数は 14,539 人、そのうち「墜落・転落」で死傷者率 32%。起因物の内訳は①仮設物・建築物・構築物等で 28%、②用具（脚立、はしご）で 13%、③材料（金属材料、木材、石等）で 12%、④動力運搬機で９%、⑤建設機械等で７%、これら５つで 69%。

〔第三次産業〕

令和４年の死傷者数は 66,749 人、そのうち「転倒」が最も多く死傷者率 35%、次いで「動作の反動等」で 20%、「墜落・転落」は３番に多く 11%でした。

《足場〔＊１〕からの墜落・転落災害が多い》

＊１：足場とは、建築物・船舶等での高所作業において、労働者を作業箇所に接近させるために設ける仮設の作業床およびこれを支持する仮設物。

A：平成 29 年から令和３年（５年間）の労働災害発生件数（死傷者 654,474 人／死亡 4,401 人）をみると、「墜落・転落（死傷 105,204 人／死亡 1,138 人）」のうち、足場から（死傷 4,997 人／死亡 108 人）が占める割合を合計値でみると、死傷災害で約５%、死亡災害で約９%となっている。

B：令和４年の発生した墜落・転落災害は「第1章: 2〔図－3〕」の通り墜落・転落は建設業ではワーストで、製造業は２番目に多かった。

C：近年、製造業でも設備の大型化・立体化に伴い、工場内外の保全作業でも足場を使用する機械が多くなっている。

4 災害発生のメカニズム 〔No.1～No.4〕

☆災害とは「異常な自然現象や人為的原因によって、人間の社会生活や人命に受ける被害」（広辞苑）をいう。厚生労働省では、労働災害の「事故の型*1」を 20 に分類（その他）しているが、それらを大分類すると「No. 1 ～ No. 4 」のようになる。

＊1：傷病を受けるもととなった起因物（機械・装置・その他の物等）が関係した事象

【No. 1】人にエネルギーが暴走〔図 −4（a）・（b）〕

①火災　②爆発　③交通事故（道路）　④交通事故（その他）　⑤崩壊・倒壊
⑥破裂　⑦飛来・落下　⑧激突され

★火気がある室内で、有機溶剤で洗浄をしていて爆発（ガソリン等は、爆発する瞬時に１万倍の空積になる）

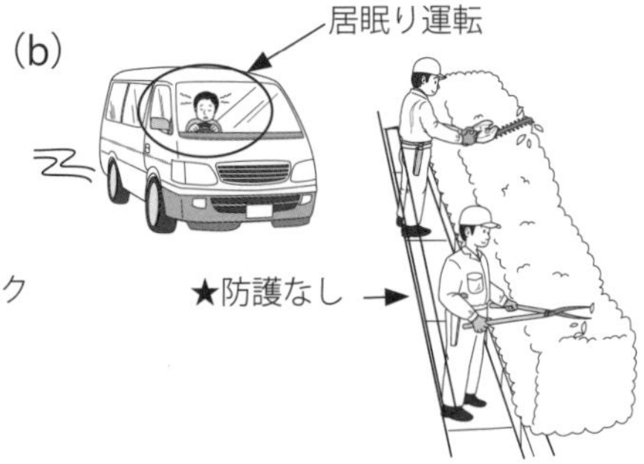

★居眠り・酔っぱらい運転の車が植木の剪定作業者に激突

【No. 2】人がエネルギーの活動区域に侵入〔図 −5（a）・（b）〕

⑨感電　⑩はさまれ・巻き込まれ　⑪高温・低温の物との接触　⑫切れ・こすれ　⑬おぼれ

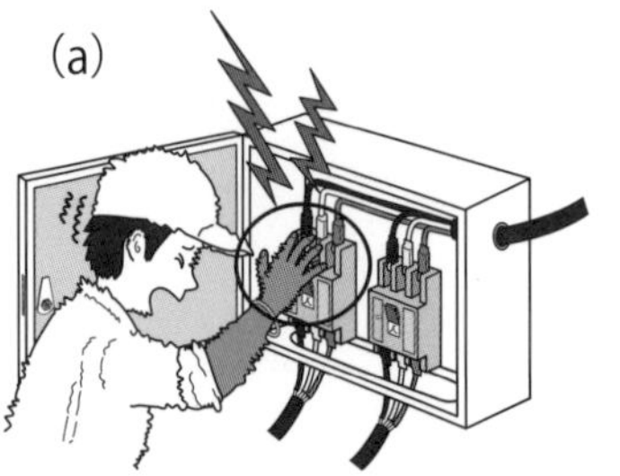

★漏電遮断器（上下端子に防護なし）に素手で接触し感電

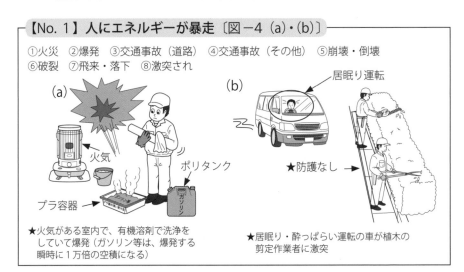

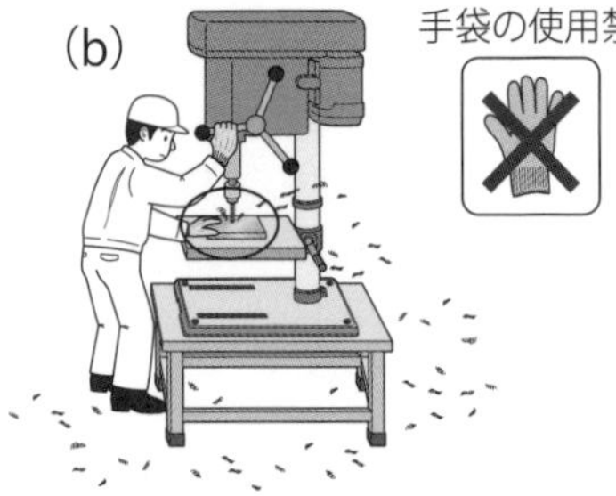

★手袋を着用し加工作業中、ボール盤のドリルに触れて巻き込まれる

【No. 3】人がエネルギーとなって衝突〔図－6（a）・（b）〕

⑭墜落・転落　⑮動作の反動・無理な行動　⑯激突　⑰踏み抜き　⑱転倒

（a）

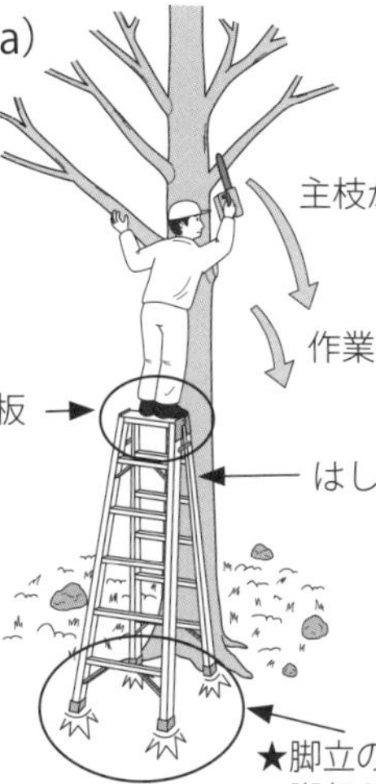

★脚立の天板上で剪定していて、
脚部が沈下しバランスを崩して墜落

（b）★荷物を両手で抱えて、階段を
降りているとき踏み外して転落

【No. 4】人がエネルギーに包囲される〔図－7（a）・（b）〕

⑲有害物等との接触〔※放射線による被ばく・有害光線による障害・酸素欠乏症等＊2
・有機溶剤中毒＊3・一酸化炭素中毒・高気圧等有害環境下にばく露〕
＊２：酸素濃度 18%未満・硫化水素濃度 10ppm 以上

（a）

★狭い室内等で、有害物の環境下にばく露
【酸欠の空気は臭わない・
硫化水素は腐った卵のような臭い！】

＊２：有機溶剤等は「ＳＤＳ」に基づき管理
〔化学物質の危険性・有害性の知識を！〕
＊３：安衛法の規則
（a）酸欠則（b）有機則
（c）特化則（d）粉じん則

（b）

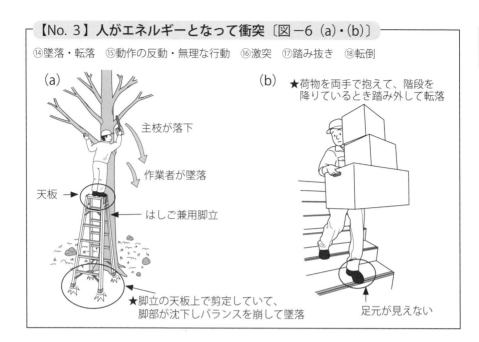

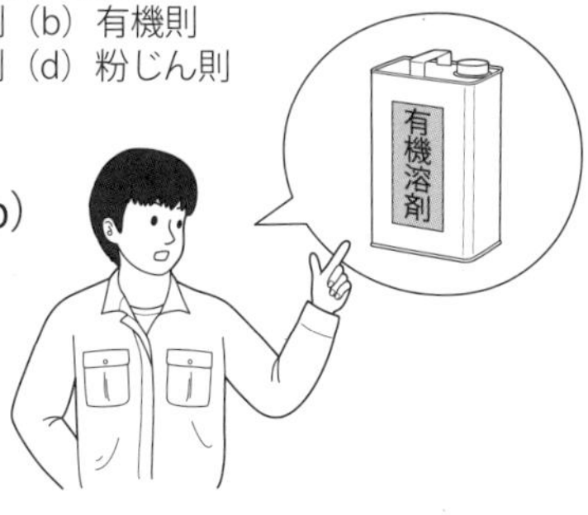

〔各種ガス等の特性（空気比）〕
① 酸欠状態の空気は軽い　② 硫化水素はやや重い　③ 有機溶剤のガスは重く低迷

【災害は人とエネルギーとの衝突（接触）】

【大きなエネルギーは人体に危険】

5 数値化によるリスクアセスメント（RA）

（1）ＲＡとは、「リスクの重篤度を見積りそのリスクが許容できるか否かを決定する過程」のことをいう。ＲＡは、作業に伴う危険有害性についての事前検討を行う「先取り安全の手法」です。

（2）本書では「数値化による見積り方法」とします。

《リスク評価基準（1）～（3）と、リスクレベル算定基準（4）》

表２：（1）危険状態が発生する頻度

頻　度	評価点	内　容
頻　繁	4点	1日に1回程度
時　々	2点	週に1回程度
滅多にない	1点	半年に1回程度

表３：（2）危険状態が発生したときにケガに至る可能性

ケガの可能性	評価点	内容（危険事象の発生確率＆回避の可能性）
確実である	6点	“常に注意を払っていてもケガをすることがある"
可能性が高い	4点	“注意を払っていないとケガをする" ただし、回避の可能性がある場合とする。防護柵や防護カバー等があったとしても相当不備がある
可能性がある	2点	“うっかりするとケガをする" ただし、回避の可能性がある場合とする。安全装置等は設置されているが、柵が低いまたは軽微な不備がある
可能性はほとんどない	1点	“特別に注意していなくてもケガをしない" なお、回避の可能性には関わらない

表４：（３）ケガの重篤度（重大性）
〔※〕常識の範囲内で想定される最も重い場合を見積もる

重篤度	評価点	内　容
致命傷	10点	死亡や永久労働不能につながるケガ、障害が残るケガ
重　傷	6点	休業災害（完治可能なケガ）
軽　傷	3点	不休災害
微　傷	1点	手当て後直ちに元の作業に戻れる微小なケガ

表５：（４）リスクレベル算定基準
〔リスクレベル（ＲＬ）とリスクポイント（ＲＰ）の対応〕
RP＝「危険状態が生じる頻度」＋「ケガに至る可能性」＋「ケガの重篤度」

RL	RP	リスクの内容	リスク低減措置の進め方
Ⅳ	13～20点	安全衛生上重大な問題がある	リスク低減措置を直ちに行う、措置を講ずるまで作業を停止する
Ⅲ	9～12点	安全衛生上問題がある	リスク低減措置を速やかに行う
Ⅱ	6～8点	安全衛生上多少の問題がある	リスク低減措置を計画的に行う
Ⅰ	3～5点	安全衛生上の問題はほとんどない	必要に応じてリスク低減措置を行う

〔※〕当算定基準は「安全の指標：令和５年度〔中災防〕」を参考に作成

6 高齢者の心身の機能低下

わが国は、急速に高齢社会に移行しつつあり、労働力人口に占める高年齢労働者の割合も増加してきています。

総務省統計局が公表している労働力調査によると、令和４年の就業者数6,723万人のうち、「55歳以上の就業者数は2,116万人と３割」を占めています。

また、高年齢労働者の労働災害発生状況をみると、令和３年の労働者死傷病報告（厚生労働省）によると50歳以上の死傷者は全死傷者の５割以上を占め、「死亡者にいたっては全死亡者の６割以上」となっています。

〔出典〕中災防刊「令和５年度版：安全の指標」を要約

《高齢者の心身機能の特性》

〔図－8〕は「20～24歳ないし最高期と、55～59歳の高齢者各種心身機能水準の相対関係」がどの程度であるかを示したものである。

高齢者の長所は「豊富な知識・経験」を持っている、業務全体を把握した上での「判断力と統率力を備え」ているなどであるが、弱点は、加齢に伴い「脚力が衰え、バランス・歩行能力が低下」することにより「転倒、墜落・転落の災害」が懸念されることである。

《高齢者のために必要な安全対策》〔墜落・転落に限定〕

A：直接的な災害防止対策

(a) 高所作業は、できるだけ「地上の作業」に置き換える

(b) 高所作業は「高所作業台（車）・昇降式移動足場＊1」を活用

＊1：作業床高1.5m以上の作業は、常時安全帯を使用

(c) 垂直はしごは「背もたれと安全帯阻止装置」を設置

(d) 垂直はしごは「階段＊2に改善」

＊2：階段の推奨こう配は、30度以上・38度未満〔図－27〕

(e)「階段を改善（手すり・手すり子・幅木・段鼻など）」

(f) 利用頻度の多い階段は「スロープ（傾斜路）」にする

B：間接的な災害防止対策

(g) 高齢者向けの作業方法等の「教育と訓練」
(h)「夜勤作業」は極力避ける
(i) 技能・知識を生かす職務への配置転換
(j) 危険な場所への「接近禁止」(立入禁止措置・床表示*3等)

＊3：床表示の具体的な事例は「図－12」を参考に！

〔図－8〕20～24歳ないし最高期を基準とした場合と、55～59歳年齢者の各機能水準の相対関係（%）

〔記〕図中で▭は、心身の機能低下が50%以下と著しく低い

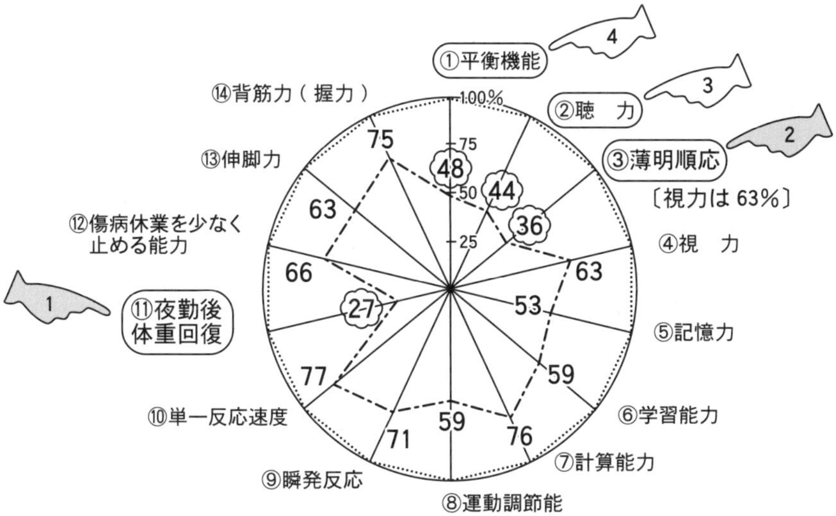

出典：「労働の科学22巻1号」1967 斉藤一：向老者の機能の特性を要約

〔図－9〕 高齢者のプラスとマイナス要因

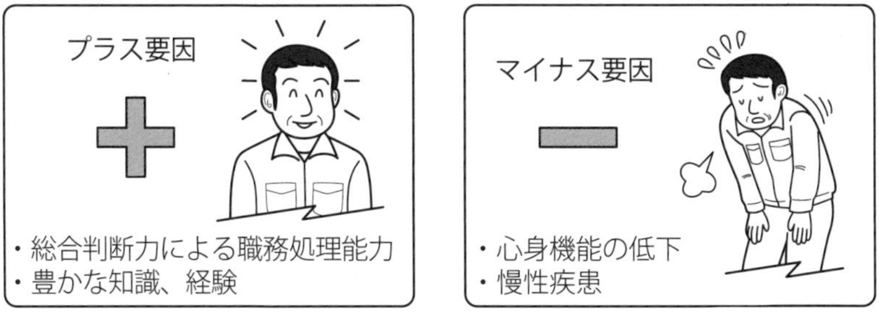

7 「1mと5m」の違い

《堅い床面に頭が激突すると、致命的な障害が残る》

「滑って･踏み外して･自分の動作の反動」〔表－1 (a) (b) (c)〕などにより、人間は頭部が体の最も高い位置にあるので、直立の姿勢は簡単に崩れる。

墜落・転落では「頭部がどの位置（高さ）」にあったか「落ちた高低差、床面の堅さ」などによって、障害の重篤度が異なる。

★「1mは、一命取る」〔豆腐〕

人間の脳は「豆腐の硬さと同じ＊1」といわれている。豆腐をビニール袋に入れて、高さ1mから堅い床面に落とすと確実に砕ける。

＊1：人間の脳は「つるっとした見た目は絹ごし豆腐、硬さは木綿豆腐」

★「5mは、御命取る」〔カボチャ〕

人間の頭蓋骨は「カボチャと同じ硬さ」といわれる。そこで同様に、カボチャ＊2をビニール袋に入れて、5mの高さから堅い床面等に落とすと砕け、死亡・致命的な災害になる危険性がある。

（「身近なもので危険性」を知る）

＊2：ハロウィンは欧米で10月31日に行う収穫祭で、カボチャが偶像

★豆腐を高さ1mから落とすと砕ける
《1mは、一命取る》

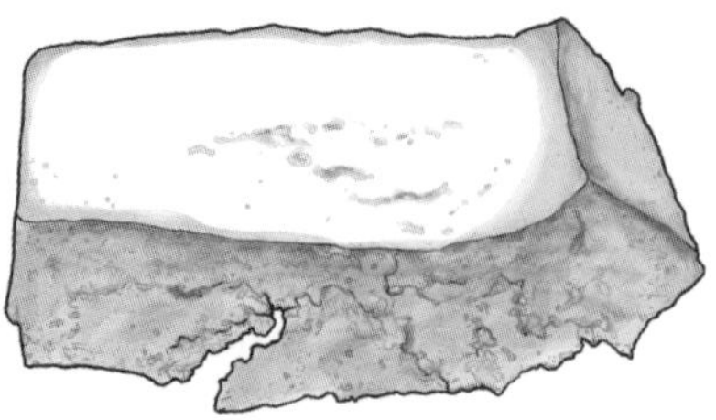

★カボチャを高さ5mから落とすと砕ける
《5mは、御命取る》

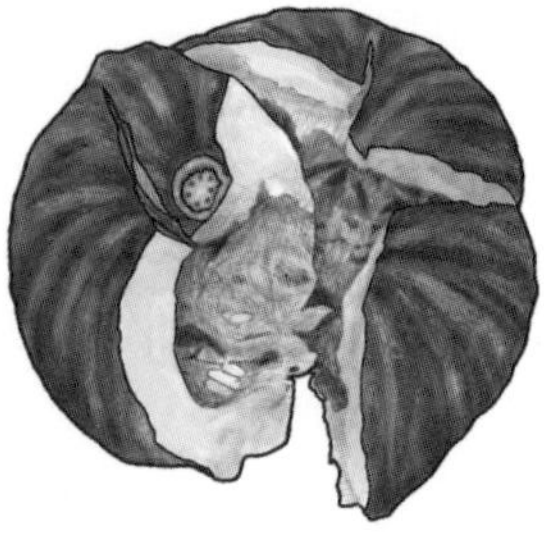

〔記〕「豆腐とカボチャ」の実験で、墜落の危険性を認識できる

〔出典〕安全スタッフ：2023.12.1より

8 作業者の「頭頂がどの高さ」にあるか

《高低差の錯覚》

高所作業の危険性について、監督者の認識が欠如（欠けている）している職場では「高低差の錯覚」に対する理解が不足しているのでは！

一般に人間は「仰角・俯角が 15 度程度」は違和感を感じないといわれている。高さ 1.5m の作業台の天場〔図－２②〕に、身長 1.7m の作業者が立った場合、作業者の頭頂は 3.2 mになる。もし直立姿勢でバランスを崩し支えるものがなく、堅い床面に頭が激突すれば、致命的な災害を引き起こすことは、明白[*1]である。〔図－ 10〕

＊１：人間は高い所から落ちたとき、猫のように「瞬時に身をひるがえし」て、足から着地することはできない

〔図－ 10〕頭頂と床面の関係

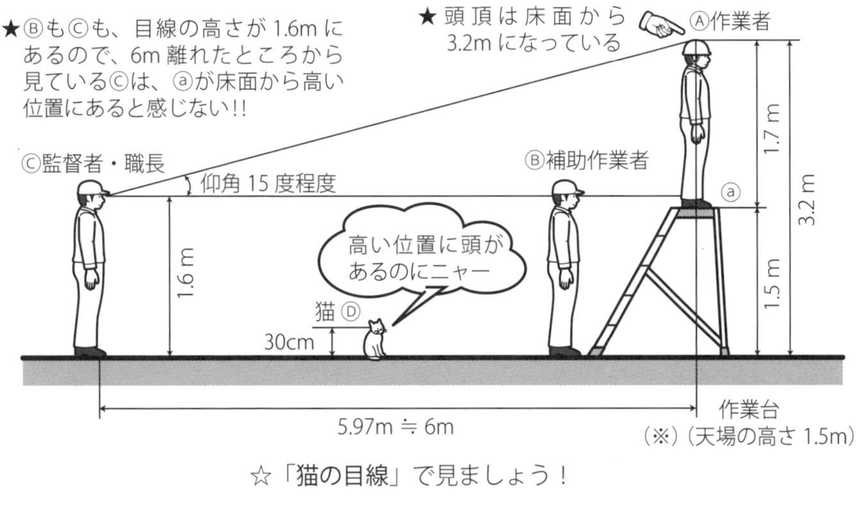
★Ⓑもⓒも、目線の高さが 1.6m にあるので、6m 離れたところから見ているⓒは、ⓐが床面から高い位置にあると感じない!!
★頭頂は床面から3.2m になっている
Ⓐ作業者
ⓒ監督者・職長
Ⓑ補助作業者
仰角 15 度程度
ⓐ
1.7 m
3.2 m
1.5 m
1.6 m
高い位置に頭があるのにニャー
猫 Ⓓ
30cm
5.97m ≒ 6m
作業台
（※）（天場の高さ 1.5m）

☆「猫の目線」で見ましょう！

【警告】「危険を危険と感じない」は、危険（危険の感受性欠如）

9 「安全と安心、危険と注意」の違い

安全（safety）と安心（peace of mind）等の違いを知る（know）と、英語は分かりやすい（※残念ながら日本語は「言語明瞭、意味不明瞭」が多い！）

A：「安全と安心の違い」について

（1）安全の定義（definition）

(a) JIS 規格では「受容＊1できないリスク＊2がない」こと

＊1：受け入れて取り込むこと（広辞苑）

＊2：危害＊3の発生確率およびその危害の程度との組み合わせ

＊3：人の受ける身体的傷害もしくは健康傷害、または財産もしくは環境の受ける害

(b) ISO/IEC ガイド 51:2014＊4では「safety」は、許容できないリスクからの解放（freedom from which is not tolerable risk）

＊4：ISO/IEC（国際標準化機構 / 国際電気標準会議）

☆「本質安全化は危険源がない」ことである

☆安全とは災害がないことではなく「危険（risk）がない」ことをいう

★「安全帽・安全メガネ」とはいわず「保護帽・保護メガネ」という

〔記〕産業安全には「経験則（経験的法則）による絶対安全」はない

（2）安心の定義等

広辞苑によると、安心（peace of mind）とは「心配・不安がなくて、心が安らぐこと」で、自然科学的根拠ではなく、社会科学的根拠に基づく「心理的な状態」である

☆上手な運転は、同乗者が「安心して乗って」いられる（信頼）

☆この会社の食品は「安心して食べ」られる（信頼）

（3）「安全と安心」の使い方について

「安全を第一」にして作業を行えば「安心して作業ができる」ので「自ずと生産性も向上」してきて、お客様の信頼も得られる

☆「安全装置」とはいうが、安心装置とはいわない

B：「みる」の違い〔表－6〕

（1）見る（look・see） ⇒見物（go sightseeing）
（2）看る（nurse） ⇒看護（nursing）
（3）観る（inspect） ⇒観察（observation）
（4）診る（diagnose） ⇒診断（diagnosis）
〔※医者に診てもらう：（consult a doctor）〕

☆ 職場巡視（安全パトロール）では「職場を良く観る（inspect)」ように心掛け、また、安全担当者の能力向上教育を行い「観る目」を養う。
「危険性の高い不安全な状態（環境含む)」は、不安全な行動をする（人間はヒューマンエラーをする）と重篤な災害となる可能性が高い。

C：「防止と予防」の違いについて

防止（prevent）は邪魔する、できないようにするで、予防（prevention）は止めること、防ぐことの状態をいう

☆ これからの時代は「災害予防が神髄（the essence)」である
（※再発防止対策より「予防的対策」を優先させる）

☆ セルフケアで「風邪予防」
(a)「うがいと手洗い」
(b)「水分」を定期的に補給
(c)「マスク」をする（特に冬期の電車の中と就寝時）
(d) 室内は加湿器などで「適度な湿度」を保つ（特に冬期の就寝時）
(e)「歯周」を丁寧に歯磨き

D：「危険と注意」等の違いについて

欧米では「危険（danger)・警告（warning)・注意（caution)」の違いを明確に分けている。国際的なスポーツのサッカーの反則行為で活用、近年は他のスポーツでも、反則行為として活用している。

☆ ANSI（アメリカ規格協会）では
危険：避けられなかった場合「死亡または重傷に至る結果となる切迫した危険」の状況
警告：避けられなかった場合、「死亡または重傷に至る結果となり得る可能性」のある危険の状況
注意：避けられなかった場合「軽傷または中程度の傷害を負う結果となり得る可能性」のある危険の状況となっている

10 安全色と安全マーキング

《安全色の浸透》

日本で安全色がJISに制定されたのは、1951年が最初（JIS M7001：鉱山保安警標）。1953年に安全色の総則ともいうべきJIS Z 9101（安全色彩使用通則）が制定され、その後さまざまな改正が繰り返され、そして諸規格の整理統合や国際規格との整合化により1995年に「JIS Z 9103（安全色：一般的事項）」に変更され、2005年に再度改正された。

〔表－5〕に身近な安全色の使用箇所を示す

〔表－7〕主な安全色と使用箇所（JIS Z 9103：2005）

色の区分	意味と使用箇所
赤	防火（消火器、消火用品）・禁止・停止（緊急停止ボタン、停止信号旗）・危険・緊急（消防車）
黄**赤**〈橙〉	危険・明示（航海・航空の保安施設、公道の追越し車線、救命具、燃料運搬車、公共バスの手すりなど）
黄	警告・明示（駅舎・改札口・ホームの路肩表示、点字タイル、反射ベスト、腕章、欧米の横断歩道など）
緑	安全状態（安全旗）・進行（信号）・避難、歩行者の通路、誘導標識
青	指示標識・駐車場の誘導・自転車通路・注水厳禁など
赤紫	放射能（放射能標識・放射能警報）

〔注意〕「黄色と赤色」は、屋外・屋内の「紫外線で経年劣化」する

〔公道の行先表示〕・高速道路は、緑色板に白文字表示

・国道は、青色板に白文字表示

《安全色を複数使用の例》

※安全色を同じ場所で複数使用している事例が多数ある

〔車道の信号機〕緑・黄・赤（車道の中央側が赤）

〔公道の標識と路面表示〕緑・青・赤・白（対比色）など

〔有機溶剤の標識〕赤（第一種）：黄（第二種）：青（第三種）

《安全マーキングについて》

JISの2005年改正の各安全色と対比色の使用例に、安全マーキング(以下、安全Ma)が加わった(JIS Z 9103：2005)。最近日本も外国人が、多数観光で来られたり・居住したりで、外国人が利用する飛行場・新幹線・観光地などでは「安全Maの国際化」が進んでいる。なお、安全Maは各安全色の対比色として「白/黒」も使用している。

《安全色(safety color)と安全マーキング(safety marking)の違い》

「安全色＊1」は、ISOに準拠しJIS規格の定義によると、安全を図るための意味を備えた特別の属性をもつ色で、「安全マーキング＊2」は、安全標識、保安警標などとは別に、安全のメッセージを得る必要のある対象物、または、位置を明確にするために安全色および対比色を使用するマーキングとなっており、いずれも文字＊3とは違う効果があり、公共の場で多数活用されている。

＊1：安全色の「**赤**は禁止」の意味を表し可視性が非常に高く「火気厳禁・土足厳禁・開放厳禁・禁煙・使用禁止・通行禁止・駐車禁止・立入禁止など」の安全標識として多く使われている。

安全色の複数使用例は、各用途別の安全標識、コーン・区画用品、避難誘導、消防用品、公道の交通・指示、車道の信号機、駅のホームの非常停止ボタン・端部表示など。

＊2：〔図－11〕の通り

(a)「**赤**/黄」は、危険位置等を警告

(b)「**赤**/白」は、危険区域・防火区域の位置

(c)「黒/黄」は、注意を喚起

(d)「青/白」は、指示・誘導で、ETCの進入路に床表示

なお(a)・(b)・(d)は斜め表示だけでなく矢印表示もある

〔記〕情報・電力機器などの保全会社では、作業開始前に

「マスキング(masking)とマーキング(防護と表示)」の確認を行う

＊3：**文字表示**は「読まない・理解しない・読むのに時間を要する・外国人は判らない」である。特に、日本語ははっきりしない(言語明瞭・意味不明瞭など)表現＊4が多い

＊4：「**危険注意**」は不適正な表示の代表(「P－25(D)」を参考に！)

《身近な安全マーキング（以下、安全 Ma）の例》

(a)「赤 / 黄」の斜めライン：①公道の急カーブ・T 字路（事故多発場所）
　※赤色と黄色の安全 Ma は危険性の高い場所等に表示

(b)「赤 / 白」の水平ラインと矢印：②高さ 100m 以上の鉄塔・煙突
　③ 大型クレーンのブーム　④公道の緩いカーブ　⑤カラーコーン

(c)「黄 / 黒」の斜めライン（トラマーク）：⑥注意喚起表示

(d) 青色下地に矢印は白色：⑦高速道路 ETC ゲートの進入レーン

(e) 青色下地に車椅子は白色：⑧車椅子利用者のトイレに近い駐車場

〔図ー 11〕各種の安全 Ma

〔※〕図中の（a）・（b）は、上記の（a）・（b）

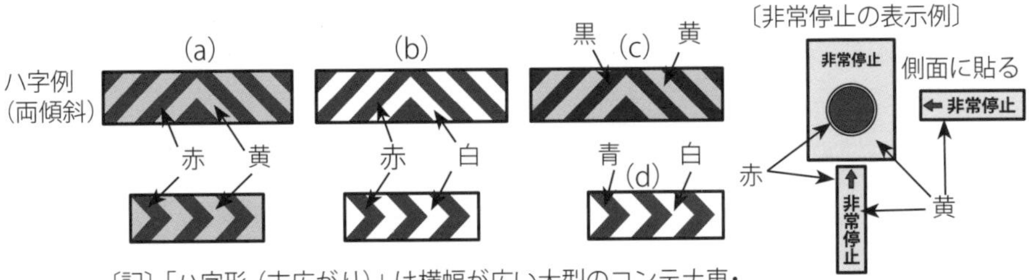

〔記〕「ハ字形（末広がり）」は横幅が広い大型のコンテナ車・ローリー車などは蛍光性のプレートをボルト止め

※文字は黒

〔図ー 12〕作業構台の搬出入口周辺に安全 Ma を複数使用例

〔※〕図中の（a）・（b）は、上記の（a）・（b）

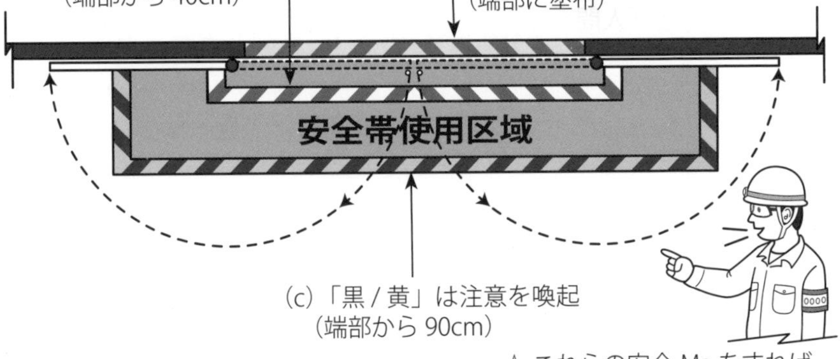

☆ これらの安全 Ma をすれば、識別しやすい。ヨシ！！

11 「手すりと柵の違い」について

《「手すりと柵の違い」について》

「手すりと柵」は、生活の場・公共の場・職場のあらゆる場所で使われており、極めて用途が広い。本書では「労働災害防止」の観点から、階段・スロープなどの手掛かりとしての「手すり（hand rail)」と、寄りかかる柵の手すりは「防護柵（fence)」と明確に区分＊1している。

なお「手すり等の高さと人間の出す力」は〔図－13〕を参照のこと。

＊1：(a)「手すり」は階段・橋・廊下などの縁に、腰の高さに渡した横木・欄干。「柵」は土地の境界・区画などに設ける囲い（広辞苑）

(b) 建築基準法では、寄りかかる手すりの高さは「110cm 以上」と規定

(c) 建築設計資料集成では「柵や手すりの高さ」は、寄りかかった人の体が手すり上端を乗り越えないように、体の重心＊2を上回る必要がある。手掛かりとしての手すりの高さは、75cm ～ 85cm 程度

(d) 安衛則の手すりは手掛かりなので「架設通路は 85cm 以上、踏切橋は 90cm 以上」。開口部の場合、寄りかかるので 110cm 以上を推奨

＊2：20 代の日本人男性の平均身長は 171cm、男性の重心は「床面より54%」なので、踵からの重心の高さは 171cm × 0.54 ≒ 92cm で、靴の踵高は 3 cm 程度なので、男性が靴着用の「床面からの重心高は 95cm」

〔図－13〕「手すり等の高さ」と「人間の出す力」

(a) 手すり等の高さ

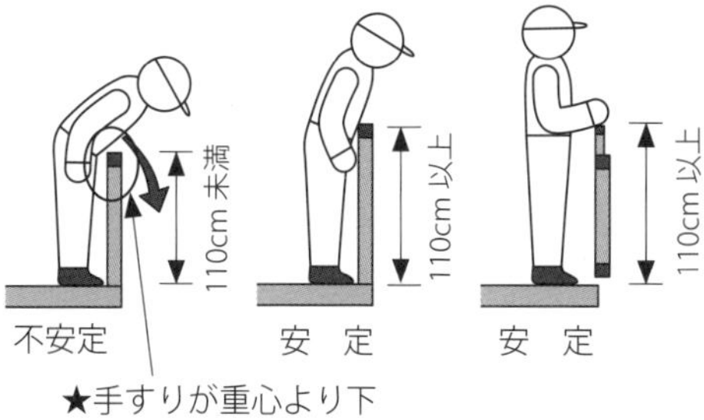

(b) 人間の出す力

姿勢（状態）		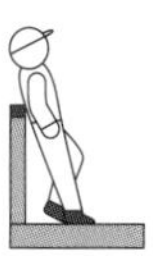	
実験項目／被験者	寄り掛かる（前）	寄り掛かる（後）	1人で押す
最大値（N）	18	13	107
平　均（N）	9.9	8.1	73.5

出典：筆者執筆の「なくそう！墜落・転落・転倒（中災防）」を要約

12 安全帯の種類と着用の必要性

《高所作業の危険性と法規制》

高さ・深さ２ｍ以上[＊1]の箇所で、機械設備の組立・解体、保守点検、屋根上、足場の組立て解体、開口部などで、落ちて床面に身体（特に、頭部・背中）が激突すると「重篤な災害」になる危険性がある。

「安衛則：第518条第２項」で、事業者は作業床などがない箇所では「安全帯を使用させる等の措置」を講じなければならないとある。

＊１：身長1.7ｍの人は「頭頂は3.7ｍ」となる

《安全帯の規格》

平成14年２月改訂の「安全帯の規格」に、従来の胴ベルト式に加えてハーネス型[＊2]が追加された。ハーネス型（harness）は「人体の肩・胴・股」までベルトで包んでいるので、墜落しても衝撃荷重が分散されて、身体の姿勢が安定するようになっている。〔記〕平成31年２月改正

＊２：ハーネスの語源は「馬の装具」。欧米のsafety beltは、ハーネス型である。ハーネスを着用していれば、身の安全を確保して、救助（rescue）も安易にできる。ハーネス型安全帯は「身を守る装備」である！

《安全帯の耐用年数の目安》

損傷していない安全帯の最大耐用年数は、（独）労働安全衛生研究所で行った「安全帯使用指針（以下、使用指針）」を参考[＊3]に、ユーザーが自社で使用経験に基づいて使用期限の設定が求められる。

＊３：使用指針に基づく耐用年数

(a) 屋外で使用することが常態である場合には、紫外線劣化の恐れがあるので「最大耐用年数は２年」。溶接作業での使用は「溶接光は紫外線」なので、これに該当

(b) ２ｍ以上の高所作業が常態であり、使用頻度が高く、かつ、使用条件が、火気・塗料・油脂等にさらされる機会の多い過酷な職種については「最大耐用年数は４年」

(c) 使用頻度が少なく、かつ、使用条件が、過酷でない職種については「最大耐用年数は７年」まで

(d) 上記耐用年数以内であっても、各種の点検により「不合格の物は直ちに廃棄（疑わしい物は、欠陥・不良とみなす）」

(e) 太陽光が当たる屋外保管は、(b) に準ずる

〔図－14（a)〕安全帯の種類と形状

種類と分類	ハーネス型	胴ベルト型		
		1本つり専用		垂直面（壁面）用
		ロープ式	巻取り式	
使用例	フルハーネス 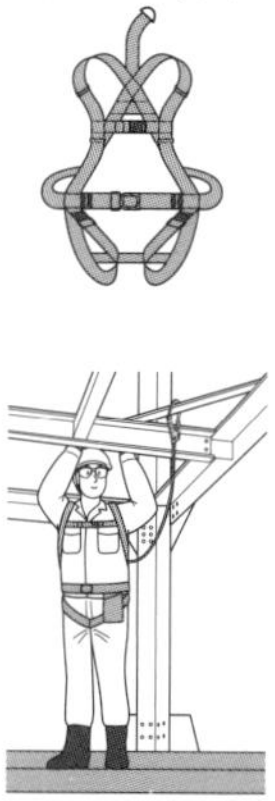	1本つり専用 ロープ式 	1本つり専用 織ロープ巻取り式 	垂直面（壁面）用  ライフライン メインロープ
用　途	一般高所作業用			垂直面作業用

〔図－14（b)〕フルハーネス型安全帯と胴ベルト型安全帯の名称

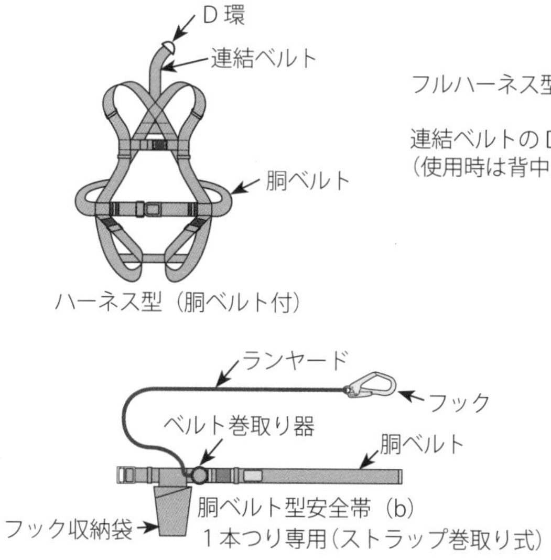
D環
連結ベルト
胴ベルト
ハーネス型（胴ベルト付）
ランヤード
フック
ベルト巻取り器
胴ベルト
フック収納袋
胴ベルト型安全帯（b）
１本つり専用（ストラップ巻取り式）

〔図－15〕職場巡視時の保護具例

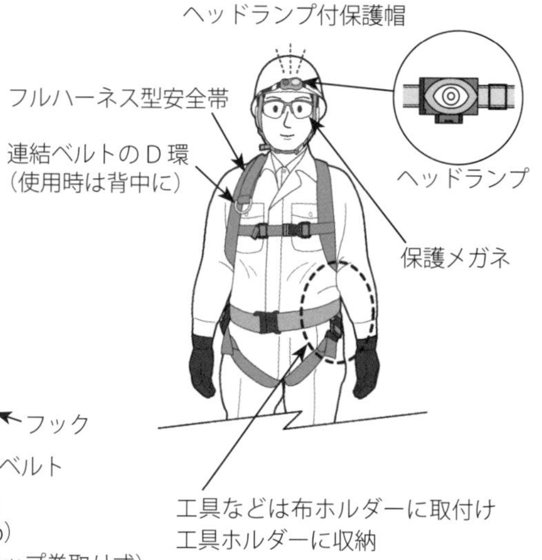
ヘッドランプ付保護帽
フルハーネス型安全帯
連結ベルトのD環
（使用時は背中に）
ヘッドランプ
保護メガネ
工具などは布ホルダーに取付け
工具ホルダーに収納

〔記〕「安全帯の正しい使い方」は、日本安全帯研究会の小冊子を！

13 各種安全帯の落下衝撃荷重波形と衝撃荷重

《フックを掛ける高さによって衝撃力は違う》

「安全帯の規格（平 14.2）」では、85kg のトルソー＊1を落下させた落下試験の「衝撃荷重は 8.0kN（816kgf）以下」だが、安全帯メーカーでは人体の安全性を考慮し「4.4kN（450kgf）程度を安全限界」としている。

〔図－16〕はＦ社で行った「各種安全帯の落下衝撃荷重波形」である。安全帯の種類とフックを掛ける高さによって、身体にかかる衝撃力は著しく異ることがわかる。ナイロンロープ式安全帯のフック＊2を腰より下方１ｍにかけると 11.22kN（1,145kgf）の衝撃力が掛かり、これは規格値の 1.4 倍、メーカーの安全限界の 2.6 倍である。一方、腰から上方１ｍの位置に掛けた場合は 4.44kN（453kgf）で、これは安全限界と同じ位の強い衝撃力である。また「巻取り式緊急停止機構なし＊3」は、フックを腰より下方１ｍに掛けると、9.64kN（984kgf）の衝撃力が掛かり規格値の 1.2 倍となるが、腰の位置・腰より上方１ｍでは 4.01kN（409kgf）程度で安全限界以下となっている。「巻取り式の緊急停止機構付き＊4」は、どの位置に掛けても「衝撃力は 4.03kN（411kgf）程度以下」である。

＊１：首・四股のない「胴体だけの彫像」
＊２：フック先端からロープ根元の「ランヤードは 1.7m」である
＊３：墜落阻止時にストラップが最後まで引き出されるタイプ
＊４：墜落阻止時にストラップの引き出しを停止する機能付きをいう

〔図－17〕はナイロンロープ式（以下、ロープ式）胴ベルト型「安全帯の落下試験による衝撃荷重（平均値）」である。足場などの端部でロープ式胴ベルト型安全帯を着用して、足元に掛けると腹部は 2.7m 落ちたことになり、10.0kN（1,020kgf）の衝撃力である。体重の「12 倍の力（12 G）」が腹部に集中するので「内蔵破裂し多量の内出血」の危険性がある。

〔記〕「図－16・17」から、ロープ式胴ベルト型安全帯のフックは「腰より１ｍ程度高い位置」に掛けなければ効果がないことは明白

〔図－16〕各種安全帯の落下衝撃荷重波形（落下物は 85kg の砂のう）

（フックの位置（高さ）による衝撃の違い）☆藤井電工(株) 試験データ平均値

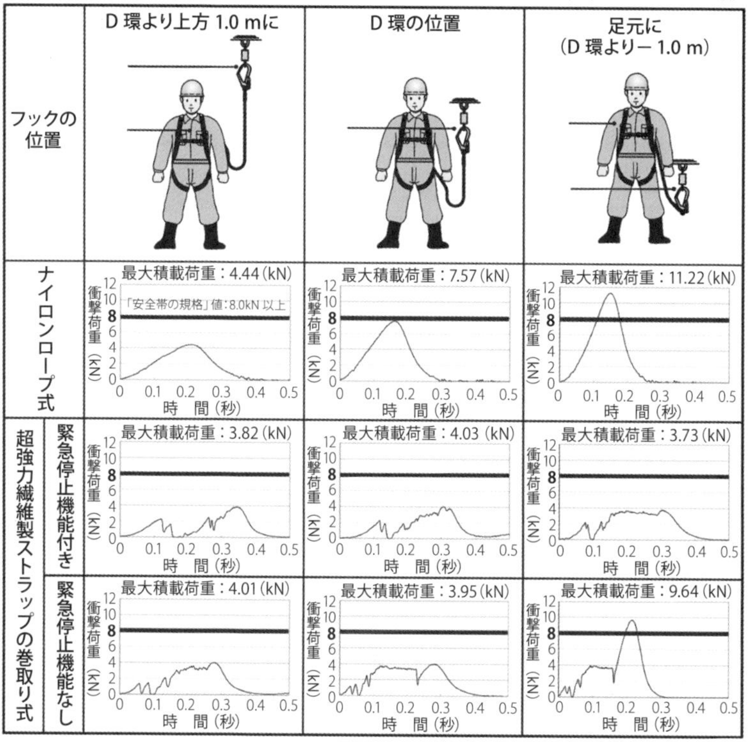

〔記〕 1 kgf ＝ 9.80665N（ニュートン）　　1 N ＝ 1.01972 × 10^{-1}kgf
超強力繊維とは、ケプラー・テクノーラー・ベクトラン等の繊維

〔図－17〕安全帯の落下試験による衝撃荷重（平均値）

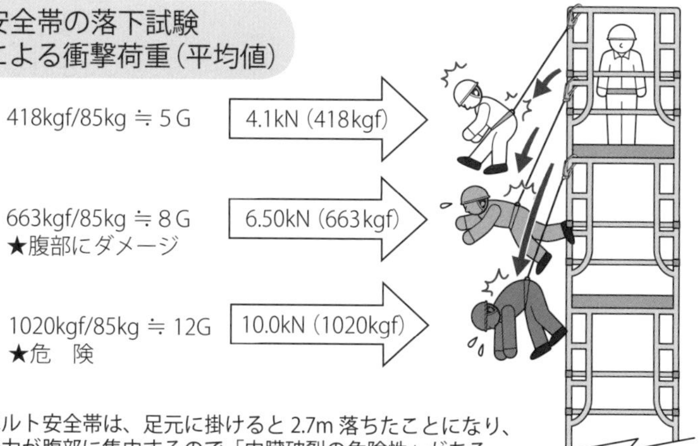

※ロープ式胴ベルト安全帯は、足元に掛けると 2.7m 落ちたことになり、体重の12倍の力が腹部に集中するので「内臓破裂の危険性」がある

出典：筆者執筆の「なくそう！墜落・転落・転倒（中災防）」を要約

14 安全帯の不適正な使い方

《安全帯の不適正な使用方法》

安全帯の不適正な使用方法による災害５事例〔図 18：(a) ～ (e)〕

（1）ランヤード（ロープ）が切断

① 高所で溶接作業中に、溶接の火花が飛び火し、安全帯のロープが溶断して作業者が墜落〔図－18（a)〕

☆ 連結ベルトの安全帯を着用し、頭上の安全ブロックのフックを、連結ベルトのＤ環に直接掛け、かつ防炎の前掛けを使用

② 安全帯のロープが鋭い角に直接触れていたので、ロープが破断して作業者が墜落〔図－18（b)〕

☆ 安全帯のフックは作業者の真上の取付け設備に掛ける、または、鋭い角にはアール状の当て物を設置

③ 使用開始より 10 年以上経過した安全帯[*1]を使用していたので、作業者が落ちたとき、経年劣化したロープが切れて作業者が墜落

☆ ロープは損傷していなくても、7 年以上経過のものは処分（推奨）

＊1：直径 12mm のナイロンロープは紫外線照射 400 時間（24 カ月）で「強度保持率は 60% に経年劣化」すると公表されている

（2）ランヤードのフックの損傷〔図－18（c)〕

④ フックを鋼材等に横掛けしていたので破損して外れ、作業者が墜落

☆ リング状繊維スリングはサニーホースで覆い、かつ、鋼材等の角にアール状の当て物を設置し、安全帯のフックは垂直に掛ける

（3）バックルの外れ〔図－18（d)〕

⑤ 墜落時にバックルが外れ、足場等に安全帯を残して墜落

☆ 作業開始前の対面唱和で「健康確認と服装確認」を行い、お互いにバックルの装着状況を確認

（4）胴ベルト型安全帯の胸部圧迫〔図－18（e)〕、およびすっぽ抜け

⑥ 胴ベルトを緩く締めていたので作業者は落下を免れたが、胴ベルトがずり上がって胸部を急激に圧迫〔長時間圧迫で胸内が内出血〕

☆ ハーネス型安全帯を着用。応急的には、リング状繊維ベルトを両股に掛け、ずり上がらないようにする

⑦ 作業者の頭が下になって墜落した時、胴ベルトが足元側にずり下がり、身体がすっぽ抜けて、作業者が墜落

☆ 応急措置として、繊維ベルトで両股掛け、肩掛けを行う

（5）規格以外のフック等を使用

③「玩具のカラビナ」を１本つり安全帯に使用し、破断して墜落

☆ 強度保証〔20kN 以上〕のある「安全環付きカラビナ」を使用

〔図－18〕安全帯の災害５事例

(a) ロープが溶断

(b) ロープが切れる

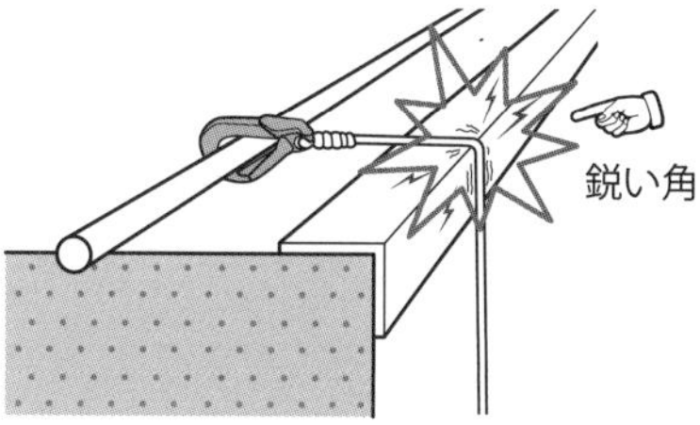

(c) フックの破断

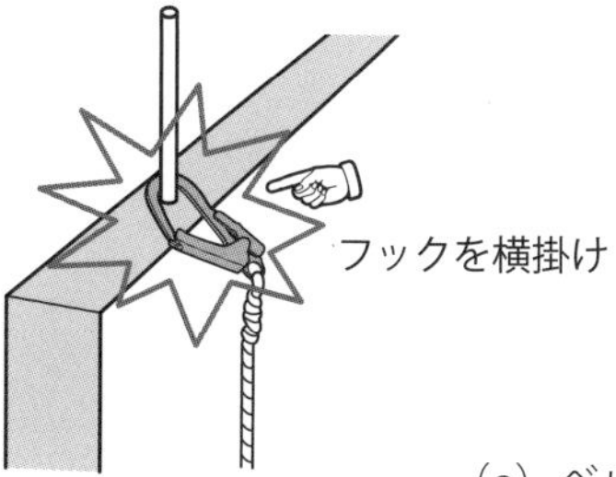

(d) バックルの外れ

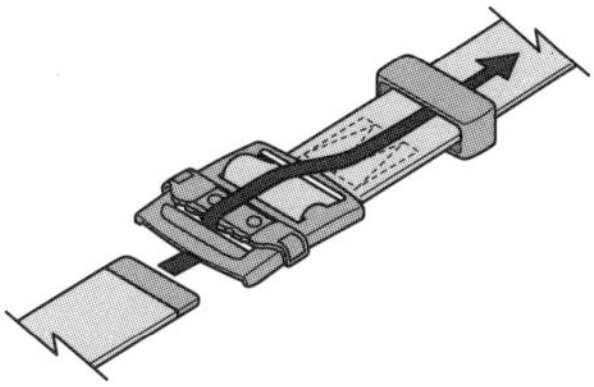

(e) ベルトが胸部を圧迫

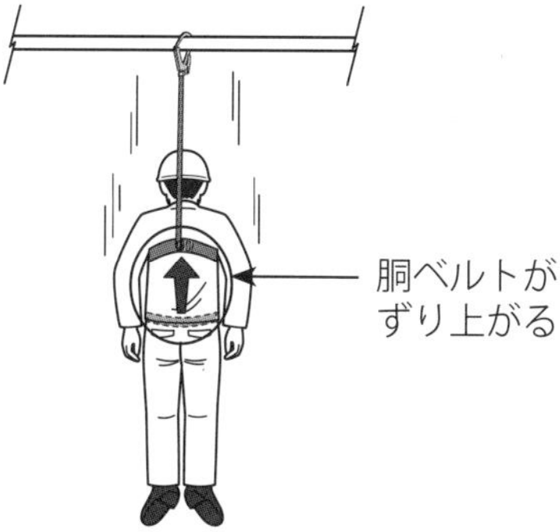

15 「墜落阻止装置」の種類

「安全帯を掛ける」には、安全帯ランヤードのフックを掛ける[*1]方法と「墜落阻止装置」に連結ベルトのD環を直接掛ける方法がある。

＊1：(a) 足場の手すり　(b) 水平親綱　(c) 水平な鋼管　(d) 丸環
など

《墜落阻止装置の主な種類》

墜落阻止装置には、以下の6つがある〔図－19〕

常設用は、主に以下の①～③

① 固定ガイド式スライド[*2]

② 被覆ワイヤ式スライド[*3]

③ マンセーフシステム[*4]〔常時安全帯使用となる優れ物〕
（※図－19では⑤）

仮設用は、主に④～⑥などがある

④リトラクタ式墜落阻止器具　（通称：安全ブロック）[*5]

⑤垂直親綱ロープ式スライド[*6]
（※図－19では③）

⑥ キーロック方式安全ロープ[*7]〔送電線の鉄塔工事で使用〕

＊2：鉄塔・照明塔・煙突などに設置し「SMスカイロック・リス・アイリス」の3種類があり、それぞれレールの形状が違う

＊3：電柱などに直径12mmの被覆ワイヤ[*8]を設置し、安全器で昇降

＊4：走行クレーン・橋梁などの点検通路に設置し、中間支持部を通過できる安全器を使用する方式で、垂直、水平移動用がある

＊5：複数の場所で使用が可能で「長さ10m未満はベルト巻取り式」で「長さ10m以上30m以下はワイヤ式」が多い

＊6：主に建設用に使用され、直径16mmのナイロンロープを垂直・傾斜面に設置し、スライド器具を使用して昇降

＊7：主に鉄塔上で使用するもので、安全帯に装着したキーロック本体に対し、あらかじめ作業場所に設置した各種安全ロープのロックレバーを次々に連結して、移動および作業を行う方式

＊8：ステンレス鋼7本に高耐候性ポリエチレンで覆っている

〔記〕リング状繊維ベルトを携帯し、繊維ベルトの結び方〔図－20〕を体得していれば、安全帯の取り付けが多数の場所で可能である

〔図－19〕墜落阻止装置の種類

① 固定ガイド式スライド（常設用）

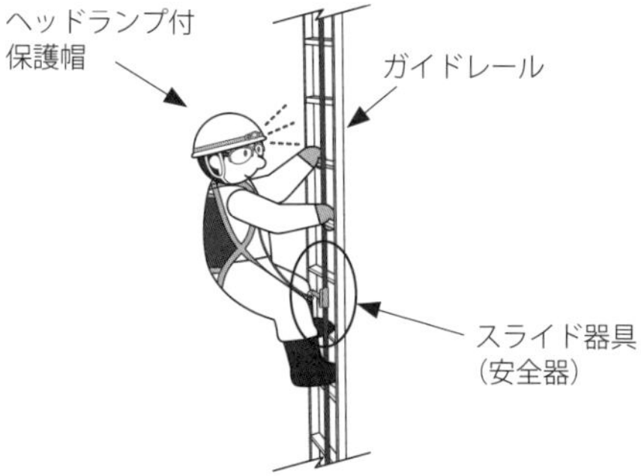

② 被覆ワイヤ式スライド（常設用）

③ 垂直親綱ロープ式スライド（仮設用）

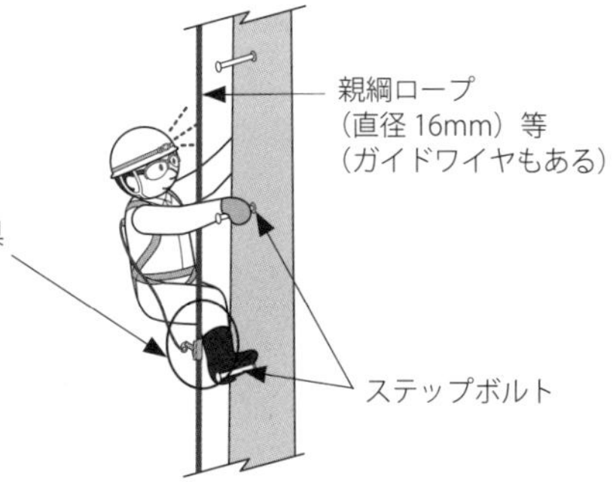

④リトラクタ式墜落阻止器具（仮設用）
（通称：安全ブロック）

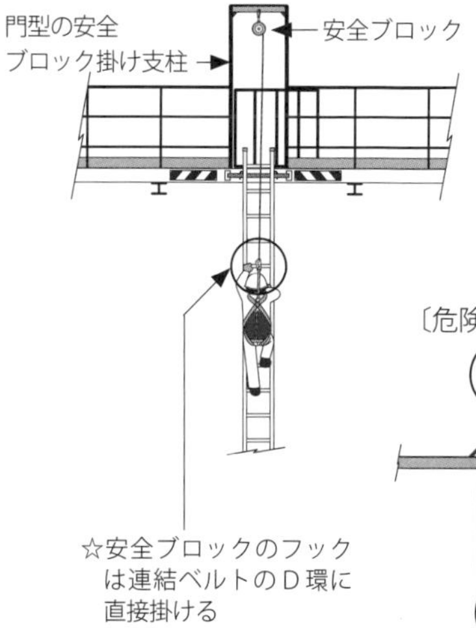

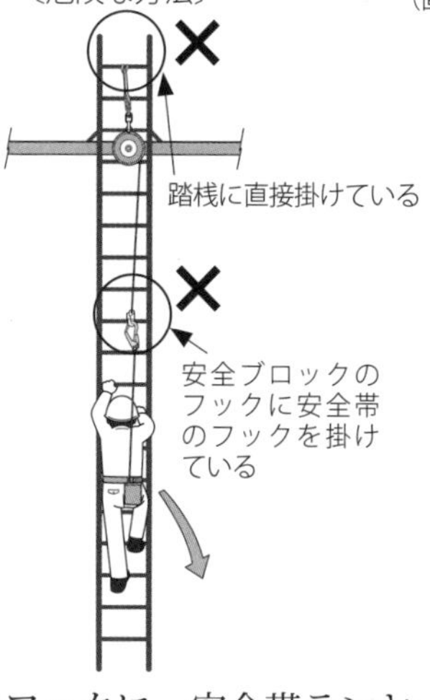

⑤マンセーフシステム（常設用）
（イギリス latchways 社）

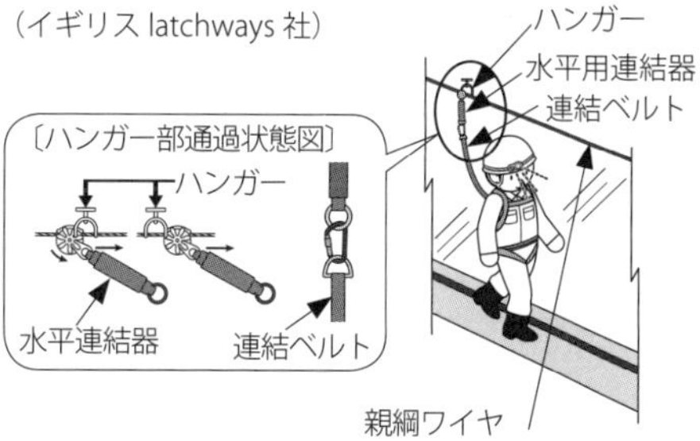

⑥キーロック本体
〔安全帯に装着〕

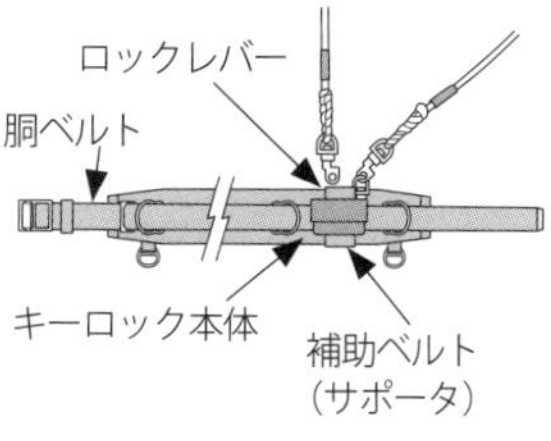

【厳禁】墜落阻止装置のフックに、安全帯ランヤードのフックを掛ける

16 リング状繊維ベルト等の適正な結び方など

直径６cm以上の垂直・斜めの鋼管・鋼材などには、安全帯のフックは掛けられないので、リング状繊維ベルト等の適正な結び方を身に付けておくと、仕事のあらゆる場で活用できる。ただし、高熱、高湿職場では不適。

《パイプ・樹木などにリング状繊維ベルト＊1を巻くとき》

＊１：リング状繊維ベルト（以下、繊維ベルト）は、鋼管などとの接触面積が多いので、摩擦力は強い

(a) カウ・ヒッチ〔図－20 (a)〕

・繊維ベルト等をリングや水平な鋼管・鋼材などに結ぶ方法

(b) プルジック・ノット〔図－20 (b)〕

・繊維ベルト等を垂直・斜めの鋼管などに２重～３重に結ぶ方法

・繊維ベルトを固く締めれば、安全帯＊2の取付け設備として使用ができ、結び目を緩めれば安全帯を簡単にスライドが可能

＊２：「連結ベルトのＤ環・安全帯のＤ環」に直接掛ける

《ロープを柱などに結ぶとき》

(c) 巻き結び（クローブ・ヒッチ）〔図－20 (c)〕

・簡単に結べるので、杭にロープを結び縄張りをするなどに多く使用されており「船を岸壁に係留」するときに結ぶ方法である

〔図－20〕リング状繊維ベルトなどの結び方

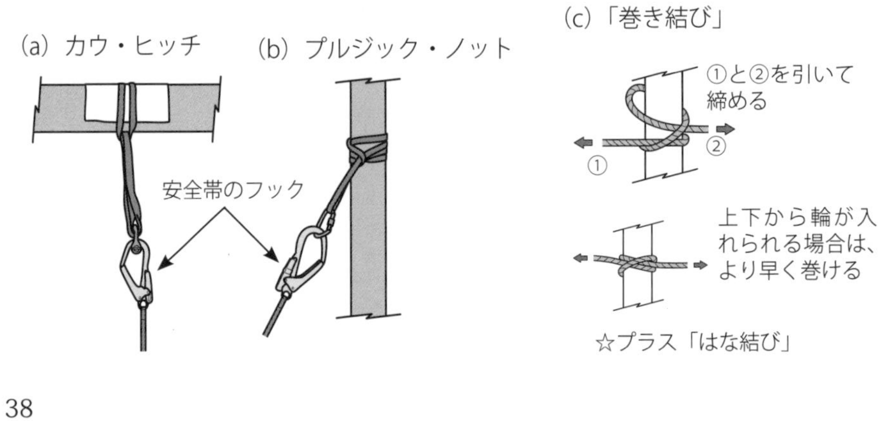

《ロープの端に輪をつくるとき》(d)「もやい結び」

簡単にロープを輪状に結べる方法。ロープの端部を「止め結び」にすれば、補強（緩み止め）となる

《同じ細径のロープをつなぐとき》(e)「テグス結び」

簡単にロープをつなげる方法（釣り糸をつなぐ方法）。端部を「止め結び」をすれば補強となる。粘着テープで止めてもよい

(d)「もやい結び」（ボウライン）

①は緩み止めとして「止め結び」

(e)「テグス結び」
（フィッヤーマンズ・ノット）

《人力による荷揚げと人命救助の方法》〔図－21〕

ロープを活用する技（technique）を身に付けておくと、電源がない・電源喪失した場合、人力による荷揚げ・狭いピットなどで「人命救助（rescue）」＊3に役立ちます。是非、ダミーで訓練を！

＊3：直径11mmのクライミングロープ（ザイル）を使用し、複数のプーリーとカラビナを組み合わせる。ピットの場合、床面に堅固な脚立を設置し天板にリング状繊維ベルトを結んで、プーリーを掛ける。なお、「ロープ比率２：１」は、体重の半分程度の力で引揚げが可能

〔図－21〕「ロープ比率の２事例」

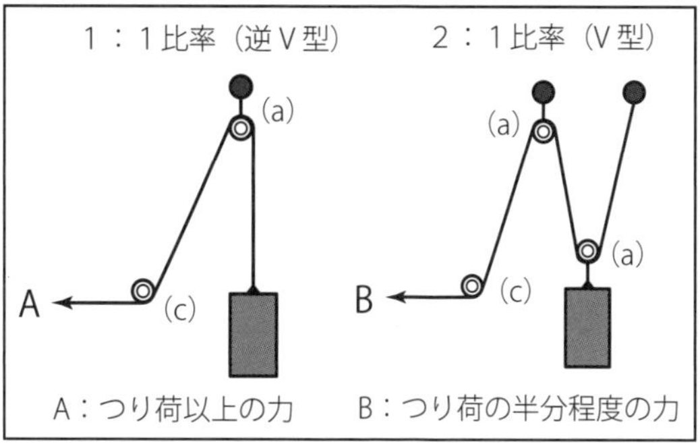

(a) プーリーはレスキュー用（固定式は強度23kN）

(b) カラビナは安全環付き（縦強度は22kN以上、横強度は7kN程度）

(c) アッセンダー＊4はスライド器具＊5と同様の構造で、逆方向は停止する

＊4：輸入品のクライミング用器具で、ロープをセットすると、歯の付いたカムの働きにより、上方には移動するが、下方には移動しない（グリップする）仕組み。適応ロープは直径8～13mm・質量70g

＊5：国産のスライド器具〔図－19〕は直径16mm

17 作業台の種類

「作業台」は「補助手すり（以下、手すり）と作業床等」を備え、高い場所で、作業を行う台で、軽量なアルミ合金製が主流である。

〔図－22〕主な作業台の種類と仕様〔H社・J社・P社の例〕

(a) 組立式作業台（手すりなし・手すり1面～3面） ※天場高：50～150cm （作業床：40×60cm）	(b) 可搬式作業台（手すりなし・手すり2面） ※作業床高：77～191cm （作 業 床：50×150cm）
(c) 階段用作業台（3面手すり付き：最大傾斜角30度） ※作業床高：62～191cm （作 業 床：50×110cm）	(d) 感知ガード（正面・背面）付き作業台 ※作業床高：78～198cm （作 業 床：40×55cm）
(e) 3面手すりアウトリガー付き・折りたたみ式作業台 ※作業床高：90～300cm （作 業 床：50×52cm）	(f) 壁面用作業台 ※天板高：140～180cm （天　板：10 × 77cm）
(g) 4面手すり付き作業台 ※作業床高：195・250cm （作 業 床：50 × 63cm）	(h) 3面手すり付き組立式作業台 ※作業床高：236・266・296cm （作 業 床：50×52cm）

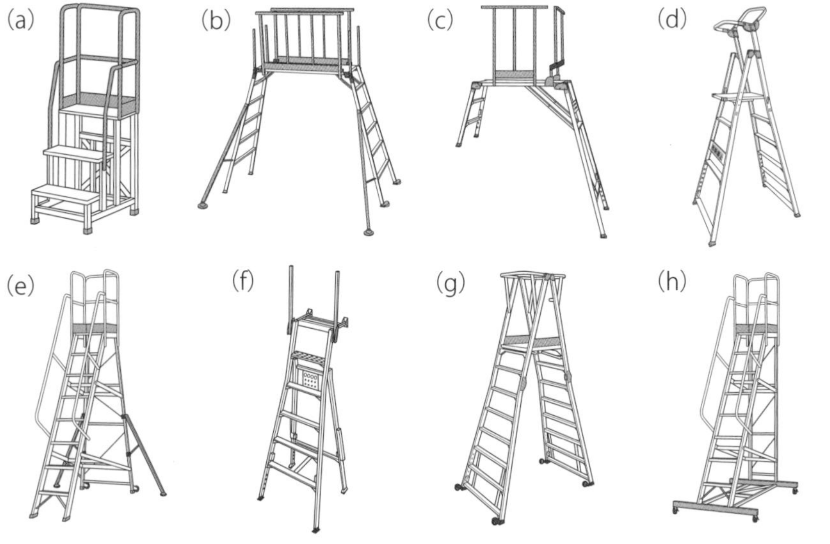

〔記〕(a)・(e)・(h) は、作業床の3面に幅木付。(b)・(c)・(g) は2面に幅木付

18 移動はしごの種類

移動はしごの安衛法の規制は「安衛則第527条と解釈例規（昭43.6.14：安発第100号）」[*1]に詳しく記載。なお「はしごの上部を60cm以上突出し」は「安衛則第556条：はしご道」に記載されている。

＊1：(a) 転位（転倒）を防止する措置
(b) 全体の長さは9m以下
(c) 踏桟は、25~35cm間隔で等間隔など

〔図－23〕アルミ合金製[*2]移動はしごの種類

(a) 1連はしご　(b) 2連はしご　(c) 伸縮はしご　(d) 階段はしご

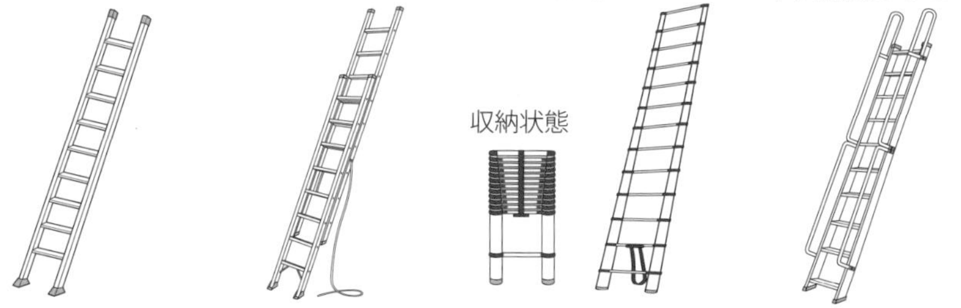

	(a) 1連はしご	(b) 2連はしご	(c) 伸縮はしご	(d) 階段はしご
全長	約2.4m～5.0m	約5.2m～10.7m	約3.8m～4.2m	約2.0m～4.0m
最大使用質量	100～150kg	100～150kg	150kg	100kg
設置角度	75度程度	75度程度	75度程度	60度・70度
備考	①	②	③	④

①一定の高さだけで使用（使用高低差：5m以下）
②収納状態にすると、車のルーフラックに積載できる
③乗用車のトランクに収納が可能。脚部は設置面が広く安定する
④踏桟（150mm）が広く、両側の支柱に手すりを取り付けると昇降しやすい
※はしごはオプション多数有り　（P社の仕様）

＊2：FRP製は電気工事・電設作業用で、1連・2連はしごがあり、耐電圧は20,000Vで、フック・ベルト標準装備（H社）

【順守】

〔状態〕① 上部は転位防止
② はしごは正面から見てまっすぐ（水平な地面に90度）に立て掛ける
〔行動〕③ 踏桟上の作業は、不安定なので墜落防止措置を講ずる

19 移動式足場と昇降式移動足場

「移動式足場」は、専用の建わくなどを用いた塔状の足場で、最上部に広い作業床があり、脚部の脚輪によって「人力で移動」ができ、作業を行う天井等の高さが一定で、同一フロアーでの連続作業に適する。

「昇降式移動足場」は、収納状態にするとエレベーターで運搬が可能「昇降装置は手動式」なので、２人で組立て・折りたたみが可能。難点は、昇降面の踏桟は一段の間隔が 36cm 程度と広く（日本人は 30cm 程度が最適）、かつ、小断面なので、昇降するとき「踏み外して墜落」する危険性がある。

〔図－24〕移動式足場と昇降式移動足場

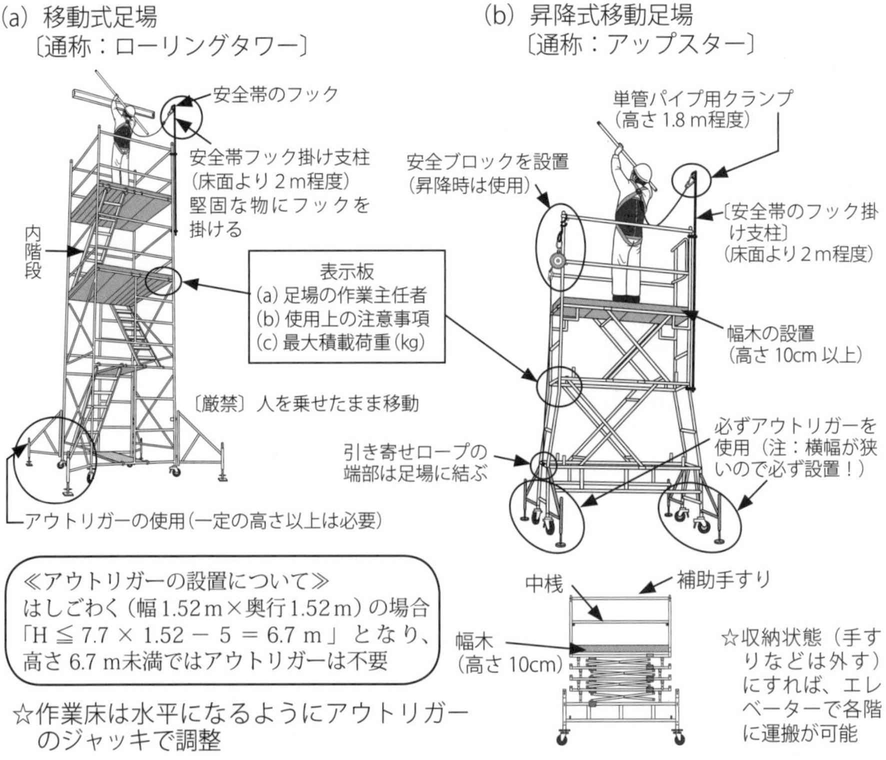

(a) 移動式足場
〔通称：ローリングタワー〕
(b) 昇降式移動足場
〔通称：アップスター〕
安全帯のフック
安全帯フック掛け支柱
(床面より２m程度)
堅固な物にフックを
掛ける
内階段
表示板
(a) 足場の作業主任者
(b) 使用上の注意事項
(c) 最大積載荷重(kg)
〔厳禁〕人を乗せたまま移動
アウトリガーの使用(一定の高さ以上は必要)
単管パイプ用クランプ
(高さ 1.8 m程度)
安全ブロックを設置
(昇降時は使用)
〔安全帯のフック掛け支柱〕
(床面より２m程度)
幅木の設置
(高さ 10cm 以上)
必ずアウトリガーを
使用（注：横幅が狭いので必ず設置！）
引き寄せロープの
端部は足場に結ぶ
≪アウトリガーの設置について≫
はしごわく（幅 1.52 m×奥行 1.52 m）の場合
「H ≦ 7.7 × 1.52 － 5 ＝ 6.7 m」となり、
高さ 6.7 m未満ではアウトリガーは不要
中桟
補助手すり
幅木
(高さ 10cm)
☆収納状態（手すりなどは外す）にすれば、エレベーターで各階に運搬が可能
☆作業床は水平になるようにアウトリガーのジャッキで調整

〔注意〕両足場の組立等の作業に係る作業者は「特別教育修了者」が行う

20 支柱足場の種類

足場とは、高所に仮に設けられた「作業床およびそれを支持する構造物」の総称（安全衛生用語辞典）。足場は高所での作業を、安全かつ能率的に実施するうえで不可欠である〔安衛則第518条第1項〕

土木・建築・設備工事だけでなく、建築物・大型設備の保全・改善、低層住宅・マンションのリフォーム等で、幅広く使われている。

足場には「構造別＊1・用途別」によって多くの種類があるが、使用にあたって複数の要件＊2を満たすことが求められる。

＊1：〔A〕支柱足場〔(a)わく組足場　(b)くさび緊結式足場　(c)単管足場　(d)布板一側足場〕〔B〕つり足場〔(f)つり棚足場 (g)つりわく足場〕〔C〕張出し足場〔D〕その他〔(h)移動式室内足場　(i)ゴンドラ　(j)脚立足場とうま足場（k）移動式足場〕

＊2：足場に求められる要件　①安全性　②作業性　③経済性

〔図－25〕支柱足場の主な種類

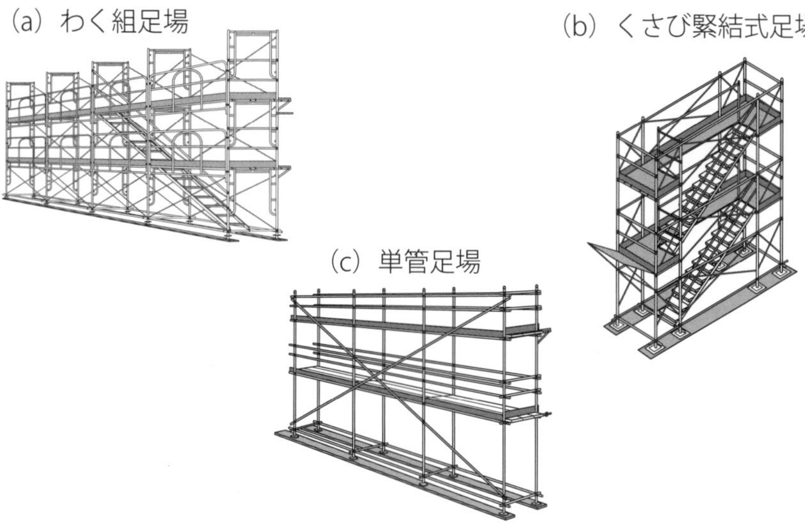

出典：筆者執筆の「なくそう！墜落・転落・転倒：第8版（中災防）」

21 高所作業車の種類

高所作業車は「高所での工事・点検・補修などの作業に使用される機械」で、作業床および昇降装置その他の装置により構成され、当該作業床が昇降装置その他の装置により上昇・下降などをする設備のうち、動力を用い、かつ、不特定の場所に自走することができるものをいう。（安全衛生用語辞典）

走行装置による分類では、

①トラック式　②ホイール式　③クローラ式があり、

作業床を移動させる（起伏・伸縮・屈折）「作業装置（ブーム等）別」による分類では、④伸縮ブーム型　⑤屈折ブーム型　⑥垂直昇降型　⑦混合型（伸縮ブーム型・屈折ブーム型の混合）に分かれる。

〔図－26〕高所作業車の種類

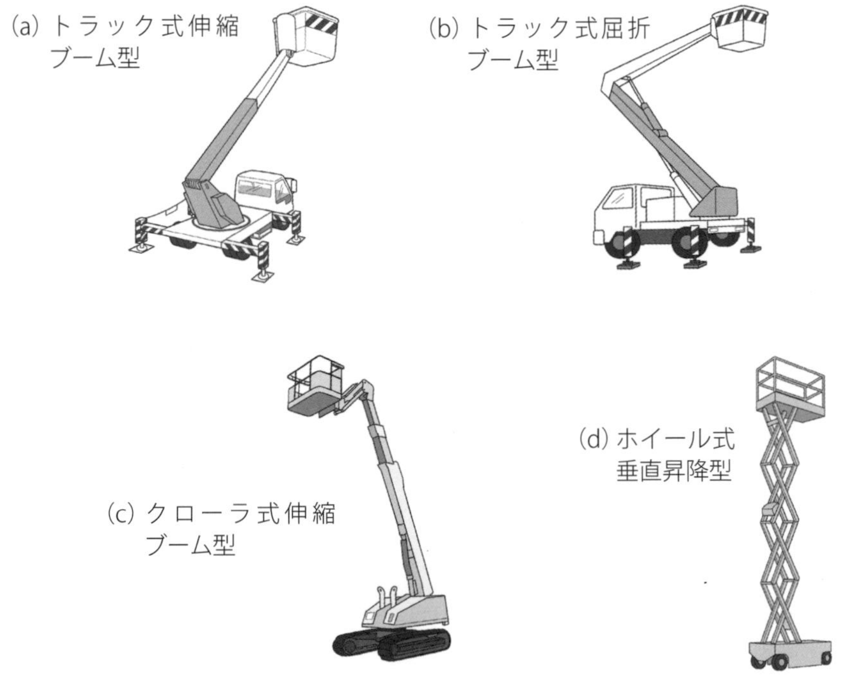

22 昇降設備について

昇降設備とは、高所または地下で作業を行う場合「労働者などがその箇所へ昇降するために設けられる階段、登り桟橋、はしごなどの設備」をいう。

安衛則第526条では、高さまたは深さが1.5 mを超える箇所での作業では、昇降設備の使用を定めている。〔安全衛生用語辞典（中災防）〕

〔図－27〕種々の昇降設備の傾斜角範囲

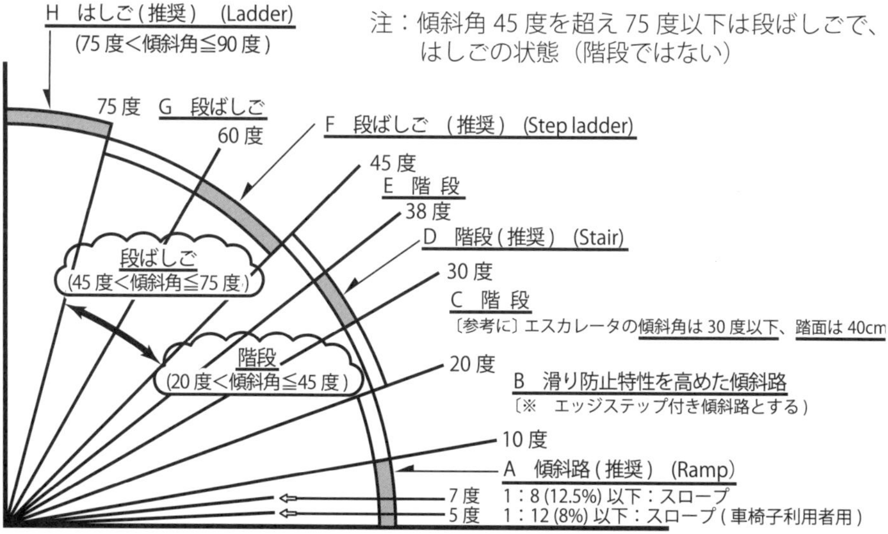
H　はしご(推奨)　(Ladder)
(75度＜傾斜角≦90度)
注：傾斜角45度を超え75度以下は段ばしごで、はしごの状態（階段ではない）
75度　G　段ばしご
60度
F　段ばしご　(推奨)　(Step ladder)
45度
E　階 段
38度
D　階段(推奨)　(Stair)
30度
C　階 段
〔参考に〕エスカレータの傾斜角は30度以下、踏面は40cm
段ばしご
(45度＜傾斜角≦75度)
階段
(20度＜傾斜角≦45度)
20度
B　滑り防止特性を高めた傾斜路
〔※　エッジステップ付き傾斜路とする)
10度
A　傾斜路(推奨)　(Ramp)
7度　1：8 (12.5%) 以下：スロープ
5度　1：12 (8%) 以下：スロープ(車椅子利用者用)

出典：JIS B9713等を参考に作成

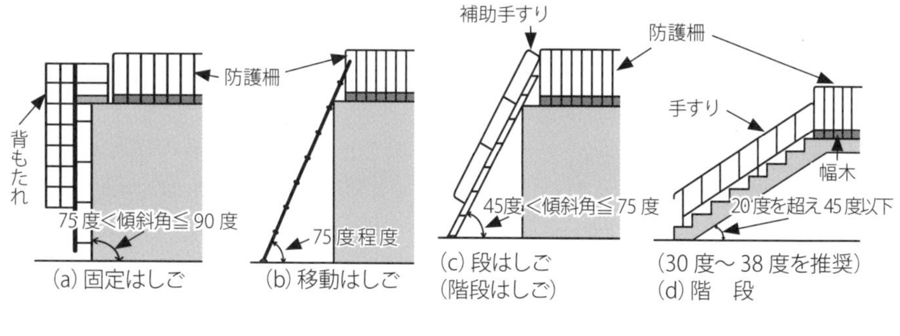
防護柵
背もたれ
75度＜傾斜角≦90度
(a) 固定はしご
75度程度
(b) 移動はしご
補助手すり
45度＜傾斜角≦75度
(c) 段はしご
(階段はしご)
防護柵
手すり
幅木
20度を超え45度以下
(30度～38度を推奨)
(d) 階　段

23 高所作業に関わる安衛法と安衛則

《法令・規則（省令）とは》

☆ 危険防止の基準として定められた法令・規則の各条項は、何千人いや何万人の「労働者が被災した実例の積み上げが根拠」となっている。

これらの事実から、**重要かつ普遍的な基準として最低限に定めたものが**法令・規則である。**「法律は、その時代の最低基準（常識）」。**

〔略語〕「労働安全衛生法」は〔安衛法〕「労働安全衛生規則」は〔安衛則〕とし、各条文の「第１項」は略す

《安衛法》〔事業者の講ずべき措置等〕

第 20 条　事業者は、次の危険を防止するため必要な措置を講じなければならない。

（１）機械、器具その他の設備（以下、機械等）による危険

（２）爆発性の物、発火性の物、引火性の物等による危険

（３）電気、熱その他のエネルギーによる危険

第 21 条第２項　事業者は、労働者が墜落するおそれのある場所、土砂等が崩壊するおそれのある場所等に係る**危険を防止**するため必要な措置を講じなければならない。

第 23 条　事業者は、労働者を就業させる建設物その他の作業場について通路、床面、階段等の保全並びに換気、採光、照明、保湿、休養避難及び清潔に必要な措置その他**労働者の健康、風紀及び生命の**保持のため必要な措置を講じなければならない。

第 24 条　事業者は、**労働者の作業行動から生ずる**労働災害を防止するため必要な措置を講じなければならない。

《安衛則》墜落等による危険の防止

※　高所作業は安衛則のうち、「第２編：第９章〔墜落、飛来崩壊等による危険の防止〕・第 10 章〔通路、足場等〕・第 11 章〔作業構台〕」の条文が、特に該当する。

第518条（作業床の設置等）　事業者は、高さが２m以上の箇所（作業床の端、開口部等を除く。）で作業を行なう場合において墜落により労働者に危険を及ぼすおそれのあるときは、足場を組み立てる等の方法により作業床を設けなければならない。

第518条　第２項　事業者は、前項の規定により作業床を設けることが困難なときは、防網を張り、労働者に要求性能墜落制止用器具を使用させる等墜落による労働者の危険を防止するための措置を講じなければならない。

〔図−28(a)〕安衛則第518条

〔図−28(b)〕安衛則第518条第２項

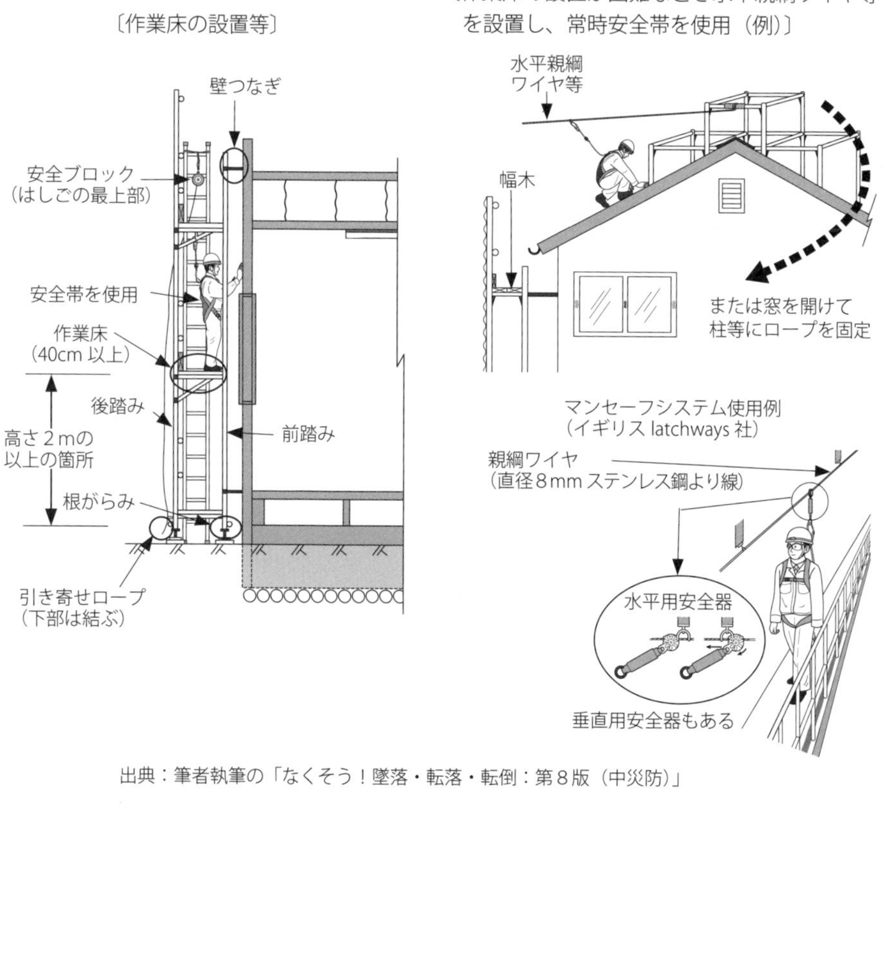

出典：筆者執筆の「なくそう！墜落・転落・転倒：第８版（中災防）」

第519条（囲いの設置等）　事業者は、高さが２m以上の作業床の端、開口部等で墜落により労働者に危険を及ぼすおそれのある箇所には、固い、手すり、覆い等（囲い等）を設けなければならない。

第519条第２項　業者は、前項の規定により囲い等を設けることが困難なとき、または作業の必要上臨時に囲い等を取り外すときは、防網を張り、労働者に安全帯を使用させる等、墜落による労働者の危険を防止するための措置を講じなければならない。

〔図－29〕開口部の周囲に手すり等を設置例

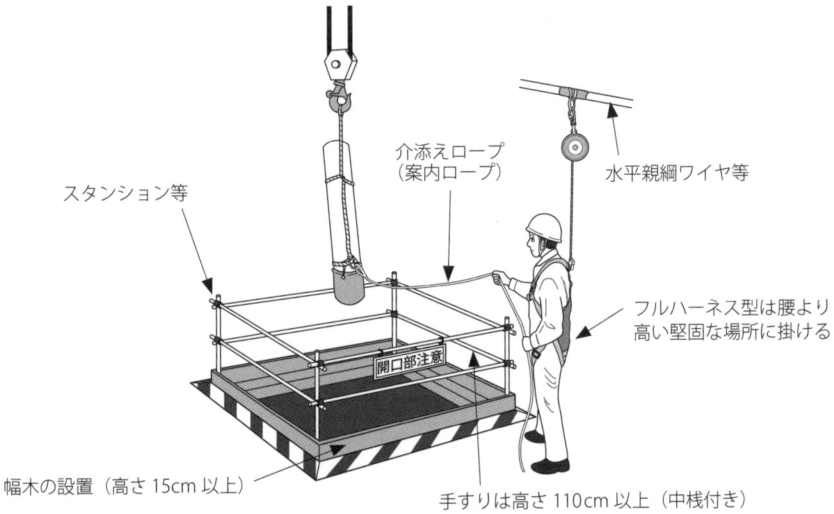

介添えロープ
（案内ロープ）
水平親綱ワイヤ等
スタンション等
フルハーネス型は腰より
高い堅固な場所に掛ける
開口部注意
幅木の設置（高さ 15cm 以上）
手すりは高さ 110cm 以上（中桟付き）

〔図－30〕天井クレーンのガーダー間にスライド式安全ネット設置例

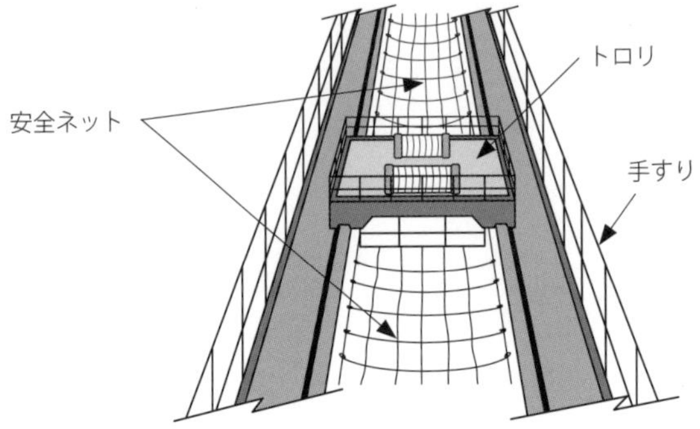

トロリ
安全ネット
手すり

第 520 条　労働者は、則第 518 条第 2 項及び則第 519 条第 2 項において、安全帯等の使用を命じられたとき[*1]は、これを使用しなければならない。

＊ 1 ：安全帯等には「第 1 章：12 図－ 14 ⓐ」があるが、筆者は高所作業だけでなく「職場巡視者もフルハーネス型の使用」を推奨

〔図－ 31〕

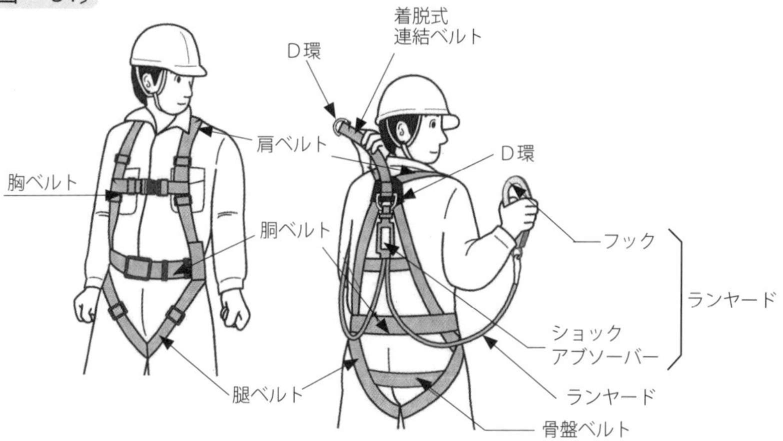

第 520 条　事業者は、高さが 2 m以上の箇所で作業を行う場合、労働者に安全帯等を使用させるときは、安全帯等を安全に取り付けるための設備等（以下、取付設備[*2]）を設けなければならない。

＊ 2 ：取付設備には「第 1 章：15（図－ 19・20）墜落阻止装置等」がある

〔図－ 32〕

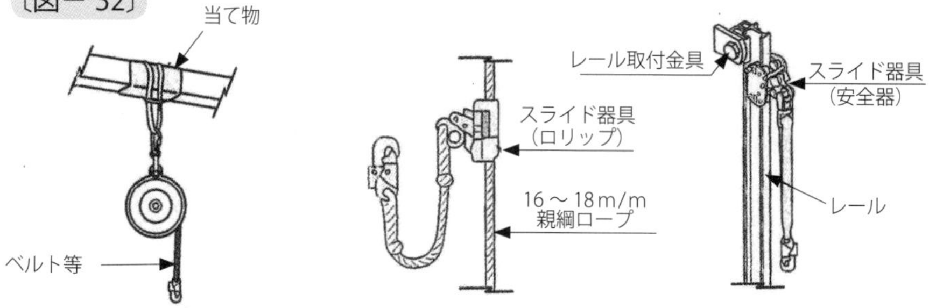

①リトラクタ式墜落阻止装置
（通称：安全ブロック）
☆ワイヤ巻取り式（10 m～ 30 m）
ベルト巻取り式（15 m以下）

②親綱式スライド
（常設用・仮設用）

③固定ガイド式スライド
（常設用）

注 1 ：スライド器具は、上下の向きを間違えないように！

〔出典〕「図 29・31・32」筆者執筆の「なくそう！墜落・転落・転倒（第 8 版）」

Column ②「これからはハーネス型安全帯の時代」

A：安全帯の種類など〔第１章「12」と「13」〕

安全帯は胴ベルト型＊1と、ハーネス（harness）型＊2に大別される

＊１：「１本つり専用、Ｕ字つり専用、垂直面用＊3、傾斜面用＊4」がある

＊２：ハーネスの語源は「馬車馬の馬具・引き具」で、引き具に似たものにパラシュートの背負い革、犬の革帯、車のシートベルトがある

＊３：腰から下だけのシット（sit）ハーネスを着用し、ビル外壁等の垂直面で、ブランコ・直親綱・スライド器具等と併用して使用

＊４：胴ベルトと広幅バックサイドベルトの２本で体を支えるので、急斜面で吹き付けノズルなどの重量物を持っての連続作業が可能

B：これからの安全帯はハーネス型

ロープ式胴ベルト型安全帯の危険な使い方は〔図－18〕の通りで、瞬時にドラム缶６本の衝撃荷重（10.0ｋN）が腹部に集中〔図－17〕

「ハーネス型安全帯の特徴」は、
（１）衝撃荷重が身体の主要部に分散（２）身体の保持機能が優れている
（３）宙づり状態の体制が安定している（４）救助が容易である

C：職場巡視者もフルハーネス型安全帯の着用を！

リング状繊維ベルト（長さ 1.5 ｍと１ｍ）を持参＊5し、如何なる物＊6でも「身の安全を確保」しての実技指導が可能です

＊５：結び方はカウ・ヒッチとプルジャック・ノット〔図－ 20（a）（b）〕

＊６：(a)「カウ・ヒッチ」は垂直・斜めの鋼管・鋼材・水平親綱など＊7
(b)「プルジャック・ノット」直径 50mm 以上の水平・垂直・斜めの鋼管と鋼材、樹木の幹・主枝

＊７：定点確保（固縛）となる

職場巡視時の保護具の例

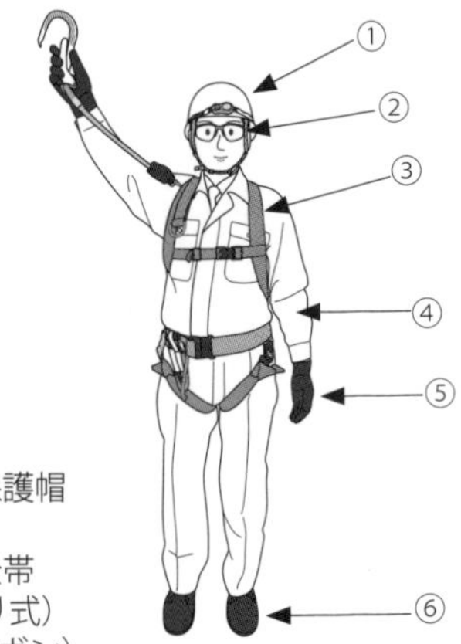

①ヘッドランプ付き保護帽
②保護眼鏡
③フルハーネス型安全帯
（ランヤードは巻取り式）
④保護衣（長袖・長ズボン）
⑤保護手袋（人工革）
⑥安全靴

第2章

はしご・踏台・作業台・脚立

この章では、当用具使用の作業の中から「27テーマ」を厳選し「べからず・すべし」として検証する。

〔図－27〕に示す通り、JIS規格での「種々の昇降設備」には、傾斜角(通称:「こう配」)の違いで「はしごは75度を超え90度以下」、段はしごは「45度を超え75度以下」、階段は「20度を超え45度以下(推奨は30度～35度程度)」、傾斜路は「こう配20度以下」である。

【リスクレベル(以下、ＲＬ)算定基準】〔Ｐ18～Ｐ19(表１～表４)〕

〔リスクポイントは(以下、ＲＰ)〕

（１）作業床・天板等が高さ1.5ｍ以上の用具は、「成人男子の頭頂の高さは4.2ｍ以上」となる。背中から墜落すると「危険状態が発生する頻度は滅多にない：１点・ケガに到る可能性がある：２点」でも「ケガの重篤度は致命傷：10点」となり「ＲＰは13点」となり、「ＲＬはⅣ」なので、安全衛生上重大な問題がある。

（２）作業床・天板等高さ１ｍ未満の用具は「成人男子の頭頂の高さは2.7ｍ未満」となる。背中から墜落すると「危険状態が発生する頻度は滅多にない:１点・ケガに到る可能性が ある:２点・ケガの重篤度は重傷:６点」となり「ＲＰは９点」となる、「ＲＬはⅢ」なので、安全衛生上問題がある。「リスク評価基準とＲＬ算定基準」は、第１章の「５」を参考に！)

〔記〕第２章のリスク算定基準は「ＲＬ：ⅣとＲＬ：Ⅲ〔高さ２ｍ未満〕」に分けられる。

1 はしごの危険性を軽視するべからず

リスク算定【ＲＬ－Ⅳ】　■ 不安全な状態　▲ 不安全な行動

はしごは設置する角度の違いによって「はしごと段ばしご」、また、固定・移動の違いで「固定はしごと移動はしご」に大別される。

JIS 規格〔図－27〕では、はしご、(ladder) は「75 度＜傾斜角≦ 90 度」、段ばしご（step ladder）＊1 は「45 度＜傾斜角≦ 75 度」である。

「固定はしご」は、建物の屋外・屋内に設置し移動しないもので、支柱は山形鋼・みぞ形鋼、踏桟は鋼棒・細径の鋼管が多い。一方「移動はしご」は、使用する場所に移動するので、支柱・踏桟共に、軽量なアルミ合金が多く（電気工事用は FRP 製）、両側の支柱を「75 度程度に設置」したとき、踏桟の奥行きは、昇降時につま先を支える程度の 4 cm ～ 6 cm となる。

＊１：日本の仮設機材メーカーでは「階段ばしご」の商品名にしているので、以下本書でも「階段ばしご＊2」とする

＊２：「設置角は 60 度・70 度」で、踏桟の奥行きは広く 15cm 程度ある

《はしご作業の危険性と改善（☆）》〔図－ 33・34〕

【不安全な状態と安全な状態】

（１）固定はしご・移動はしごの上部に安全ブロックを設置していない

☆ ① 両はしごの上部に安全ブロックを設置

（２）両はしごの踏桟に、安全ブロックを直接取付けたので、作業者が落ちたとき破断して墜落（踏桟の最大使用質量は 100 ～ 130kgf）

☆ ② はしご上部は堅固なもの、または、リング状繊維ベルトを両側の支柱に絞り込んで、安全ブロックを取り付ける

【不安全な行動と安全な行動】

（３）A は手に工具などを持って昇降していたので、手・足が滑って墜落

☆ ③「工具は布ホルダー」を取り付け、工具ケースに入れる

（４）B は安全ブロックのフックをランヤードのフックに掛けて昇降

☆ ④ 安全ブロックのフックは「安全帯に直接掛け」て昇降

【厳禁】「手にものを持って、はしごを昇降」

〔図－33〕固定はしごと移動はしご

共通の不安全な状態と不安全な行動

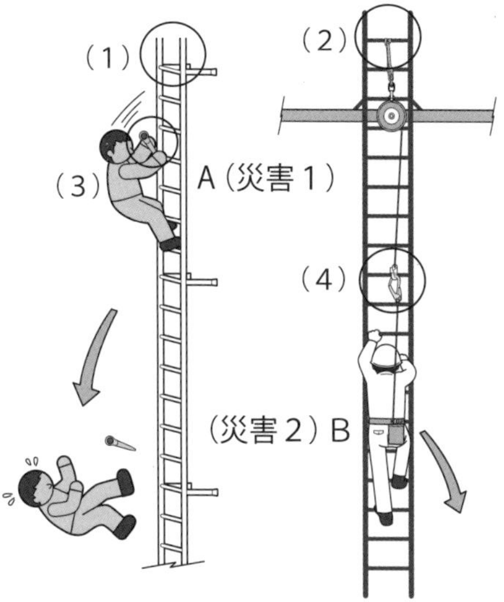

（1）■安全ブロックを設置していない
（2）■安全ブロックを踏桟に直接掛けている

（3）▲Aは手に工具などを持って昇降
（4）▲Bは、安全ブロックのフックを安全帯ランヤードのフックに掛けて昇降

〔図－34〕両はしご共通の安全な状態と安全な行動

繊維ベルトは支柱の両側に巻いて絞り込む

拡大

安全帯連結ベルトのD環

① □上部に安全ブロックを設置
② □安全ブロックは堅固なものに取り付ける

③ △工具は布ホルダーに付け、工具ケースに入れる
④ △安全ブロックのフックは安全帯のD環に直接掛けて昇降

フック掛けに、はしごのフックを掛ける

☆安全ブロックを常時使用し、「3点支持の動作」で昇降

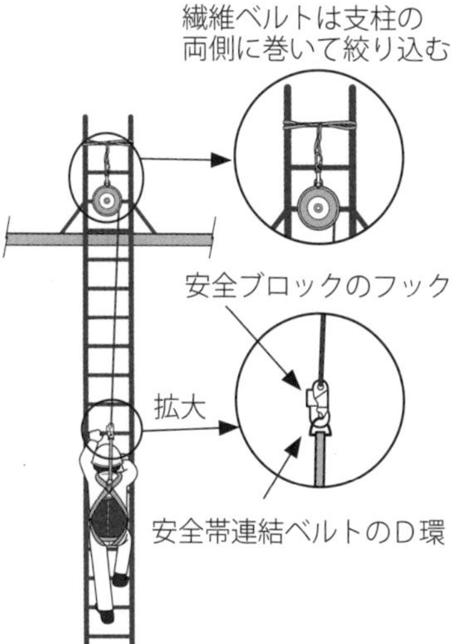

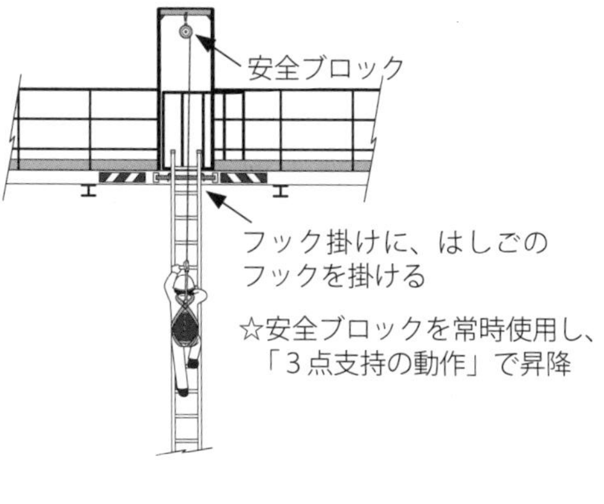

2 移動はしごから身を乗り出して作業するべからず

リスク算定【RL－Ⅲ】　■不安全な状態　▲不安全な行動

「移動はしご」は、使用する際に持ち運びができる「便利なはしご」である。高低差のある場所で、踏桟が水平になるように、設置角は「75度程度」、上部を固定して「昇降する用具」である。30年位前までは、木・竹・鋼製が主流でしたが「木・竹製」は湿気の多い場所での保管と使用は腐る、「鉄は錆びる」の弱点がある。近年、材料・加工技術の進歩に伴い、一般作業用は軽量な「アルミ合金製」、電気工事用は「FRP製」が主流となった。

〔記〕移動はしごの法規制と種類は、第1章「18」を参考に！

《移動はしご作業の危険性と改善（☆）》〔図－35・36〕

【不安全な状態と安全な状態】

（1）移動はしご（以下、はしご）の上部を固定していない

☆①はしごの上部は60cm以上突出してロープで固縛〔図－20（c）〕

（2）はしごの上部に安全ブロックを設置していない

☆②はしごの上部に安全ブロックを設置〔図－19④〕

（3）奥行きの「狭い踏桟」を、作業床の代用として使用

☆③作業床の広い「アウトリガー付き可搬式作業台＊1」を使用

＊1：高さ1.8ｍの可搬式作業台（補助手すり・アウトリガー付き）

【不安全な行動と安全な行動】

（4）安全帯を使用しないで、はしごの踏桟上で「身を乗り出して＊2」、整理棚最上段の奥にある梱包物を、引き出していたので、はしごが転倒し、作業者は足元をすくわれて床面に頭が激突

＊2：「身を乗り出して」は、支柱から身体の重心が外に出た状態

☆④ハーネス型安全帯（以下、安全帯）を着用し、安全ブロックのフックに安全帯を掛ける

〔図－35〕はしご（踏桟は高さ 1.8 m）から身を乗り出して作業中、はしごが転倒し、作業者は床面に激突

(1)■上部を固定していない
(2)■上部に安全ブロックを設置していない
(3)■踏桟の狭いはしごを使用

(4)▲Aは安全帯を使用していない

★不適正な脚立の使用方法

〔図－36〕上部に安全ブロックを設置し、安全ブロックを使用して作業

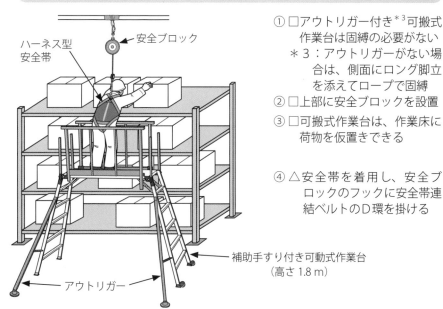

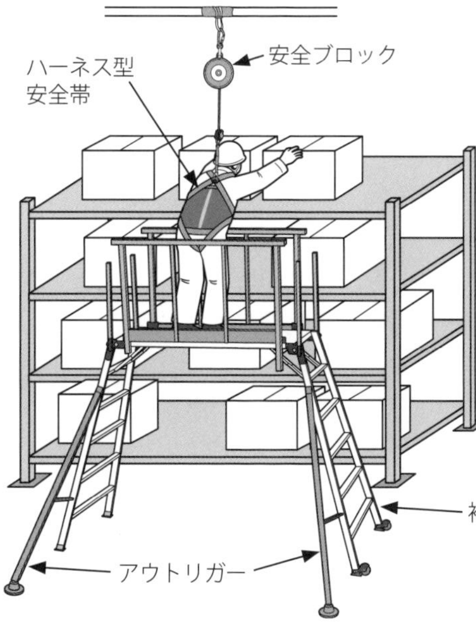

① □アウトリガー付き＊3可搬式作業台は固縛の必要がない
＊3：アウトリガーがない場合は、側面にロング脚立を添えてロープで固縛
② □上部に安全ブロックを設置
③ □可搬式作業台は、作業床に荷物を仮置きできる

④ △安全帯を着用し、安全ブロックのフックに安全帯連結ベルトのD環を掛ける

【厳禁】安全帯を使用しないで「補助手すりから身を乗り出して」作業

【安全なはしごの使用方法】はしごの上部をフック掛けし、作業者は保護帽、ハーネス型安全帯を着用し、頭頂より高い場所に安全帯のフックを掛けて作業を推奨

3 固定はしごは無防備等で昇降するべからず

リスク算定【ＲＬ－Ⅳ】　■ 不安全な状態　▲ 不安全な行動

固定はしごは「はしごを固定〔75 度＜傾斜角（こう配）≦ 90 度〕」したもので、天井クレーンのガーター上へ・工場の屋上へ・各建物の塔屋上へ・貯水槽の上部へ・床上操作式クレーンの上部への昇降設備として設置されている。これらは、定期点検などで利用するので「背もたれ[*1]」の設置「墜落阻止装置〔図－19 ①〕」の取り付け「踏みだな（手すり・開閉蓋付き）」の設置間隔は 10 m程度が望ましい。

＊1：背もたれは「背中からの墜落防止設備」で、墜落阻止装置ではない

《固定はしご昇降の危険性と改善（☆）》〔図－ 37・38〕

【不安全な状態と安全な状態】

（1）「背もたれ」がないので、落ちたとき頭・背中から床面に激突

☆ ① 床面から２m 以上は「背もたれ」を設置

（2）「墜落阻止装置」がないので、落ちると床面まで墜落

☆ ②「固定ガイド式スライド〔図－19 ①〕」または、上部に「安全ブロック〔図－ 19 ④〕（引き寄せロープ付き）」を設置

（3）固定はしご（以下、はしご）と壁面等との間隔が 10cm 未満は、昇降時に足のつま先が掛からないので、足が滑って墜落

☆ ③ はしごと壁面等との間隔は、15cm 以上とする

（4）上部の突き出しは 60cm 未満（手掛かりが低い）なので、屋上などに乗り移るとき床面まで墜落。また、床面に資機材を仮置き

☆ ④ 上部は 60cm 以上突き出し、かつ、踏面と背もたれを設置
また、はしごの真下は「物置き禁止」

【不安全な行動と安全な行動】

（5）安全帯を着用しないで、はしごを昇降

☆ ⑤ ハーネス型安全帯を着用し、墜落阻止装置のフックを「安全帯のＤ環に直接掛けて昇降」

（6）手に工具などを持って昇降

☆ ⑥ 工具は布ホルダー（スパイラルは不適）に付け、工具ケースに入れる

〔図ー 37〕手に工具などを持って、背もたれのない固定はしごを昇降

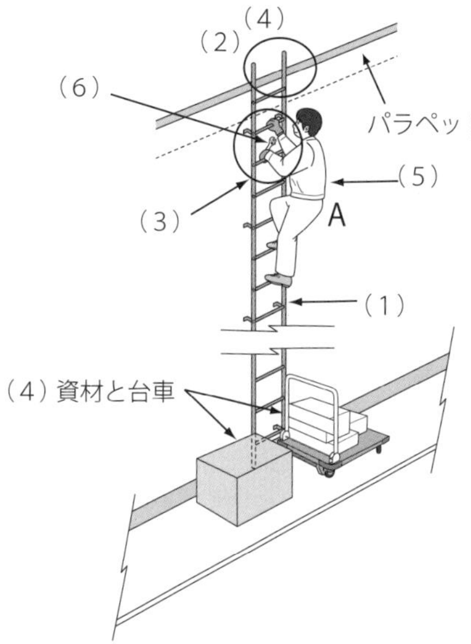

(1) ■「背もたれ*[1]」がない
(2) ■ 墜落阻止装置がない〔図ー 19〕
(3) ■ 壁面等との間隔が 10cm 未満
(4) ■ 上部の突き出しが 60cm 未満、また、はしごの真下に「物を置く」

(5) ▲ Aは安全帯を着用しないで、はしごを昇降
(6) ▲ Aは「手に工具などを持って」昇降

〔図ー 38〕安全帯を使用して、背もたれのある固定はしごを昇降

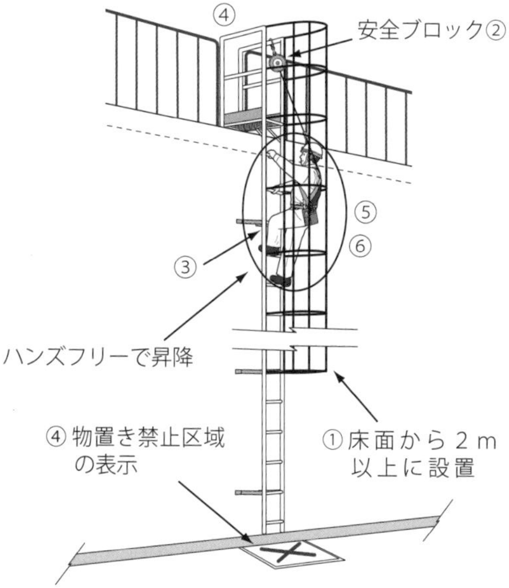

① □「背もたれ」を設置
② □安全ブロックを設置
③ □壁面等との間隔は 15cm 以上
④ □上部の突き出しは 60cm 以上とし、はしごの真下は「物置き禁止」

⑤ △安全ブロックのフックは、安全帯のD環に直接掛けて昇降
⑥ △工具は布ホルダーに付け、工具ケースに入れる

＊1：背もたれは、落ちても「背中からは落ちない」ので必須
【厳守】安全ブロックのフックは「安全帯のD環に直接」掛けて昇降

4 踏だなのある固定はしごは無防備で昇降するべからず

リスク算定【ＲＬ－Ⅳ】　■不安全な状態　▲不安全な行動

踏みだなのある固定はしごは、天井クレーンのガーダー・高い鉄塔などの昇降設備として設置され、定期点検などで定期的に利用している。

《踏みだな付近の危険性と改善（☆）》〔図－39・40〕

主に「図－39」のような３箇所で墜落の危険性がある

(a) 中段の踏だな出入口の開口部から墜落

(b) 中段の踏だなから上部固定はしごへの移動時に、開口部から墜落

(c) 固定はしご上部から乗り込み時に墜落

【不安全な状態と安全な状態】

（１）中段の踏だなの出入口に開閉蓋がないので、下部の固定はしごの踏桟に足を乗せるとき墜落

☆①踏だなの出入口に開閉蓋を設置し「常時閉」とし（出入り時に開ける）、かつ、開閉蓋の周囲に「赤／白」の安全Ｍａを貼る

（２）固定ガイド式スライド〔図－19①〕、（以下、スライド器具）は、固定はしごの下部と上部にもなかった

☆②スライド器具のレールは、下部の固定はしご・横移動する踏だな、かつ上部の固定はしごまで、S形に連続設置とする

（３）上部固定はしご下部と踏だな間の約110cmに、背もたれがない

☆③上部固定はしご下部と踏だな間に、L形に防護柵（背もたれ）を設置

（４）上部固定はしごの突出部に「背もたれ・踏板」がない

☆④突出部に「高さ110cmの背もたれと踏板」を設置

【不安全な行動と安全な行動】

（５）作業者３人は胴ベルト型安全帯を着用していたが、スライド器具がないので使用しなかった

☆⑤ハーネス型安全帯を着用し、スライド器具に、連結ベルトのＤ環を直接掛けて昇降

【作業者の遵守事項】

(a) ハーネス型安全帯を着用し、常時使用

(b) 保護帽はヘッド・ランプ付きを着用

(c) 工具は布ホルダーに付け、工具ケースに収納

(d) 小荷物はザックに入れ「ハンズフリーで昇降」

〔図－39〕安全帯を使用しないで、固定はしごを昇降

（1）■上部の突き出しが60cm未満、
かつ、背もたれ・踏板がない
（2）■固定はしご下部と踏だな
手すり間が開口部状態
（3）■踏だな昇降口は開口部状態
（4）■上下の固定はしごに固定ガイド
式スライドを設置していない

（5）▲3人は、安全帯を着用しないで、
はしごを昇降

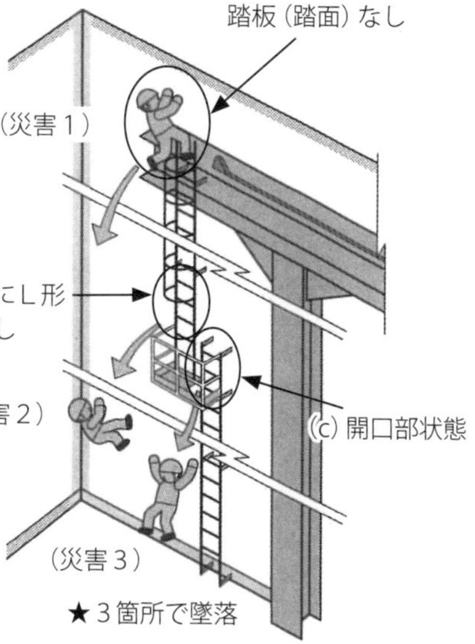

〔図－40〕安全帯を使用して、背もたれのある固定はしごを昇降

① □突出部は90cm程度とし、
かつ、背もたれ・踏板を設置
② □固定はしご下部と踏だな
手すり間にL形の防護柵
③ □踏だな昇降口に開閉蓋を設置
④ □上下の固定はしごに固定ガイド式スライド〔図－19①〕
をS形に連続設置

⑤ △昇降時は、スライド器具の
フックは、安全帯連結ベルト
のD環に直接掛けて昇降

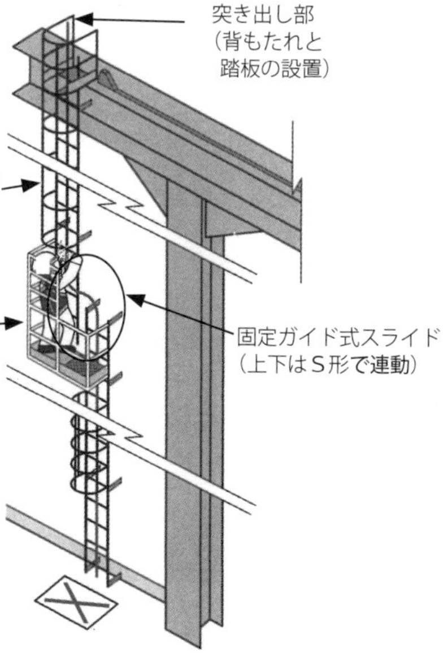

【厳守】スライド器具のフックは「安全帯のD環に直接」掛けて昇降

5 移動はしごは無防備で設置するべからず

リスク算定【ＲＬ－Ⅲ】　■不安全な状態　▲不安全な行動

「移動はしご」は、作業者が使用する場所に自分で設置するものである。作業者は「移動はしごと固定はしごの違い」を学び＊1、移動はしごの「適正な設置方法と危険性」を理解していないと「移動はしごが転倒」して高所から墜落する危険性がある。移動はしご（以下、はしご）の設置こう配は75度程度と急こう配なので、踏桟（奥行きは３～６cm）で「足を踏み外すと墜落」する危険性が極めて高い。

＊１：全長９ｍの移動はしごの最大高低差は、昇降部で「８ｍ程度」

《移動はしご昇降の危険性と改善（☆）》〔図－41・42〕

はしごを傾斜した床面、かつ上部を（つき出しは30cm程度）を固定しないで設置したので、工具を片手に持った作業者Ａが、作業構台に乗り移ろうとしたとき、はしごの上部が転位して、Ａは床面に墜落

【不安全な状態と安全な状態】

（１）踏桟は水平でなく、上部を固定していない。また、上部を60cm以上突き出していない

☆①踏桟は水平になるように堅固な床面に設置し、上部は60cm以上突き出して、滑り止め（面接触）＊2を行う。または、作業構台には堅固な防護柵を設置し、はしごは堅固な鋼棒にフック掛け

＊２：壁面は上部に「ラダーミット＊3」等を付け、脚部は脚立で補強

＊３：「はしご用上部端具保護カバー（材質：ポリウレタンゴム）」は、壁面に面接触し、壁面のキズつき防止にもなる（推奨）

（２）安全ブロックがないので、落ちると床面まで墜落

☆②堅固な防護柵の上部に安全ブロックを設置〔図－19④〕

【不安全な行動と安全な行動】

（３）安全帯を着用しないで、はしごを昇降

☆③ハーネス型安全帯（以下、安全帯）を着用し、安全ブロックフックに安全帯のＤ環を直接掛けて昇降

（４）手に工具などを持って昇降

☆④工具は布ホルダーに付け、工具ケースに入れる

〔図－41〕移動はしごを作業構台等の端部に掛けて昇降

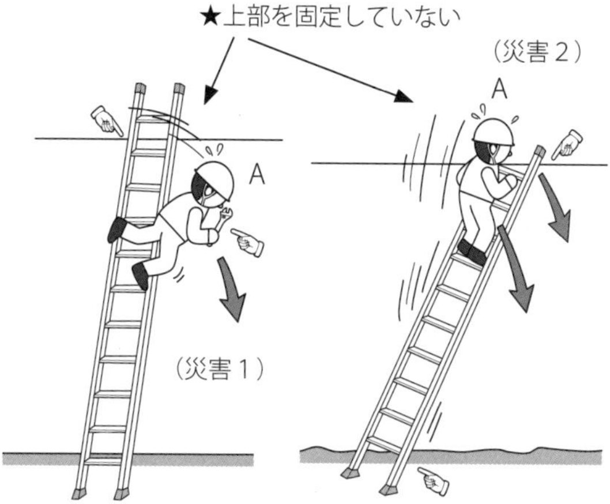

（１）■踏桟が水平でなく、上部は固定していない。また、突き出しは60cm未満
（２）■安全ブロックを設置していない

（３）▲ A・Bは安全帯を着用していない
（４）▲ Aは手に工具などを持って昇降

〔図－42〕移動はしごの適正な設置方法と昇降方法

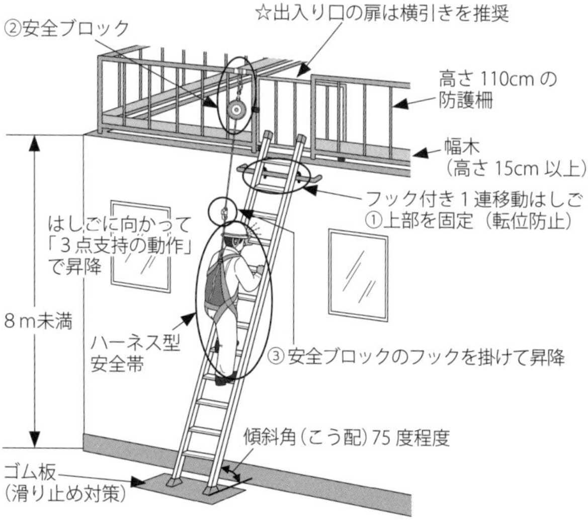

① □踏桟は水平に設置、はしごの上部は鋼棒にフック掛け
② □安全ブロックは防護柵の上部に固縛〔図－20（C）〕

③ △ハーネス型安全帯を着用し、安全ブロックのフックに直接掛けて昇降
④ △工具は布ホルダーに付け、工具ケースに入れる

〔記〕幅木について〔安衛則第563条第３号・第６号〕
ⓐ足場（つり足場を除く）は高さ15cm以上（物の落下）
ⓑ仮設の用具は、高さ10cm以上（労働者の墜落防止）

【危険】移動はしごを傾斜角45度以下に設置（★折れて破壊する危険性）

6 屋外灯などに移動はしごを無防備で設置するべからず

リスク算定【RL－Ⅳ】　■ 不安全な状態　▲ 不安全な行動

円筒形（円柱）の屋外灯＊1の電球交換などで、移動はしご（以下、はしご）を無防備で設置すると、作業者Aの昇降時の衝撃で「はしごの上部が回転」し、はしごが転倒して作業者が墜落する危険性がある。

＊1：直径 10cm 程度の円柱に「踏桟が点接触」なので回転しやすい

《移動はしご設置の危険性と改善（☆）》〔図－ 43・44〕

【不安全な状態と安全な状態】

（1）はしごの上部を、屋外灯のポールに線接触で掛けている

☆ ① はしご上部に「ポールグリップ（電柱支え）」を取付ける
（踏桟最上部に回転止めの「ジョイントマット」を取付けでも可）

☆ ②「昇降式移動足場＊2」を使用〔図－ 24 (b)〕

＊2：収納状態にすると、エレベーターで運搬が可能

（2）はしごの脚部が安定していない

☆ ②－1　脚部に「メッシュわく」を敷き、沈下防止

☆ ②－2　アウトリガー付きはしご、または背面に脚立を固縛

☆ ②－3　昇降式移動足場の場合、不等沈下防止（ゴムマット）を敷く

（3）はしごの上部に安全ブロックを取付けていない

☆ ③－1　はしご上部に安全ブロックを取付け〔図－ 19 ④〕

☆ ③－2　昇降式移動足場の場合、手すりの支柱に安全ブロックを取付け

【不安全な行動と安全な行動】

（4）安全帯を使用しないで昇降

☆ ④－1　ハーネス型安全帯（以下、安全帯）を着用し、安全帯は安全ブロック等のフックに直接掛けて昇降

☆ ④－2　昇降式移動足場には、あらかじめ手すりの支柱に安全ブロックを取付ける〔図－ 24 (b)〕、安全帯連結ベルトのD環に安全ブロックのフックを掛けて昇降

（5）「手に工具など」を持って昇降

☆ ⑤ 工具は布ホルダーに付け、工具ケースに入れる

〔図－43〕移動はしごを、屋外灯の電球交換で不適正に設置

（屋外灯の高さ５m程度：★屋上パラペットの側壁に設置は危険性が高い）

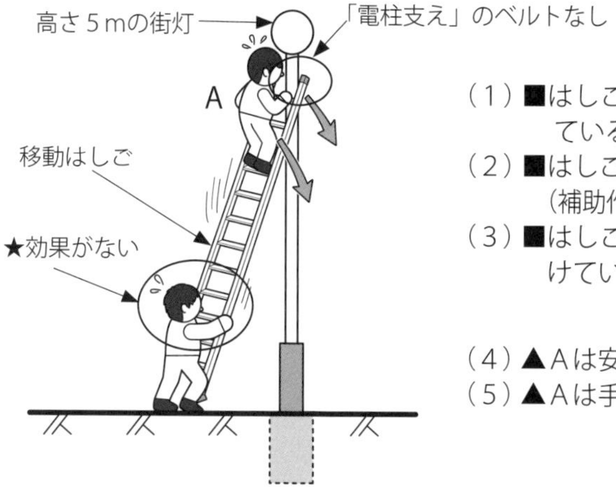

（１）■はしごの踏桟を、屋外灯に直接掛けている
（２）■はしごの脚部が不安定（補助作業者が支えているが！）
（３）■はしごの上部に安全ブロックを取付けていない

（４）▲Aは安全帯を使用しないで電球交換
（５）▲Aは手に工具などを持って昇降

〔図－44〕屋外灯の適正な作業方法

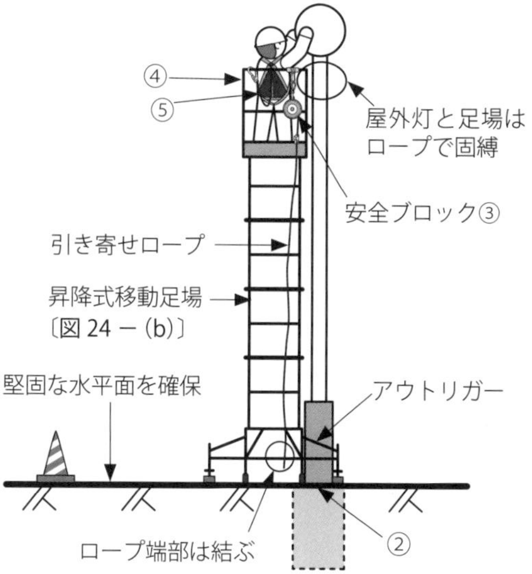

① □「昇降式移動足場」を使用
② □昇降式移動足場の場合「ゴムマット」を敷く
③ □昇降式移動足場の場合、手すりに安全ブロックを取付け

④ △ハーネス型安全帯を着用し、安全ブロックのフックに直接掛けて昇降（作業者は特別教育修了者）
⑤ △工具は布ホルダーに付け、工具ケースに入れる

【注意】海の近傍・低木の植え込みの「屋外灯脚部は、腐食」が著しい

7 ３連はしごは安易に使用するべからず

リスク算定【ＲＬ－Ⅳ】　■不安全な状態　▲不安全な行動

昭和 50 年以前に創業開始の工場では「全長９m以上の３連はしごと高さ２m以上の専用脚立」は、高所作業用として重宝な用具であった。〔当時、エレベーターで運搬可能な昇降式移動足場〔図－24(b)〕・電動の高所作業台・昇降作業台（電動油圧マスト式・手動ウインチ式）などはなかった〕

《３連はしご[*1]昇降の危険性と改善（☆）》〔図－45・46〕

「３連はしご」はアルミ合金製[*2]で、上はしごと中はしごが下はしごのフレームに収まる構造なので、収納時には短く（10.7 m物は縦長 4.6 m）なるが、長さ９m以上の状態では空隙の多い「ジョイント部が２箇所」あるので、昇降時には「たわみが大きく」なり、作業者は墜落防止対策を講じていないと「振り落とされて」墜落する危険性がある。

＊１：全長９mを超えた状態で使用すると「安衛則第 527 条の解釈例規（昭 43. 6.14 安発第 100 号）」に抵触（規定に違反）
〔※〕関連する知識は、第１章「15・18・19」に記載

＊２：P 社の３連はしご（アルフロジョイント構造）は「全長 6.6 m・8.7 m・10.7 m・14.1 mの４種類」がある。他社は 11m 未満が多い

【不安全な状態と安全な状態】

（１）全長 11 mの３連はしごを高さ 9.5 mの作業構台の端部に、60cm 程度突出して設置（但し、上部は転位防止せず）
☆① 側面に「くさび緊結式（内階段付き）足場」を設置

（２）安全ブロック等がないので、落ちると床面まで墜落
☆② 防護柵の上部に安全ブロックを設置〔図－19④〕

【不安全な行動と安全な行動】

（３）安全帯を着用しないで、３連はしごを昇降
☆③ 作業者はハーネス型安全帯（以下、安全帯）を着用（作業構台上では、荷の取り込み作業等がある！）

（４）手に工具などを持って昇降
☆④ 工具は布ホルダーに付け、工具ケースに入れる

〔図ー45〕 3連はしごを作業構台の端部に掛けて昇降

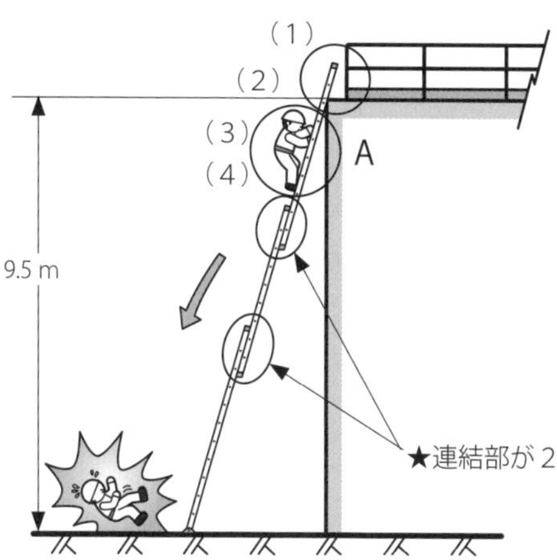

（1）■全長 11 mの3連はしごを 60cm 程度突出して設置（上部の転位防止せず）
（2）■3連はしごの上部に、安全ブロック等を取り付けせず
（等とは「親綱式スライド」を含む）

（3）▲Aは安全帯を着用していない
（4）▲Aは手に工具などを持って昇降

★連結部が2箇所あるので、たわみが大きくなる

〔図ー46〕 くさび緊結式足場の適正な設置方法と昇降方法

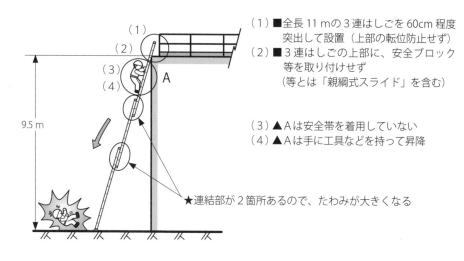

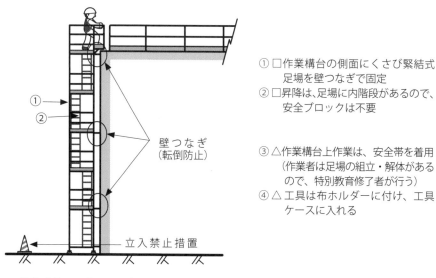

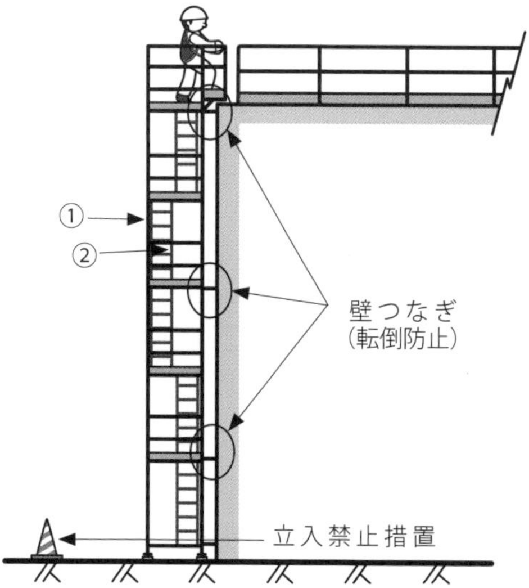

① □作業構台の側面にくさび緊結式足場を壁つなぎで固定
② □昇降は、足場に内階段があるので、安全ブロックは不要

③ △作業構台上作業は、安全帯を着用（作業者は足場の組立・解体があるので、特別教育修了者が行う）
④ △ 工具は布ホルダーに付け、工具ケースに入れる

【厳守】 3連はしごの場合は「全長9 m以下」とし、上部を固定し、昇降は安全ブロックを常時使用して昇降

8 移動はしごは傾斜路に安易に設置するべからず

リスク算定【ＲＬ－Ⅳ】　■ 不安全な状態　▲ 不安全な行動

移動はしごは、機械設備などの上に上部を60cm以上突出し、転位防止を行い、昇降する用具[＊1]で、堅固で水平な床面に設置[＊2]が原則。

＊１：(a) 全長９ｍ未満（60cm突出しの場合、高低差は８ｍ未満）で使用
(b) 設置の傾斜角は75度程度
(c) 踏桟は水平（支柱は鉛直）に設置
(d) 上部に安全ブロック等〔図－19④〕を取り付け
(e) 移動はしごの上部は、フック掛け等で転位防止を施す

＊２：傾斜路に設置する移動はしごは、脚部はアジャスト（伸縮式）・ドームジョイント付きを使用（一般の脚部は、左右には曲がらない）

《移動はしご傾斜路[＊3]使用の危険性と改善（☆）》〔図－47・48〕

＊３：(a) 傾斜路はこう配３％程度以上
(b) 作業構台の高さは7.5m
(c) 移動はしごは２連はしご（以下、はしご）

★ 全長８ｍのはしごを３％の傾斜路に設置し、５ｍの高さまで昇ったとき、上部が転位して作業者が墜落

【不安全な状態と安全な状態】

（１）作業構台端部にはしごの転位防止をせず、60cm突出して設置
　☆ ① 作業構台端部の防護柵に鋼棒のフック掛けを設置

（２）はしごの踏桟は水平でなかった（支柱は斜めの状態）
　☆ ② 上部「フック付き・脚部アジャスト・ドームジョイント付き」のはしごをフック掛けに掛け、踏桟は水平に設置

（３）はしごの上部に安全ブロックを取り付けなかった
　☆ ③ はしごの上部に安全ブロックを取り付ける〔図－19④〕

【不安全な行動と安全な行動】

（４）ハーネス型安全帯（以下、安全帯）を着用していなかった〔図－14(b)〕
　☆ ④ 安全帯を着用し、安全ブロックに掛けて昇降

〔図－47〕不適正な移動はしごの設置による墜落

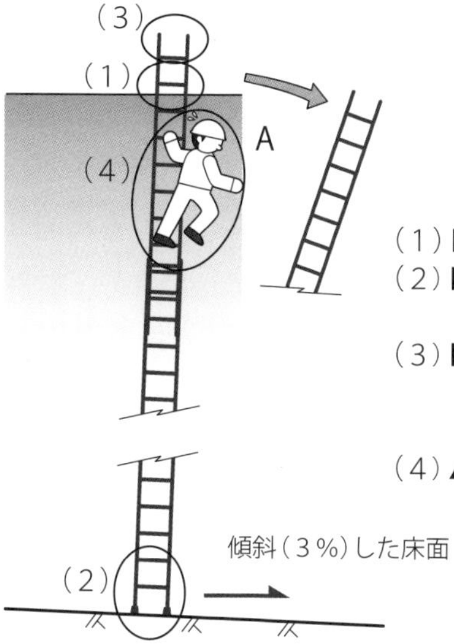

（1）■はしごの上部に転位防止をしなかった
（2）■はしごの踏桟は水平でなかった
　（支柱は斜めの状態）
（3）■上部に安全ブロックを設置しなかった

（4）▲Aは安全帯を着用しなかった

〔図－48〕適正な移動はしごの設置と作業方法

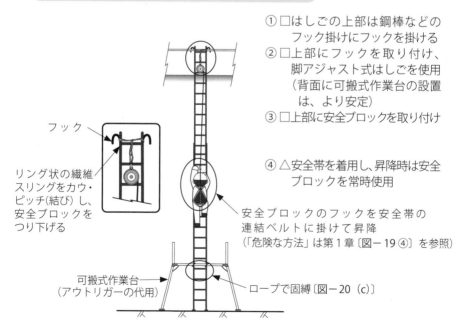

① □はしごの上部は鋼棒などの
　フック掛けにフックを掛ける
② □上部にフックを取り付け、
　脚アジャスト式はしごを使用
　（背面に可搬式作業台の設置
　は、より安定）
③ □上部に安全ブロックを取り付け

④ △安全帯を着用し、昇降時は安全
　ブロックを常時使用

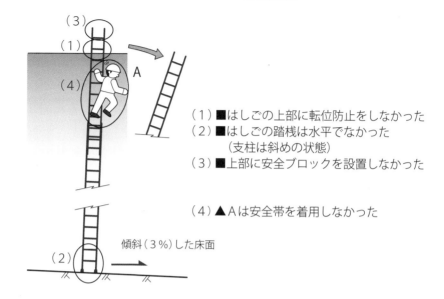

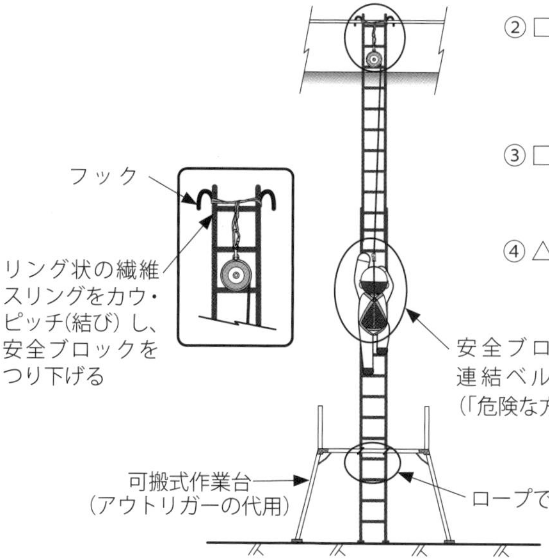

フック
リング状の繊維
スリングをカウ・
ピッチ(結び)し、
安全ブロックを
つり下げる
安全ブロックのフックを安全帯の
連結ベルトに掛けて昇降
（「危険な方法」は第１章〔図－19④〕を参照）
可搬式作業台
（アウトリガーの代用）
ロープで固縛〔図－20（c）〕

9 階段はしごを背にして降りるべからず

リスク算定【ＲＬ－Ⅳ】　■ 不安全な状態　▲ 不安全な行動

休憩室・倉庫上の物品置場などへ昇降する、長さ４ｍ程度の「階段形状のはしご」は、製造工場の多数の場所にあり、用具メーカーでは「商品名で階段はしご」と読んでいるが、ISO に準拠した JIS 規格の呼称〔図－ 27〕は「段はしご＊１」である。

＊１：段はしごの定義は「傾斜角 45 度を超え 75 度以下」である。
日本の多数のメーカーは「階段はしご」を名称にしているので、本書では「階段はしご」の名称とする

〔※〕関連する知識は、第１章「15・18」を参考に！

《階段はしご使用の危険性と改善（☆）》〔図－ 49・50〕

★ 高さ 3.2 ｍの物品置場の出入口に、全長４ｍの階段はしご＊２を、25cm 程度突き出して設置し、作業者がはしごを背にして降りているとき、脚部が水平に逸走して「作業者は足元をすくわれ」て墜落。

＊２：複数のメーカーの階段はしごは「設置角は 60 度と 70 度」が多く、踏桟の奥行きは 15 ～ 16cm ある

【不安全な状態と安全な状態】

（１）物品置場の出入口の端部にフック掛けがなかった
☆ ① 出入口の端部にフック掛けを設置

（２）階段はしご上部にフックはなく、出入口の両側に防護柵がなかった
☆ ② 階段はしごの上部にフックと、出入口の両側に防護柵を取り付ける

（３）防護柵に安全ブロックを取り付けなかった
☆ ③ 防護柵の上部に安全ブロックを取り付ける〔図－ 19 ④〕

【不安全な行動と安全な行動】

（４）安全帯を着用しなかった
☆ ④ 安全帯を着用し、安全ブロックのフックに直接掛けて昇降

（５）工具袋を右手に持ち「階段はしごを背にして降りた」
☆ ⑤ 工具袋は防護柵の外側から、ロープでつり下ろす

〔図ー 49〕不適正な階段はしごの状態と行動

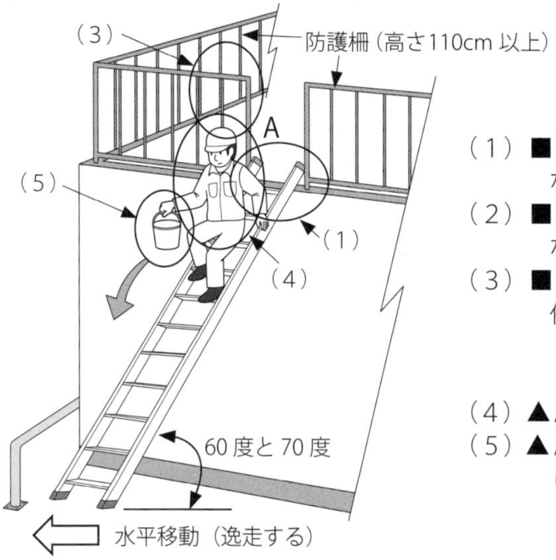

（1）■出入口の端部にフック掛けがなかった
（2）■階段はしごの上部にフックはなく、両側に手すりがなかった
（3）■防護柵に安全ブロックを取り付けなかった

（4）▲Aは安全帯を使用しなかった
（5）▲Aは工具袋を右手に持ち、階段はしごを背にして降りた

〔図ー 50〕適正な階段はしごの状態と行動

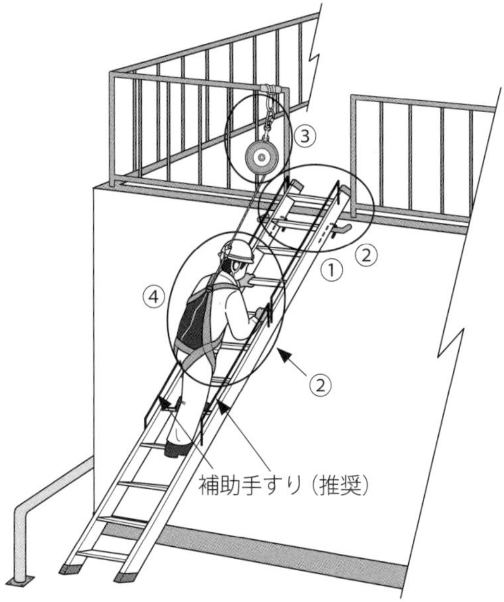

① □出入口の端部にフック掛けを設置
② □はしごの上部にフックと、両側に手すりを取り付ける
③ □安全ブロックを取り付け

④ △作業者は安全帯を着用し、安全ブロックに掛けて昇降
（※工具袋のイラストはナシ）

【順守】階段はしごは「用具に向かって３点支持の動作」で昇降

10 ピットの路肩近くに移動はしごを設置するべからず

リスク算定【ＲＬ－Ⅳ】　　■不安全な状態　▲不安全な行動

大型工作機械に隣接し、金属屑を搬出するゴムベルトコンベヤー＊1（以下、コンベヤー）を設置した「処理ピットの路肩」に、移動はしごを設置して昇降していて墜落した災害を紹介する。

＊１：電力コンベヤーの種類は、ベルト・チェーン・ローラ・スクリュー・振動・流体・空気フィルム・エレベーティングの８つに分類される。当ベルトコンベヤーは５種類、チェーンコンベヤーは 17 種類あり、最も種類が多い。「新・産業安全ハンドブック（中災防編）」

《ピットの路肩近くに移動はしご設置の危険性と改善（☆）》〔図－51・52〕

「図－ 51」のようなピットの路肩から 2.2 m下に金属屑搬出用コンベヤーがあり、工作機械の上部までの高低差は 3.9 mある。保全担当の作業者Ａは工作機械のピット側に２連の移動はしごを設置＊2 して路肩から２m程度昇ったとき、はしごの上部が転移して転倒し、Ａは路肩に落ち、バウンドして 2.2 m下のコンベヤー上に墜落した。悲鳴を聞いた同僚は、コンベヤーを非常停止ロープで緊急停止させ、応援に来た複数人とＡを救出した。

＊２：Ａはこれまで通り「上部を 60cm 程度突出し固定しなかった」

〔※〕関連する知識は、第１章「18・22・23」を参考に！

【不安全な状態と安全な状態】

（１）稼働している搬出コンベヤー側に、移動はしごを設置

☆① 路肩に防護柵を設置し、かつ、工作機械上部の昇降用に「背もたれ付き固定はしご」を設置

（２）点検作業中に搬出コンベヤーを稼働させていた

☆② 点検作業中は搬出コンベヤーは停止させ「点検作業中」の表示を行う

【不安全な行動と安全な行動】

（３）保護帽・安全帯を着用しなかった

☆③ ヘッドランプ付き保護帽とハーネス型安全帯を着用し使用

（４）工具袋を右手に持っていた

☆④ 工具は工具ホルダーを付け、工具袋に収納してロープでつり下ろす

〔図－51〕不適正な移動はしごの設置状態と行動

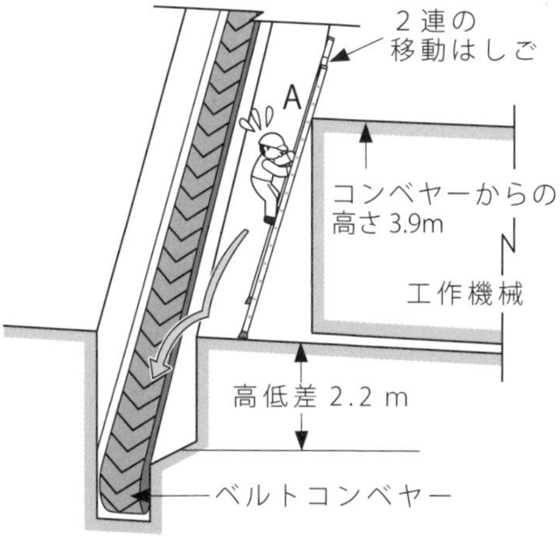

（1）■移動はしごを固定しなかった
（2）■路肩に防護柵がなかった
（3）■搬送コンベヤーは稼働していた

（4）▲Aは保護帽・安全帯を着用せず
（5）▲Aは工具を右手に持ち、はしごを昇っていた

〔図－52〕適正な昇降設備等の状態と行動

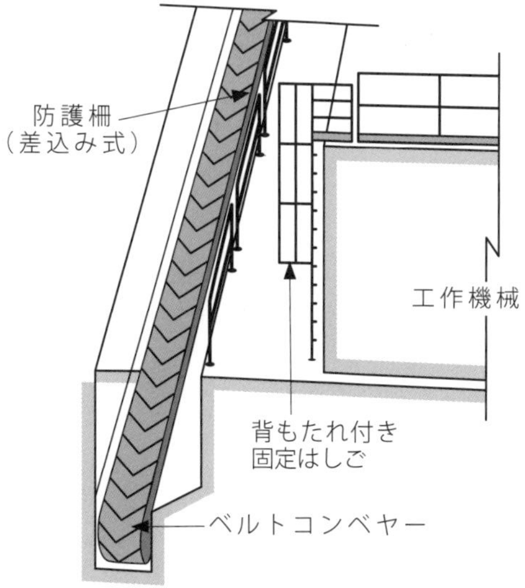

① □背もたれ付き固定はしごを設置（手すりは高さ110cm／踏面付き）
② □路肩に防護柵（高さ110cm・中桟・幅木付き）を設置
③□点検作業中は搬送コンベヤーを停止させ、点検作業中の表示

④ △作業者はヘッドランプ付き保護帽とハーネス型安全帯を着用
⑤ △工具は工具ホルダーを付け、工具袋に収納し、はしごは「3点支持の動作」で昇降

【推奨の作業方法】長さ1.5 m・1 mの「リング状繊維ベルト[*3]」を持参し「図－20（a）・（b）の結び方を体得」していれば、如何なる場所でも「安全帯の取り付け設備」を確保することが可能。（筆者は常に持参）

＊3：F社の「携帯用台付ベルト」は、幅18mmでストレート強度30kN以上

11 踏台を移動式足場の上に載せて作業するべからず

リスク算定【ＲＬ－Ⅳ】　■不安全な状態　▲不安全な行動

作業床の高さ２m未満の移動式足場（以下、足場）＊１は、天井高が４m程度の天井の補修・蛍光球の交換、壁面の掲示物の張り替えなど、多数の作業で使用されている。しかし、その足場の作業床上に「軽量（アルミ合金製2.7kg）の踏台＊２」を載せて作業を行うと、事態が一変して「危険な作業方法＊３」になる。

＊１：鳥居型の建わく１ユニットに、ジャッキ車輪を取り付けたもの

〔記〕作業床の高さが２m未満なので、手すりなし・内側にはしご設置だけでの使用が多い

＊２：天板の高さ79cm程度（踏桟２段）の「折りたたみ式踏台」

＊３：「作業者と踏台が滑り落ちる」危険性がある（踏台の天板高は床面から高さ2.7 mとなり、極めて「危険な状態」です）

《移動式足場上に踏台設置の危険性と改善（☆）》〔図－53・54〕

作業者Aは天井（高さ4.3 m）の天井板をはがすために、足場上に踏台を載せて、踏台を跨いだ状態で、天井板をバールではがしていたとき、反動で、バランスを崩して踏台と共に墜落し「床面に頭・背中を激突」させた。

【不安全な状態と安全な状態】

（１）高さ1.9 mの足場上（床面は水平でない）に、踏台を載せた

☆①（a）梁がなく天井高が一定の場合「内階段式手すり付きローリングタワー＊４」〔図－54（a)」を使用

（b）天井高が一定でない場合は「昇降式移動式足場＊５」を使用

＊４：専用わくの場合、作業床は奥行き152cm×幅152cm

＊５：２社あるが、共に作業床は奥行き59cm×幅150cm程度

〔記〕足場なので、作業は「特別教育修了者（安衛則第36条）」が行う

【不安全な行動と安全な行動】

（２）Aは保護帽・ゴーグル・安全帯などを着用しなかった

☆② ヘッドランプ付き保護帽・ゴーグル・防じんマスク・ハーネス型安全帯を着用し、安全帯のフックは手すりの支柱などに掛ける

（３）踏台の天板に片足を乗せて、力を入れる作業をした

☆③ 足場上では「力を入れる作業は禁止」

〔図－53〕不適正な移動式足場で天井板をはがす作業

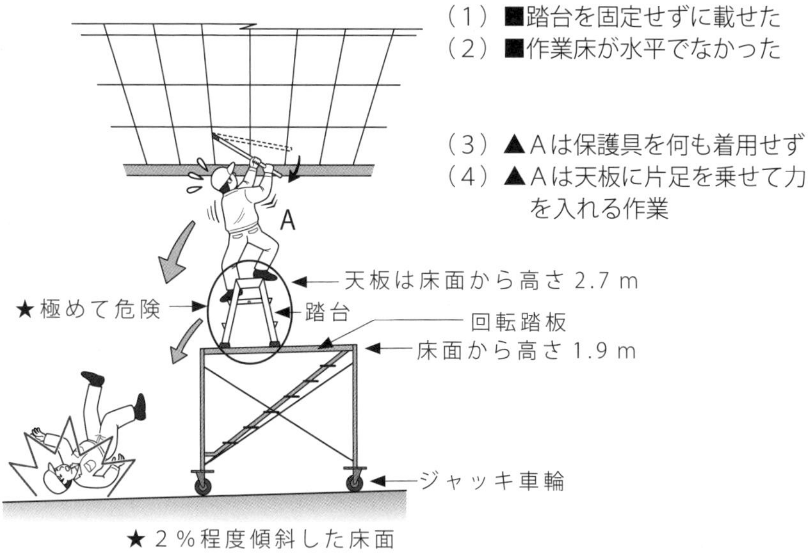

〔図－54〕天井板を剥がす作業は、適正な移動式足場を使用

(a) 梁がなく天井高が一定の場合
〔内階段式ローリングタワー〕

(b) 梁があり天井高が一定でない場合
〔昇降式移動式足場（通称：アップスター）〕

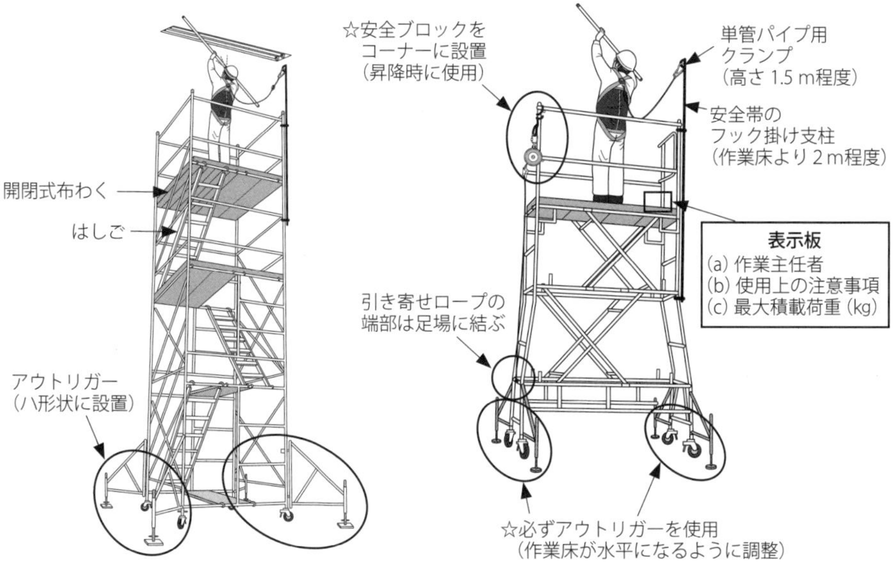

12 踏台を可搬式作業台の上に載せて作業するべからず

リスク算定【ＲＬ－Ⅲ】　■ 不安全な状態　▲ 不安全な行動

可搬式作業台は、主として天井・壁面の蛍光管交換、または壁面の掲示物の張り替えなど、多数の作業に用いる便利なアルミニウム合金製作業台（以下、可搬式作業台）である。当可搬式作業台＊1は、作業に十分な面積を有する作業床＊2と作業床を支える支柱が折りたたみ式で伸縮できる支柱もある。作業床に昇降する支柱は脚立と同じで、任意の場所に容易に移動ができる。〔脚立の両側支柱間を長くして、作業床を設けた構造〕

＊1：作業台の種類は、第1章〔図－22〕を参考に！

＊2：「天板・天場・作業床」の違いは、「図－2」を参考に！

《可搬式作業台上に踏台設置の危険性と改善（☆）》〔図－55・56〕

作業者A（身長170cm）は、天井（高さ3.9 m）の蛍光灯の球交換で、可搬式作業台（作業床高150cm）を設置したが、届かないので作業床の上に高さ30cmの踏台を載せて作業を行っていた。Aが球を外す左右の動きで、踏台の脚が作業床からずれ落ち、Aは落ちて床面に激突した。

【不安全な状態と安全な状態】

（1）高さ150cmの可搬式作業台上に、踏台を載せて作業（用途外使用）

☆ ① 高さ180cmの補助手すり付き可搬式作業台を使用

（2）高さ180cmの補助手すり付き可搬式作業台の手すりに寄り掛かると転倒する危険性がある。〔「図－13 (b)」の通り、補助手すりの上部に10kg程度の水平力が掛かる〕

☆ ② アウトリガー付き可搬式作業台を使用、応急的には、側面に長尺の専用脚立（天板高230cm以上）＊3を設置し、桟木をロープで固縛

【不安全な行動と安全な行動】

(3) 保護帽・安全帯を着用していない

☆ ③ ヘッドランプ付き保護帽・ハーネス型安全帯・ゴーグル＊4を着用し、安全帯のフックは堅固なものに掛ける

＊3：天板にリング状の繊維ベルトを巻けば、安全帯のフックを掛けられる

＊4：ゴーグルは「ほこりが目に入る」を予防できる

〔図－55〕不適正な可搬式作業台の使用方法で蛍光管交換

〔★可搬式作業台上に踏台を載せて作業〕

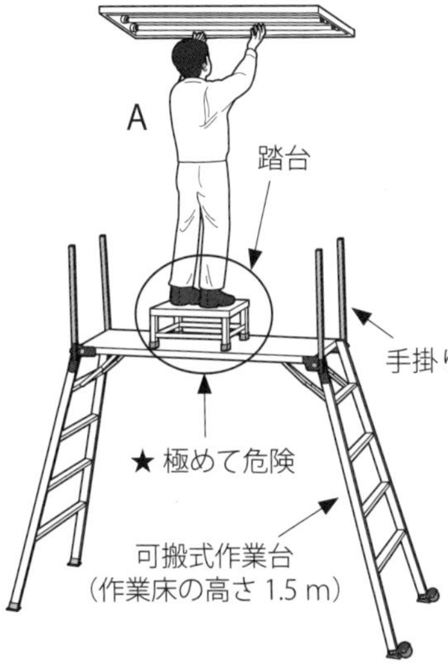

（1）■作業台上に踏台を固定せずに載せた
（2）■作業台に補助手すりがなかった
（3）■作業台はアウトリガーがなかった

（4）▲Aは保護具を何も着用していない
（5）▲Aは踏台上で水平移動の作業

〔図－56〕補助手すり付き可搬式作業台で蛍光管交換

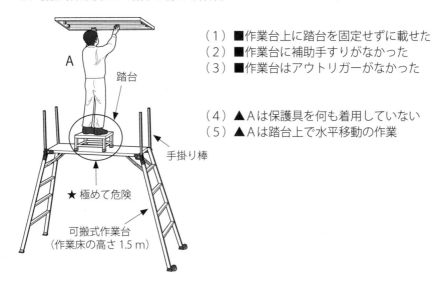

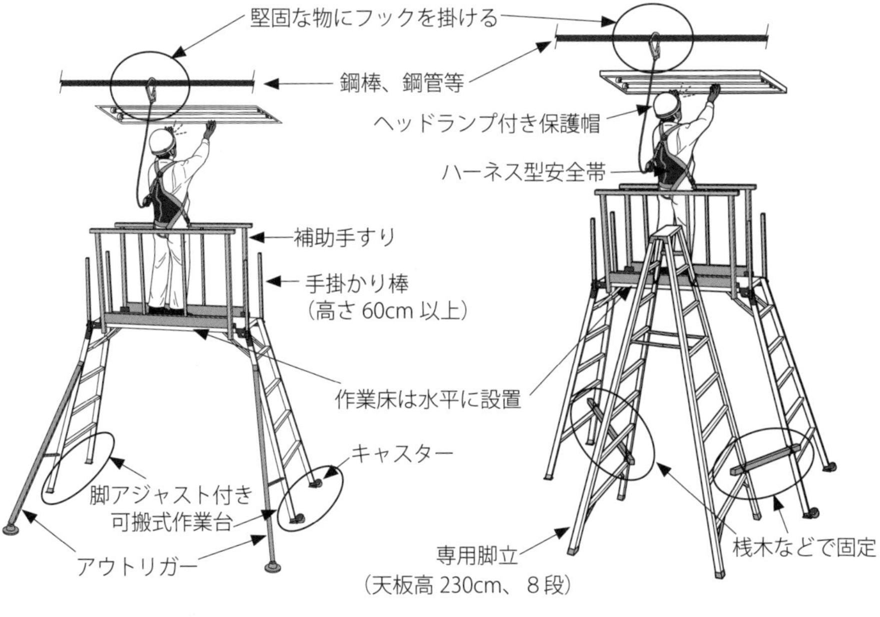

☆専用脚立は転倒防止

13 作業台を階段の踊り場で使用するべからず

リスク算定【ＲＬ－Ⅳ】　■不安全な状態　▲不安全な行動

《階段の踊り場で作業台使用の危険性と改善（☆）》〔図－57・58〕

製造工場内の作業構台（床面の高さ 2.8m）上にある、休憩室出入口の蛍光管の球交換作業。作業者Ａは休憩室内が無人の時間帯に、外階段（こう配 35 度）の上部にある踊り場に高さ 60cm の作業台を置き＊1、蛍光管を交換しようとした。外カバーを外してから、球を外そうとしたときバランスを崩して、手すりを乗り越えて＊2床面に激突した。

＊１：Ａ（身長 171cm）の体の重心は、152（60＋92）cm となっていた

＊２：踊り場側面の手すりは高さ 80cm 程度で、作業台に補助手すりはなく、かつ、作業台は手すりにロープで固縛しなかった

〔※〕関連する事項は、第１章「11」に記載

【不安全な状態と安全な状態】

（１）作業台に補助手すりはなく、踊り場の手すりに固定しなかった

☆ ① 補助手すり付き作業台を使用し、踊り場の手すりに固定する

（２）手すりの２面（Ｌ形）に高さ180cm 程度の養生わくを設置しなかった

☆ ② 手すりの２面に高さ 180cm 程度の養生枠＊3を設置

（３）出入口の扉を施錠〔室内から扉を突然開ける危険性もある〕しなかった

☆ ③ 出入口の扉は施錠＊4

（４）高所作業中の措置をしなかった

☆ ④「立ち入り禁止」の措置を行う

＊３：建設用の養生わく（縦 182cm・横 86cm・網は菱目 11kg）

＊４：扉は内側に「作業中」の表示を行い施錠

【不安全な行動と安全な行動】

（５）安全帯を使用しなかった

☆ ⑤ 手すりに単管パイプを取り付けて、ハーネス型安全帯を使用

（６）蛍光管入れ袋を使用しなかった

☆ ⑥ 蛍光管入れ袋＊5を準備

＊５：円筒状の帆布製蛍光管入れ袋は、養生わくの内側につるす

【想定される危険性】

（a）踊り場の真下が通路なので「通行者に激突」の危険性

（b）休憩室の側壁にある投光器交換は、より危険性が高い

〔図－57〕踊り場に置いた作業台に乗って蛍光灯交換

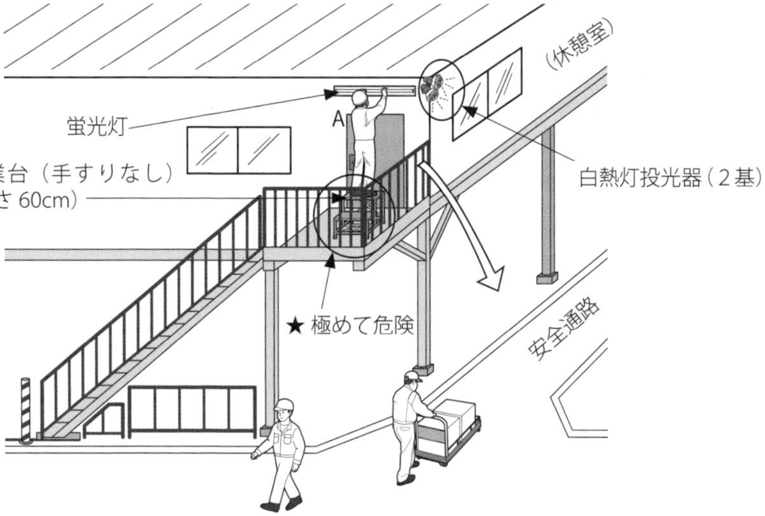

（1）■作業台に手すりを固定しなかった
（2）■手すり上部に落下防止をしなかった
（3）■出入口の扉は、施錠しなかった
（4）■「立ち入り禁止」を設置しなかった
（5）▲Aは保護具を何も着用しなかった
（6）▲Aは蛍光管入れ袋を使用しなかった

〔図－58〕踊り場作業は、複数の防護を行って蛍光管交換

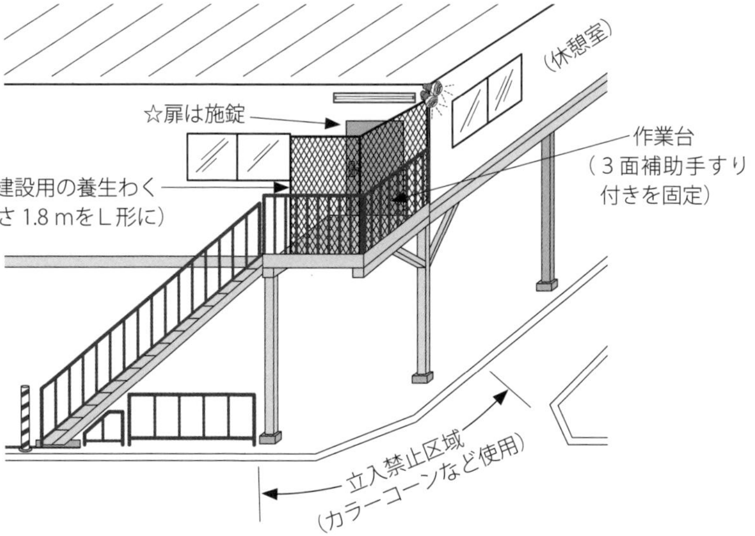

14 作業台を昇降用の階段と思うべからず

リスク算定【ＲＬ－Ⅲ】　■不安全な状態　▲不安全な行動

《作業台と階段の定義》

「作業台」は、作業床と補助手すり（以下、手すりなどを備え「高い場所で作業」を行う台で「階段」は段になった「昇降用の通路」で「JIS B 9713」では、傾斜角（以下、こう配）は「20 度を超え 45 度以下」（推奨角は 30 度を超え 38 度以下）〔図－ 27〕である。

《作業台を階段として使用の危険性と改善（☆）》〔図－ 59・60〕

〔災害〕高さ 1.8m の作業構台の出入口前（床のこう配２％）に、高さ 1.5 m の作業台*を固定しないで置き、昇降設備としていた。

作業者Ａは片手にものを持って、出入口から作業台に降りようとしたとき「段鼻で踏み外して」作業者Ａは床面に墜落した。

＊：幅 60cm、最上段の作業床奥行 40cm、踏桟奥行 20cm、踏桟間隔は 30cm、最大使用質量 150kg「昇降面のこう配は約 56 度」

〔※〕関連する知識は、第１章「17・22」を参考に！

【不安全な状態と安全な状態】

（１）作業台は、作業構台に固定しなかった

☆ ① 作業台背面にフックを取付け、作業構台にフックを掛ける

（２）作業台の両端に補助手すりがなく、かつ、作業床が水平でなかった

☆ ② 作業台の「両端に補助手すり」を設置「脚部にアジャスター」を取付けて作業床が水平になるように調整

（３）急こう配の昇降設備に「注意喚起の標識」などがない

☆ ③急こう配〔図－ 27〕の昇降設備なので

(a)「昇降面に向かって・補助手すりを持って昇降」の表示

(b) 踏面の段鼻（端部）に「スベリ止めシール」を貼る

【不安全な行動と安全な行動】

（４）手にものを持って、作業構台を背にして降りていた

☆ ④「ハンズフリー」で、用具に向かい・補助手すりを持って降りる

〔図－59〕不適正な昇降設備の状態と行動

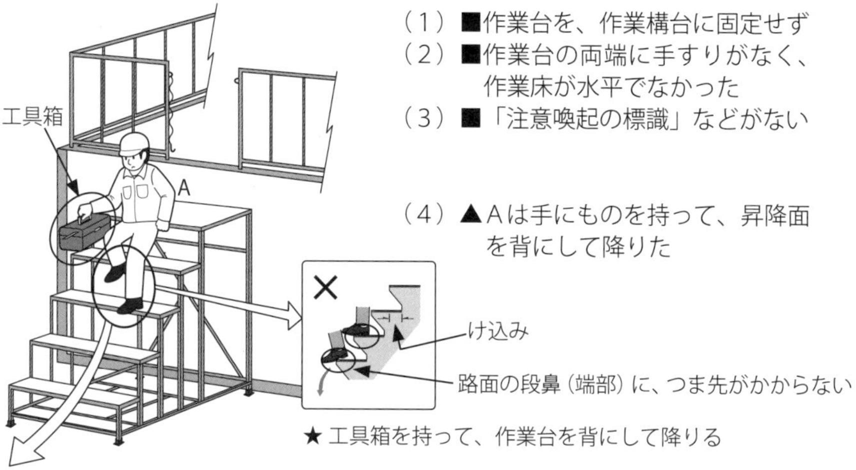
工具箱
A
×
け込み
路面の段鼻（端部）に、つま先がかからない
★工具箱を持って、作業台を背にして降りる

（1）■作業台を、作業構台に固定せず
（2）■作業台の両端に手すりがなく、作業床が水平でなかった
（3）■「注意喚起の標識」などがない

（4）▲Aは手にものを持って、昇降面を背にして降りた

【注意】作業台の「昇降面のこう配は約56度」もある

〔図－60〕適正な昇降設備の状態と行動

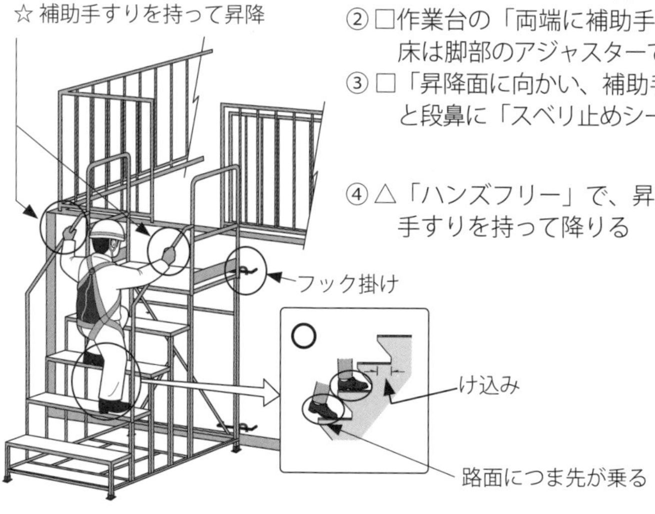
☆補助手すりを持って昇降
フック掛け
○
け込み
路面につま先が乗る

①□作業構台（上下・左右）にフック掛け
②□作業台の「両端に補助手すり」を設置、作業床は脚部のアジャスターで水平に調整
③□「昇降面に向かい、補助手すりを持って昇降」と段鼻に「スベリ止めシール」を貼る

④△「ハンズフリー」で、昇降面に向かい・補助手すりを持って降りる

【順守】こう配45度以上の昇降設備は、用具に向かい「手すりを持って昇降」

15 組立式作業台を固定せず昇降するべからず

リスク算定【RL－Ⅳ】　■不安全な状態　▲不安全な行動

《高所作業台》

作業台には「図－22」に示す通り各種あるが、ここでは作業床高が2m以上3m未満の物で、昇降設備としても多数の職場で使用されている「補助手すり付き組立式作業台＊1」（作業床は50×52cm・高さ2.4m・最大使用質量は120kg・質量50kg）を対象にする。当高所作業台は、昇降面は「約60度の急こう配＊2」（45度以上）なので、昇降面に向かって「3点支持の動作で昇降」が必要。

＊1：アルミ合金製で4脚キャスター付き、昇降面上部・作業床両側は手すり付き。設置寸法は幅120cm、奥行き200cm

＊2：J1S規格〔図－27〕では「段はしご（step ladder）」に該当

《高所作業台を階段はしごとして利用の危険性と改善（☆）》〔図－61・62〕

高さ2.4mの作業構台（以下、構台）上に変電設備があり、電気担当者が「月例点検」のときだけ、作業床高2.4mの組立式作業台（以下、高所作業台）を設置し、昇降設備として利用。新任の電気担当者Aは一人で高所作業台を構台の入口に設置し、構台上に乗って点検作業を行っていた。昼食時間になり急いで、構台の入口から高所作業台に乗り移ろうとしたとき、高所作業台が水平移動（逸走）したので、開口部から2.4m下の床面に墜落した。

【不安全な状態と安全な状態】

（1）高所作業台を構台に固定していない

☆①「フック・両側手すり付き階段はしご＊3」を構台入口の鋼管に掛ける〔高所作業台の場合は、上下部をフック掛け〕

（2）「注意喚起の表示」などがない

☆②45度以上の急こう配なので「用具に向って・手すりを持って昇降」の表示

＊3：全長3.4m・踏桟幅広（60度：15cm）・質量13kg〔H社仕様〕

【不安全な行動と安全な行動】

（3）保護帽を着用していない

☆③高所作業は保護帽を必ず着用

（4）手に物を持って、作業構台を背にして降りていた

☆④ハンズフリーで「用具に向かい・手すりを持って降りる」

〔図－61〕「組立式作業台」の不適正な状態と行動

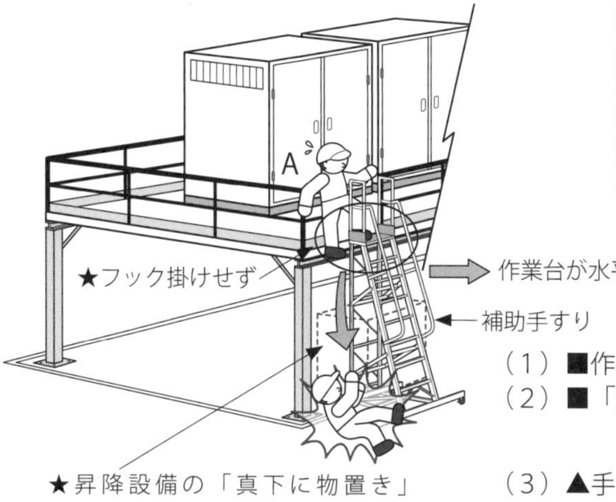

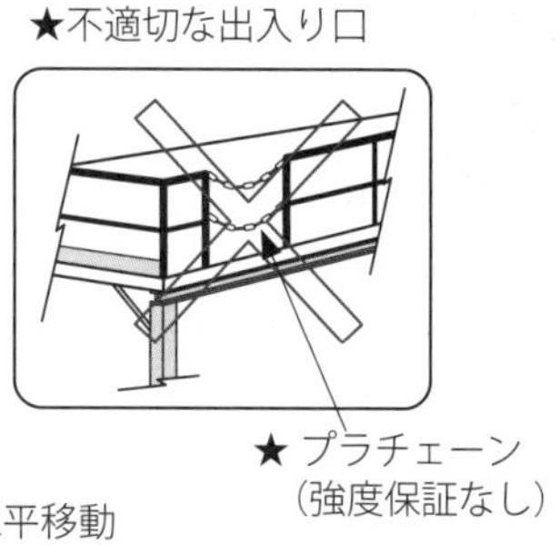

（1）■作業台を、作業構台に固定せず
（2）■「注意喚起の表示」がない
（3）▲手に物を持って、作業構台を背にして降りた

〔図－62〕「両側補助手すり付き階段はしご*4」の適正な状態と行動

＊4：設置のこう配60度と70度があり、質量は13kgと軽量

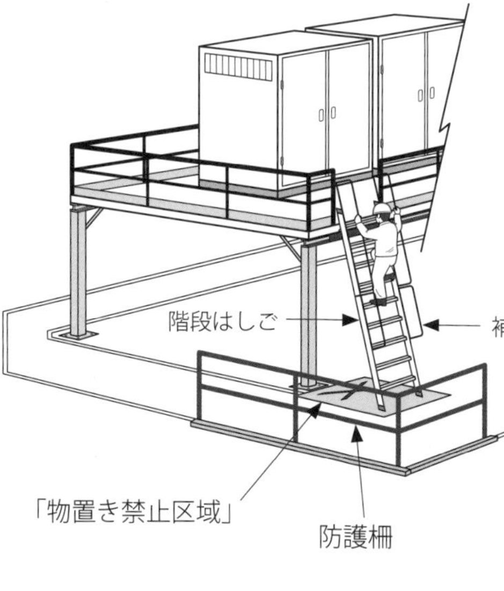

① □階段はしごは作業構台の「鋼棒にフック掛け」
② □「具体的な表示」がない〔「昇降注意」は不適〕
③ □「用具に向かい・補助手すりを持って昇降」
④ △「ハンズフリー」で、昇降面に向かい・補助手すりを持って降りる

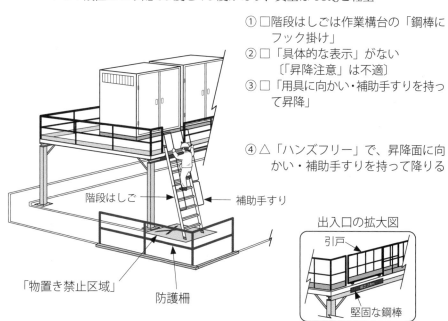

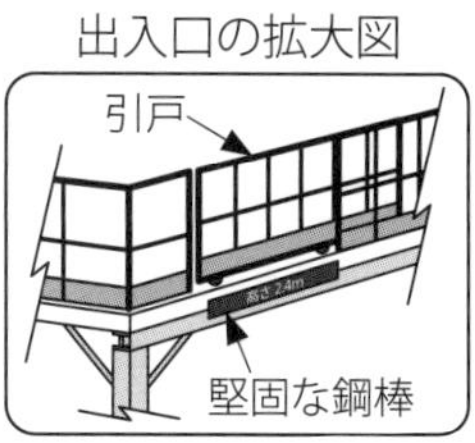

16 可搬式作業台の作業床を傾斜状態に設置するべからず

リスク算定【ＲＬ－Ⅲ】　■ 不安全な状態　▲ 不安全な行動

可搬式作業台は、作業床が２ｍ未満の低い場所で「堅固な・水平な床面[＊1]に設置」して、軽作業を行う仮設の用具である。

＊１：床面が水平でないと「体位（姿勢）を正常に保つ平衡感覚」を失う

〔※〕関連するテーマは、第２章「13」に記載、作業床などの定義は「図－２」を、作業台の種類は「図－ 22」を参考に！

《可搬式作業台[＊2]を傾斜面に設置の危険性と改善（☆）》〔図－ 63・64〕

作業者Ａ（身長 170cm）は、こう配３％程度のスロープ上の天井（高さ3.3 ｍ）の蛍光灯の球交換で、可搬式作業台（作業床高 150cm）を設置して、真上を見ながら上半身を左右に移動しているとき、バランスを崩して作業床から右足を踏み外して転落、床面に頭・上半身を強打した。

＊２：手掛かり棒付き作業台は、作業床高１ｍ以上[＊3]・２ｍ未満、作業床は奥行 50cm・長さ 155cm、脚アジャスト・補助手すりなし

＊３：１ｍ未満の作業台は、天場の奥行 40cm 未満・左右伸縮式がある

【不安全な状態と安全な状態】

（１）可搬式作業台の作業床を水平に設置しなかった

☆ ① 脚アジャスト式を使用し、作業床は水平に設置（水準器で測定）

（２）補助手すりがなかった

☆ ② 補助手すり・アウトリガー付き可搬式作業台を使用

【不安全な行動と安全な行動】

（３）ヘッドランプ・ゴーグルを着用しなかった

☆ ③ ヘッドランプ付き保護帽・ゴーグル[＊4]を着用

＊４：ゴーグルは「ほこりが目に入る」を予防できる

【同種災害予防の床面実験】

フラットな路面に、奥行き 50cm・長さ 150cm の敷鉄を、左右２％・前後１％（最大こう配３％）を設置。両足を左右 40cm・後 10cm 程度に開き、両手を挙げて真上を見るとバランスを崩し踏み外す

☆ 背面に高さ 90cm の補助手すりがあると、体を支えられる

〔図－63〕作業床が水平でない可搬式作業台上で作業

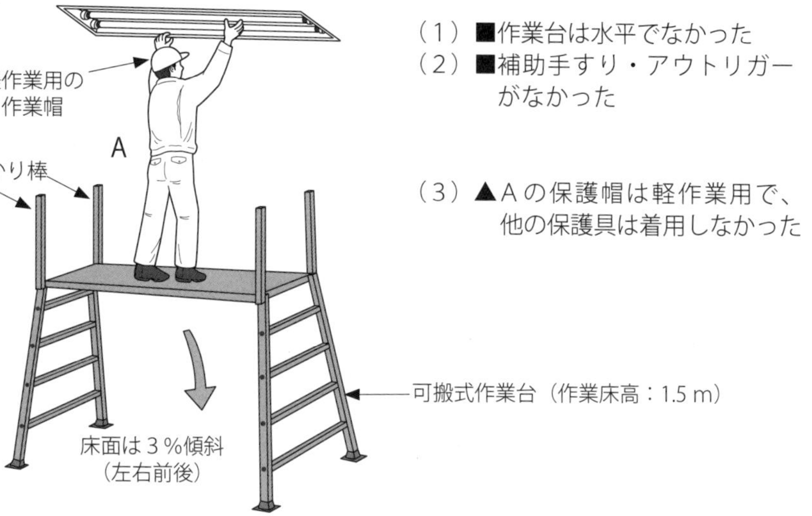
軽作業用の
作業帽
A
手掛かり棒
（1）■作業台は水平でなかった
（2）■補助手すり・アウトリガーがなかった
（3）▲Aの保護帽は軽作業用で、他の保護具は着用しなかった
可搬式作業台（作業床高：1.5 m）
床面は３％傾斜
（左右前後）

〔図－64〕作業床を水平に設置した可搬式作業台上で作業

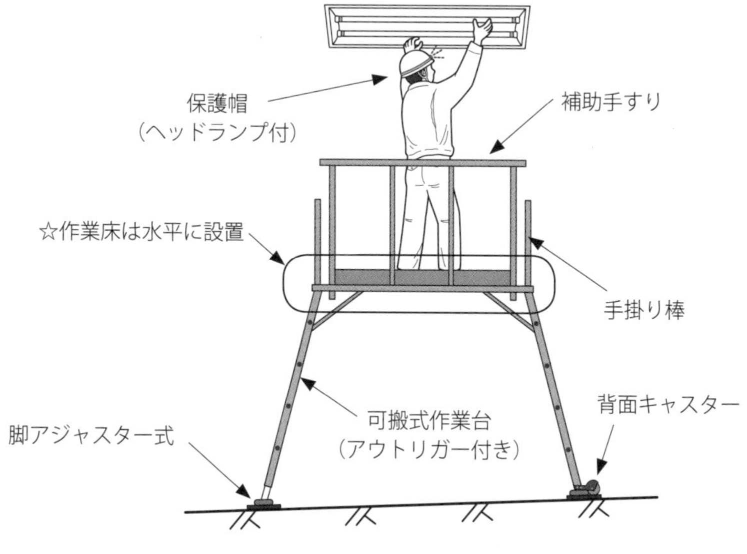
保護帽
（ヘッドランプ付）
補助手すり
☆作業床は水平に設置
手掛り棒
背面キャスター
可搬式作業台
（アウトリガー付き）
脚アジャスター式

【床面が水平で天井高が変化する場所での用具（推奨）】広い作業床があり、人力で移動が可能で、収納状態にするとエレベーターで各階に移動が可能な「昇降式移動足場〔図－24（b）〕」を推奨。作業は「特別教育修了者」が行う

17 補助手すり付き可搬式作業台を過信するべからず

リスク算定【ＲＬ－Ⅲ】　■不安全な状態　▲不安全な行動

アルミ合金製可搬式作業台（以下、可搬式作業台）は、脚支柱と作業床*1が一体構造で、小型で下部支柱が伸縮する「足場台」と、中型の「可搬式作業台」に大別される。「可搬式作業台」は、作業床の奥行き50cm程度・横幅150cm程度、作業床の高さは60cm以上・200cm未満で、作業台同士を専用のブリッジで縦・横に連結すると、段差や隙間のない大面積の作業床ができ、背面キャスターを設置すれば、左右の移動が容易にできる。

＊１：「作業床」の定義は「第１章１」の〔図－２③〕を参考に！

《可搬式作業台の注意事項》

(a) 作業床は水平に設置

(b) 補助手すりから「身を乗り出しての作業」は禁止。補助手すり高90cm程度なので、（★第１章11の「図－13」に示す通り、手すりは体の重心より低く「身を乗り出すと宙返り」になって墜落）

〔※〕関連するテーマは第２章の「13・16」に記載

《補助手すり付き可搬式作業台の危険性と改善（☆）》〔図－65・66〕

作業者Ａは奥行きのこう配２％に、アウトリガーなしの補助手すり付き可搬式作業台を、作業床が傾斜状態で設置し、補助手すりから「身を乗り出して作業中」に、可搬式作業台が転倒し、頭と上半身を床面に強打した。

【不安全な状態と安全な状態】

（１）奥行きこう配２％の状態で、作業床を設置

☆①作業床は水平に設置（仮設の用具は全て同じ！）

（２）当可搬式作業台は、アウトリガーがなかった

☆②アウトリガーを取り付ける

【不安全な行動と安全な行動】

（３）Ａは保護帽を着用したが、安全帯は着用しなかった

☆③作業床高150cm以上は、保護帽・ハーネス型安全帯（以下、安全帯）を着用し、安全帯を使用

(安全帯のフックは、堅固な鋼棒・鋼管などに掛ける)

〔図－65〕可搬式作業台の補助手すりに寄り掛かって作業

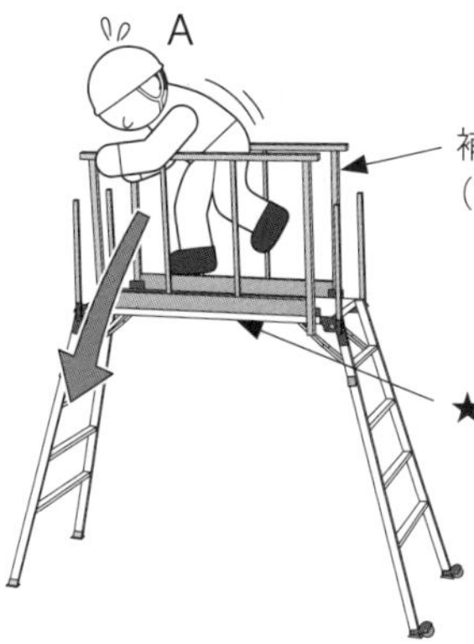

（１）■作業台は作業床が水平でない
（２）■アウトリガーがなかった

（３）▲安全帯を着用していなかった

★「何故危険か」は「第１章 11」の〔図－13〕を参照に！

〔図－66〕アウトリガー付き可搬式作業台で作業

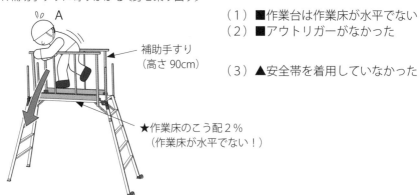

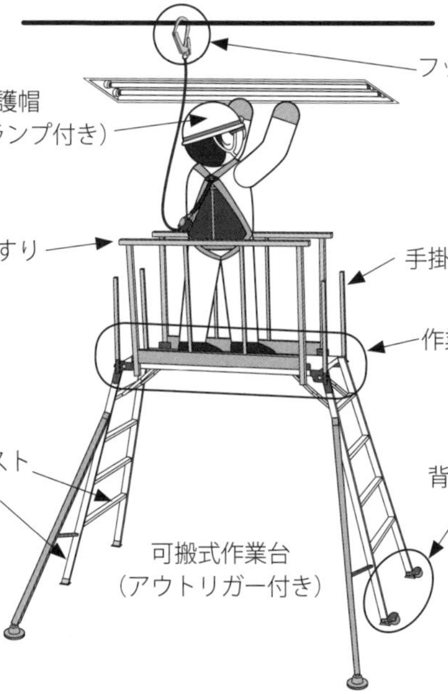

【禁止】安全帯を使用しないで、可搬式作業台の補助手すり（90cm）から「身を乗り出して（体の重心が補助手すりの外側に出る）」作業

〔対策〕☆ 作業台は、照明器の真下に設置

18 階段用作業台を防護せずに使用するべからず

リスク算定【ＲＬ－Ⅳ】　■不安全な状態　▲不安全な行動

階段用作業台は、「傾斜角（こう配）30度未満の階段で作業床を水平」に設置して使用する作業台で、上段主脚と下段主脚の長さが違い「脚部をアジャスト」して、広い作業床を水平に設置できる。但し、階段の幅と両側の壁面の形状に応じて、利用者が作業台の「水平移動防止[*1]・転倒防止」を施す必要がある。

＊1：階段の踏面からの脚部落下は、作業者が作業床から墜落し、階段を転落するので「墜落・転落」となり危険性が高い

《作業台を階段に設置の危険性と改善（☆）》〔図－67・68〕

こう配30度の階段に、階段用作業台（以下、作業台）を設置[*2]し、ポスター貼り作業中に作業床上で左右に動く振動で、作業台の脚部が水平に移動して踏面から落ち、作業者Ａが作業床から落ち、階段を転がり踊り場まで転落〔正に、墜落・転落災害〕した。

＊2：階段と作業床の高低差は、上段主脚：85cm・下段主脚：191cm、踊り場と作業床の高低差は259cm

【不安全な状態と安全な状態】

（1）階段の手すりに、作業台の支柱を固定しなかった
　☆①階段の手すりに、作業台の上段と下段の支柱をロープで固縛[*3]

（2）作業床高は2ｍ未満だったので、補助手すりを設置しなかった
　☆②「補助手すり」を、作業床の前後と妻側の3面に設置

（3）作業台の「設置状況図」はなく「協力会社任せ」だった
　☆③適正な作業台の「設置状況図」を作成し、教育と周知

（4）安全帯の「取り付け設備」がなかった
　☆④単管パイプとクランプで、安全帯の「取り付け設備」を設置

＊3：「第1章16」の〔図－20（c）〕の「巻き結び＋はな結び」を推奨

【不安全な行動と安全な行動】

（5）保護帽・安全帯を着用していなかった
　☆⑤ハーネス型安全帯を着用し、使用して作業を行う

〔図－67〕不適正な階段用作業台の状態と行動

〔作業床は、奥行き50cm・横幅110cm〕

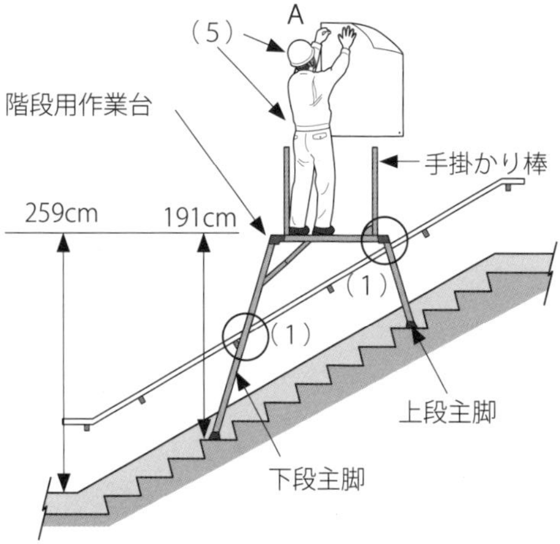

（1）■作業台を階段の「手すりに固定しなかった」
（2）■補助手すりを設置しなかった
（3）■「具体的な設置状況図」はなく、協力会社任せだった
（4）■安全帯の「取り付け設備」を設置しなかった

（5）▲Aは保護帽・Ｉ安全帯を着用しなかった

〔図－68〕適正な階段用作業台の状態と行動

〔補助手すりは、高さ90cm・幅木付き〕

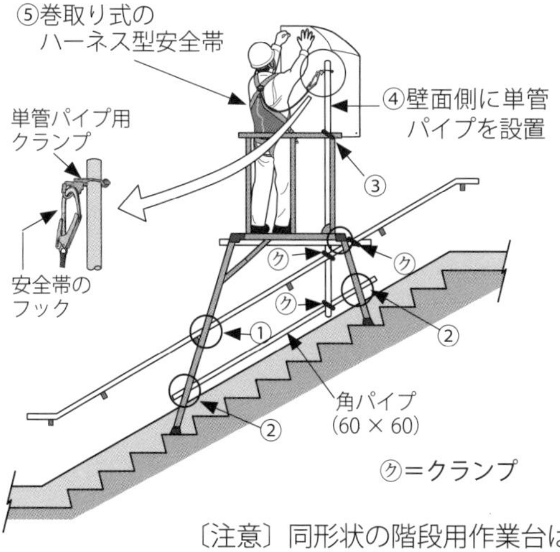

① □作業台の下段・上段の支柱を、階段の手すりにロープで固縛
② □「補助手すり」を、作業床の前後と妻側の3面に設置
③ □具体的な「設置状況図」を作成し、教育と周知
④ □単管パイプ等で「安全帯の取り付け設備」を設置

⑤ △作業者は保護帽・ハーネス型安全帯を着用し、安全帯を使用して作業

〔注意〕同形状の階段用作業台は「こう配30度未満」で使用

【筆者推奨】こう配20度以上は、作業台の転倒・脚部の落下防止を施した安定性のある「くさび緊結式足場」を使用

19 ピットの路肩に可搬式作業台を設置するべからず

リスク算定【RL－Ⅳ】　■不安全な状態　▲不安全な行動

可搬式作業台（以下、作業台）などを、ピット（深い溝含む）の路肩に近接して設置〔脚部を固定しないと、脚部が滑り落ちる危険性がある〕すると、作業台の高さが90cm程度でも、作業台の作業床からピットの底までの深さは、プラスされるので「危険な高所作業」となる。
〔※〕関連するテーマは、第2章の「17・18」に記載

《可搬式作業台をピットの路肩に設置の危険性と改善（☆）》〔図－69・70〕

深さ1.5m・幅1.5mの金属屑投入の溝は、定期的に「フォークグラップル*」で、金属屑を廃棄物処理トラックに積込み搬出。作業者Aはピット壁面の補修を命ぜられて、作業床高90cmの作業台（作業床は奥行30cm・長さ120cm）を、ピット横に設置して作業中に、バランスを崩して作業床から足を踏み外してピット横に落ち、更にピット底に墜落（2回墜落）した。
＊：小型の油圧ショベルに「金属屑をつかむ」付属装置を装備

【不安全な状態と安全な状態】
（1）高さ90cmの作業台を固定しないで、ピット横に設置
☆①ピット底から作業台の作業床までは、高低差が2.4mもあるので「くさび緊結式足場」を組み立てる。または、補助手すり付き可搬式作業台を使用し固定
（2）安全帯の取り付け設備がなかった
☆②スライド器具を設置

【不安全な行動と安全な行動】
（3）Aはヘッドランプ付き保護帽を着用しなかった
☆③作業者は、ヘッドランプ付き保護帽を着用
（4）安全帯を使用しなかった
☆④ハーネス型安全帯を着用し、スライド器具に安全帯のD環を掛けて作業

【同種災害】作業台を次記に設置　①作業構台の路肩、②階段の踊り場、③点検口の路肩、④足場の作業床、⑤床面開口部の路肩、⑥屋上のパラペット近傍、⑦倉庫のプラットフォーム、⑧ベランダなど多数

〔災害防止〕☆（1）作業台は、路肩から最低2m以上離し固定
☆（2）作業者は、ハーネス型安全帯を常時使用

〔図ー 69〕作業台の作業床からピット底に墜落

〔★単独作業だと発見が遅れる可能性大〕

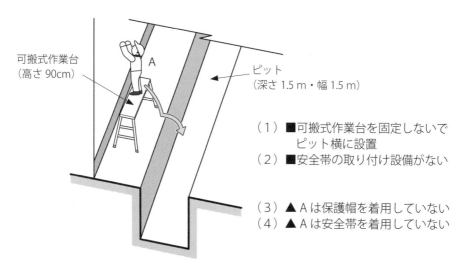

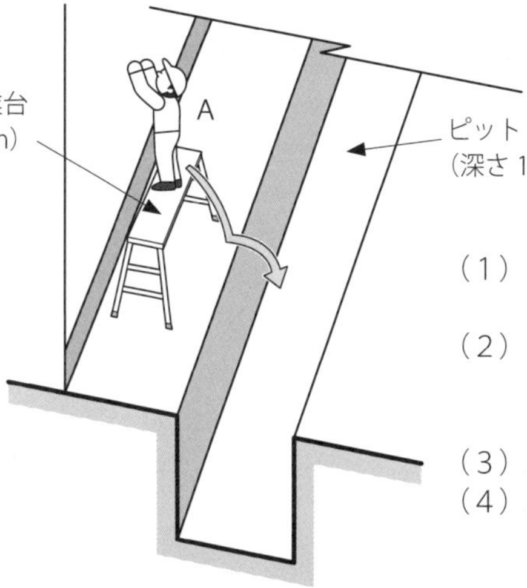
可搬式作業台
（高さ 90cm）
A
ピット
（深さ 1.5 m・幅 1.5 m）
（1）■可搬式作業台を固定しないで
ピット横に設置
（2）■安全帯の取り付け設備がない
（3）▲ A は保護帽を着用していない
（4）▲ A は安全帯を着用していない

〔図ー 70〕堅固な足場を設置して作業

昇降側（手すり付き階段を設置）

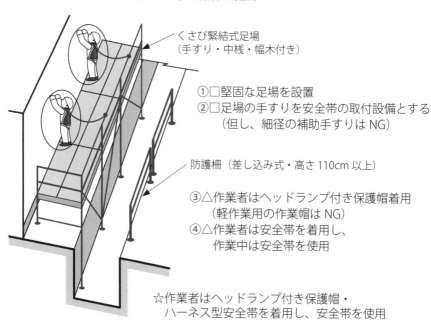

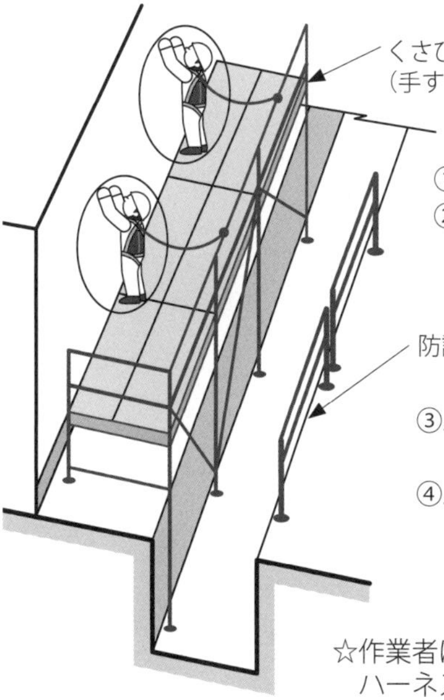
くさび緊結式足場
（手すり・中桟・幅木付き）
①□堅固な足場を設置
②□足場の手すりを安全帯の取付設備とする
（但し、細径の補助手すりは NG）
防護柵（差し込み式・高さ 110cm 以上）
③△作業者はヘッドランプ付き保護帽着用
（軽作業用の作業帽は NG）
④△作業者は安全帯を着用し、
作業中は安全帯を使用
☆作業者はヘッドランプ付き保護帽・
ハーネス型安全帯を着用し、安全帯を使用

20 脚立の天板に座って作業するべからず

リスク算定【ＲＬ－Ⅲ】　■不安全な状態　▲不安全な行動

脚立は、高い所で「軽微な作業」で単独使用するものである。広辞苑には「短いはしごのようなものを両方から合わせ、上に板を取り付けた高い踏み台（足継台）」とあり、脚立は「安衛則第528条」で規定している。脚立は、横（昇降面の左右）の安定性が悪いので「不安定な作業姿勢（支柱から身を乗り出すなど）」によって転倒し、作業者が墜落する災害が多い。

全産業の職場（生活の場含む）では、天板の高さ50㎝以上・２ｍ未満の「はしご兼用脚立」*1（以下、脚立）を「脚立・はしご」として多数使用している。

＊１：アルミ合金製は軽量なので、折りたたんで収納・運搬が容易

《天板に座る作業の危険性と改善（☆）》〔図－71・72〕

作業者Ａは食堂前の壁面に「安全衛生の掲示物」を貼るため、天板高168cm（支柱長1.8m）の脚立の「天板に座って*2」作業をしているとき、支柱の外側に身を乗り出したので、脚立が転倒し、作業者は「危険回避の行動」ができず、頭と背中が床面に激突した。

＊２：上司も作業者の座面の高さは目線高で、当社は以前から同様の方法なので、危険な作業方法と思わなかった「第１章8」の〔図－10〕

【不安全な状態と安全な状態】

（１）天板を跨いで、座って作業〔脚立は椅子ではない〕

☆①「天板に座っての作業は禁止」とし、作業床高1.5mの「補助手すり付き可搬式作業台など*3」で、立ち作業

＊３：「第１章17」〔図－22〕の通り、複数の作業台がある

【不安全な行動と安全な行動】

（２）保護帽を着用せず、安全帯も使用していなかった

☆② 保護帽・ハーネス型安全帯を着用し、安全帯を使用*4

＊４：安全帯のフックは、堅固な鋼棒・鋼管などに掛ける
〔本書は作業床などが1.5m以上・２ｍ未満は、高所作業に準じるを推奨〕

〔図－71〕危険な天板に座る作業の状態と行動

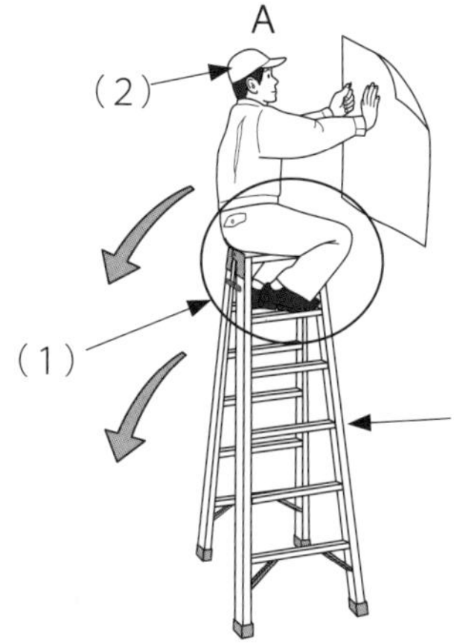

★極めて危険な作業方法

（1）■天板に跨いで、「座って作業」
（脚立は椅子ではない）
（2）▲Aは保護帽・安全帯を着用していない

【厳禁】① 天板に座る　② 天板の上に立つ
（脚立は椅子ではなく、また、天板は安定した作業床ではありません）

【より危険な天板に座る作業と安全対策（☆）】高さ87cmの定盤上の端部に「天板高81cmの脚立を設置」し、天板に座って作業〔左記の座面高と同じ〕は、脚部が滑って落ちると「より重篤な災害」が想定される

☆ ① 定盤端部に差し込み式の幅木を設置
☆ ② 座面最高位83cmの「ワークチェアー」に座って作業
☆ ③ 安全帯取付設備を設置し、安全帯を使用して作業

〔図－72〕作業台の適正な状態と行動

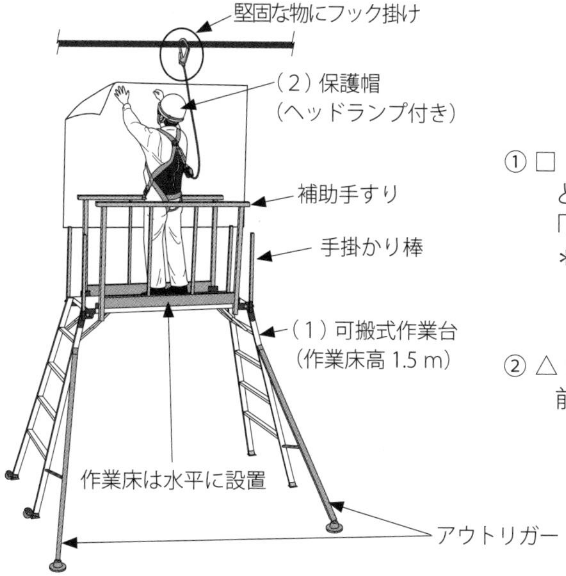

① □「脚立の天板に座るは禁止」とし、可搬式作業台[*5]などで「立って作業」
＊5：補助手すり・アウトリガー付き

② △「補助手すり」を、作業床の前後と妻側の3面に取り付ける

〔記〕「図－18」のように、安定性の良い作業台がある

21 兼用脚立の天板に乗って作業するべからず

リスク算定【ＲＬ－Ⅲ】　■不安全な状態　▲不安全な行動

はしご兼用脚立（以下、兼用脚立）は伸ばせば「はしご」、逆Ｖ型にすれば「脚立」で、一昔前までは最も普及していた。はしご状にすれば脚部は左右が広いので安定するが、脚立使用の天板*1〔図－２①〕形状は、奥行き 12 ～ 17cm 程度・幅 30cm 程度で狭く、脚部は横幅が狭いので「横の安定性」は悪い。

＊１：天板に乗ると断面が小さいので足元は安定せず、また、手すりがないので「バランスを崩す」と墜落する危険性がある

《天板作業の危険性と改善（☆）》〔図－ 73・74〕

作業者Ａは天井の高さ 3.6m にある蛍光灯の蛍光管をＬＥＤ管に複数交換しようとして「天板高 168cm の兼用脚立（支柱長 1.8 m）*2」の天板に乗って、蛍光管を取り外しているとき「ほこりが目に入った」のでバランスを崩して、天板から床面に墜落した。

＊２：支柱の長さが 2.1 mの兼用脚立は、天板高 198cm（200cm 未満）

【不安全な状態と安全な状態】

（１）断面の狭い天板に乗って、蛍光管の交換をしていた

☆ ① 作業床の広い「昇降式移動足場*3」を使用

＊３：作業床は横幅 1.5 m・奥行き 59cm、はしご状のわくで昇降〔手すりの支柱に安全ブロックを取り付け、昇降時は使用〕

（２）天板上で身を乗り出したとき、兼用脚立が転倒し、作業者が墜落

☆ ② 作業床が安定性の良い「移動足場」を使用

（３）安全帯の「取り付け設備」がなかった

☆ ③ 移動足場であれば、手すりに安全帯を掛けられる

【不安全な行動と安全な行動】

（４）保護眼鏡・ヘッドランプ付き保護帽・安全帯を着用しなかった

☆ ④ 保護眼鏡・ヘッドランプ付き保護帽・ハーネス型安全帯を着用し、使用して作業を行う

〔図－73〕兼用脚立の天板作業の状態と行動

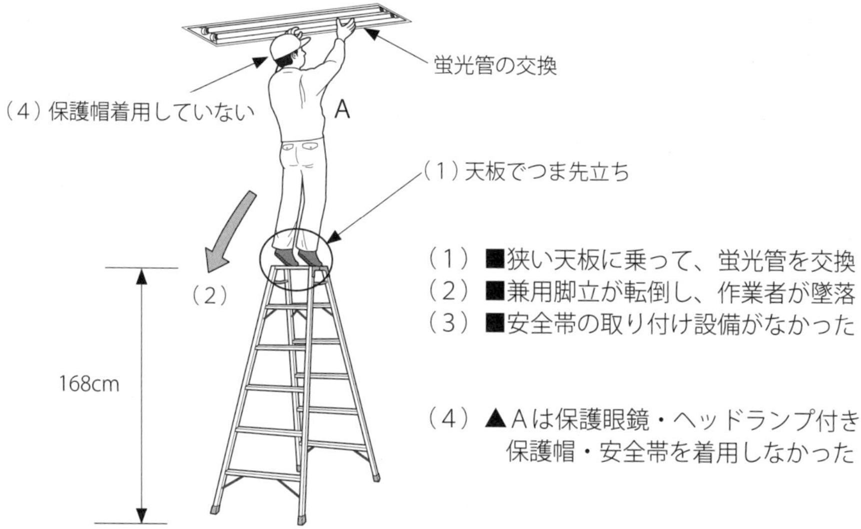
蛍光管の交換
（4）保護帽着用していない
A
（1）天板でつま先立ち
（2）
168cm
（1）■狭い天板に乗って、蛍光管を交換
（2）■兼用脚立が転倒し、作業者が墜落
（3）■安全帯の取り付け設備がなかった
（4）▲Aは保護眼鏡・ヘッドランプ付き保護帽・安全帯を着用しなかった

〔図－74〕作業床の広い昇降式移動足場の状態と行動

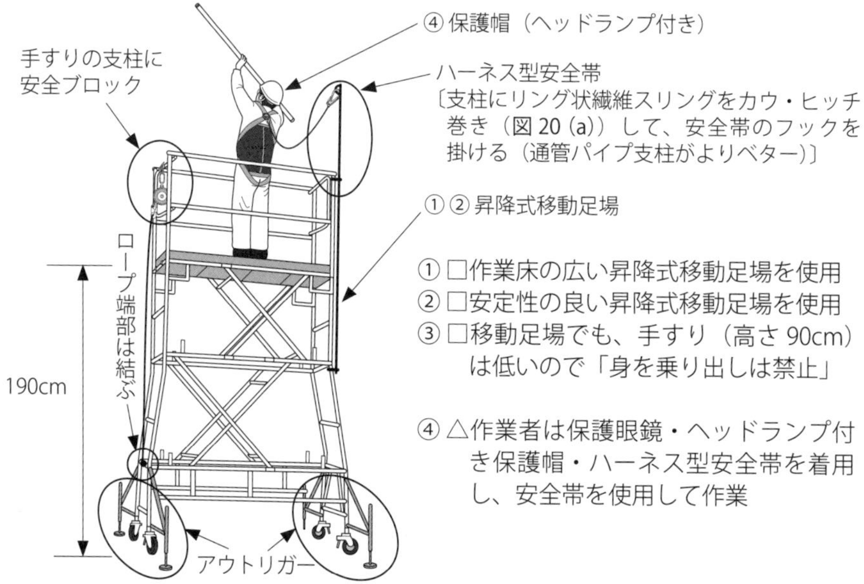
④保護帽（ヘッドランプ付き）
手すりの支柱に安全ブロック
ハーネス型安全帯
〔支柱にリング状繊維スリングをカウ・ヒッチ巻き（図20 (a)）して、安全帯のフックを掛ける（通管パイプ支柱がよりベター）〕
①②昇降式移動足場
ロープ端部は結ぶ
190cm
アウトリガー
①□作業床の広い昇降式移動足場を使用
②□安定性の良い昇降式移動足場を使用
③□移動足場でも、手すり（高さ90cm）は低いので「身を乗り出しは禁止」
④△作業者は保護眼鏡・ヘッドランプ付き保護帽・ハーネス型安全帯を着用し、安全帯を使用して作業

【筆者推奨】蛍光管の交換が少数で、作業床高２ｍ未満であれば「第１章17」の〔図－22〕(b) 可搬式作業台、(d) 感知ガード付き作業台、(e) ３面手すり付き、折りたたみ式作業台のいずれかを推奨

22 兼用脚立の天板で樹木の剪定をするべからず

リスク算定【ＲＬ－Ⅲ】　■ 不安全な状態　▲ 不安全な行動

〔高木の樹木〕工場外周の樹木は、緑化運動の一環として「景観が良い・防風・目隠し・騒音を低減」する効果があるが、高木[*1]は枝幅と同じだけ根が張らないと、主枝・小枝への樹液上昇が制限されるので、主枝・小枝が枯れて折れ「通行車両・通行人に激突」の危険性がある。

＊１：樹高 10 m以上に成長、安定した成長木は「枝幅と根幅は同じ」

《脚立の天板作業の危険性と改善（☆）》〔図－ 75・76〕

近年、事業場内の主要道路と公道に面した高木は、主枝・小枝が頻繁に折れるようになった。当工業団地内でも「通行車両に折れた主枝が激突の交通事故」があり、当事業場では公道に面した場所の高木の主枝を剪定（せんてい）することになり、樹高 10 m以上は事前に、高所作業車で幹と主枝を剪定した。地元出身の保全担当のＡは樹木の枝落としを「自宅で行っている方法」で行うため、はしご兼用脚立[*2]（以下、兼用脚立）を樹木の横に設置し、兼用脚立に乗って枝落としを行っているとき、兼用脚立の脚部が不等沈下（雨後で地盤が緩んでいた）したので、バランスを崩して車道に墜落した。

＊２：天板高 168cm、踏桟奥行 6 cm 程度、天板寸法 30 × 16cm 程度

【不安全な状態と安全な状態】

（１）兼用脚立を脚部の養生をせずに設置
　☆ ① 三脚脚立は沈下防止のため、脚部をメッシュわくで養生

（２）安全帯を取り付ける設備を設けなかった
　☆ ② リング状繊維ベルト（以下、繊維ベルト）を幹に巻く

（３）主枝落としは無防備だった
　☆ ③「ロープ比率１：１（第１章16 の図－21）」で、落下防止策を行う

（４）立入り禁止措置をしなかった
　☆ ④「関係者以外立入禁止」措置を施す

【不安全な行動と安全な行動】

（５）ゴーグル・保護帽・安全帯を着用しなかった
　☆ ⑤ ゴーグル・保護帽・ハーネス型安全帯を着用し、前記の繊維ベルトに安全帯を掛ける

〔図ー 75〕兼用脚立＊2の天板で主枝の剪定

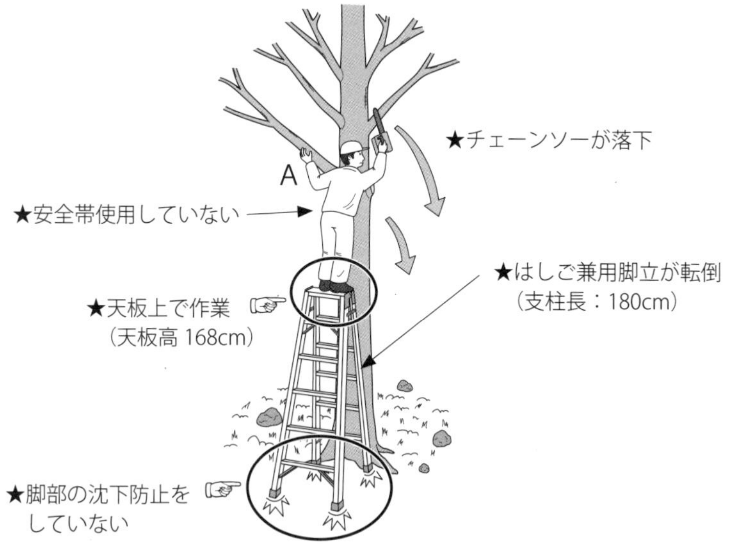

〔図ー 76〕三脚脚立＊3の踏桟で主枝の剪定

〔＊3：天板高 261cm、踏桟奥行 12cm 程度、脚部はスパイク形状〕

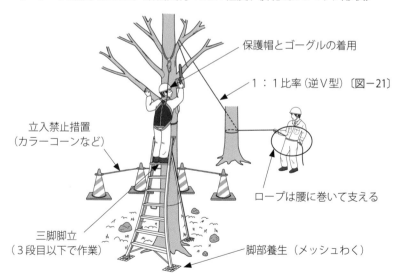

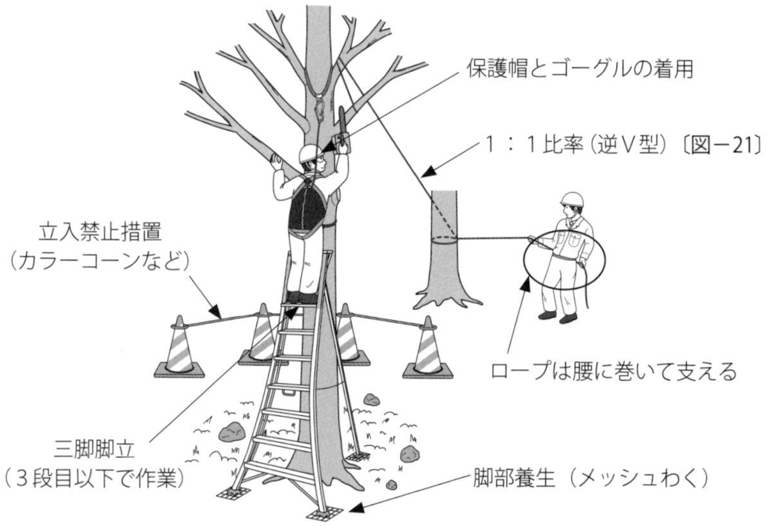

【厳禁】「小枝・主枝に、安全帯のフックを掛ける」★安全帯のフックを小枝に掛けると折れる、主枝に掛けるとフックがずれる

23 無防備で主枝に乗って剪定するべからず

リスク算定【ＲＬ－Ⅳ】　■不安全な状態　▲不安全な行動

〔高木の成長と環境の変化〕高度成長期に、造成した工業団地内の高木は、幹線道路の拡幅・雨水管布設などで、根幅の両端を切断され樹液上昇が限定されたので「主枝の枯れが急速に進行」している[*1]。

＊１：近年、高速道路と自動車専用道路は、切土法面と道路隣接場所の「高木は根元から切断」し、低木に変える傾向にある。

《主枝に乗って剪定作業の危険性と改善（☆）》〔図－77・78〕

事業場内主要道路の複数のケヤキ（欅）は、高さ15m・枝幅も10m以上となり、頻繁に主枝が折れ交通障害が発生しているので、当事業場内の保全担当者が、定期的に剪定をしている。高さ４m程度までの剪定は、事前に路面から「電動高枝ポールチェーンソー」で、剪定を行った。

高さ４m以上の剪定は、昇降用にケヤキの幹横に兼用脚立を置き、剪定作業者Ａ・Ｂが主枝を伝い昇りして、高さ６mの場所で、左右に別れて、太い主枝に乗り「レシプロソー（電気ノコ：３kg）」を右手で持ち（左手は小枝を握る）剪定をしていた。作業途中から霧雨が降りだし「注意して剪定」を合言葉に作業を継続していたとき、Ａは足元が滑って道路上に足から墜落。Ｂは急いで降りようとして、足が滑ってＢも道路上に墜落した。〔２重災害〕

【不安全な状態と安全な状態】

（１）墜落防止措置を何も施さなかった

☆ ①〔図－78〕のように、高さ５mまでは三脚脚立、５m以上は２連の移動はしごを主枝にロープで固縛（巻き結び）〔図－20（c)〕、かつ、上部に安全ブロックを取り付ける。なお、路上には「立入り禁止措置と誘導者」を配置

【不安全な行動と安全な行動】

（２）保護帽・安全帯を着用しなかった

☆ ② 保護帽・ハーネス型安全帯を着用し、昇降時は安全ブロックを使用、作業時は幹・太い枝にベルト状の繊維ベルトを巻いて〔図－20(a)〕、安全帯の連結ベルトのＤ環を掛ける

〔図－77〕主枝をつかみ、主枝に乗って剪定作業

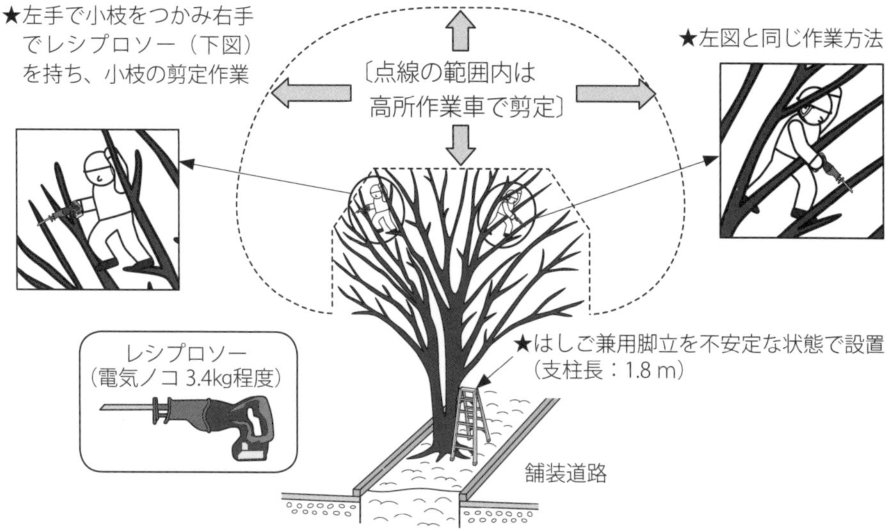
★左手で小枝をつかみ右手でレシプロソー（下図）を持ち、小枝の剪定作業
〔点線の範囲内は高所作業車で剪定〕
★左図と同じ作業方法
レシプロソー（電気ノコ 3.4kg程度）
★はしご兼用脚立を不安定な状態で設置（支柱長：1.8 m）
舗装道路

【危険行為】(a) 安全帯フックを小枝に掛けると折れる、(b) 太い主枝にフックの回し掛けは、同じ場所が擦れてロープが切れやすくなる

〔図－78〕三脚脚立と２連移動はしごの組み合わせで剪定

〔両用具の上部固縛は「巻き結び＋止め結び（図－20 (c) (d)）」で行う〕

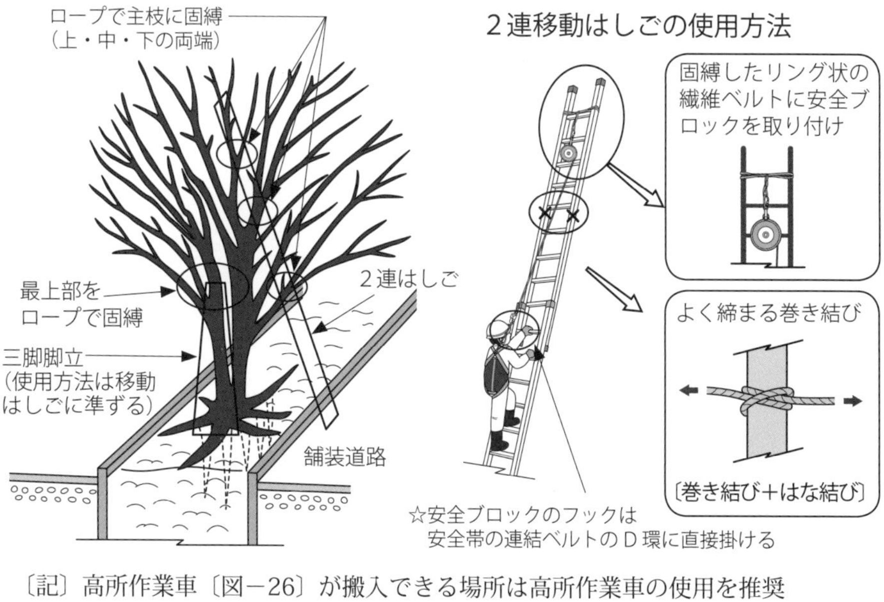
ロープで主枝に固縛（上・中・下の両端）
最上部をロープで固縛
三脚脚立（使用方法は移動はしごに準ずる）
２連はしご
舗装道路
２連移動はしごの使用方法
固縛したリング状の繊維ベルトに安全ブロックを取り付け
よく締まる巻き結び
〔巻き結び＋はな結び〕
☆安全ブロックのフックは安全帯の連結ベルトのＤ環に直接掛ける

〔記〕高所作業車〔図－26〕が搬入できる場所は高所作業車の使用を推奨

24 積載形トラッククレーンで剪定するべからず

リスク算定【ＲＬ－Ⅳ】　■不安全な状態　▲不安全な行動

〔ゴンドラ使用の経緯〕事業場内の高さ 10 m以上に成長した欅は、事前に造園業者が高所作業車で剪定、高さ 10 m未満は当事業場内の保全担当者が、仕事の合間に剪定することにした。本社との事前打合せでは〔図－78〕の通り「三脚脚立と２連移動はしご」の組み合わせで剪定としたが、倉庫内に造園会社から無償で貰った「高所作業用ゴンドラ」があることが判り、物流部門で保有している積載形トラッククレーン（以下、クレーン）のジブ先端[＊1]に取り付けた。

＊１：「クレーン則第 73 条」の例規〔昭 47.5.2 基収 1283 号〕の通り「作業の性質上やむを得ない場合」に該当しない

《高所作業用ゴンドラ使用の危険性と改善（☆）》〔図－79・80〕

保全担当者Ａがゴンドラ内に乗り、保全担当者Ｂがクレーンの操作をして剪定しているとき、移動が面倒なのでジブを最大に伸ばしていたので、クレーンは転倒し、Ａはゴンドラ内から放りだされて、高さ２ｍで宙づり状態になった。Ａの悲鳴で近くの職場から複数人が応援に来て、三脚脚立を真下に設置しＡを救出した。Ａの宙づり高さが５ｍ以上だったら、事業場では救出不可能だった。その後、当事業場の担当課長は「本社から大目玉」を受ける！

【不安全な状態と安全な状態】

（１）クレーンのジブ先端のゴンドラ内で剪定

☆ ① 作業床内で操作が出来る高所作業車を使用。当ゴンドラは「クレーンの用途外使用」である。なお、路上には「立入り禁止措置と誘導者」を配置

【不安全な行動と安全な行動】

（２）保護帽・安全帯を着用しなかった

☆ ② 保護帽・ハーネス型安全帯（以下、安全帯）を着用し、作業床の安全帯のフックを掛ける。なお、高所作業車の操作は、能力 10 m以上は技能講習修了者（安衛則第 79 条）、能力 10 m未満は特別教育修了者（安衛則第 36 条）が行う

〔図ー 79〕クレーンのジブ先端にゴンドラを取り付けて剪定作業

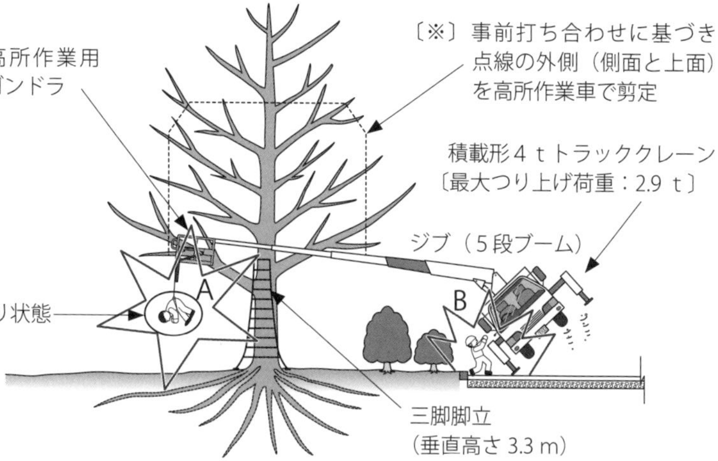

〔図ー 80〕高所作業車の作業床で剪定作業

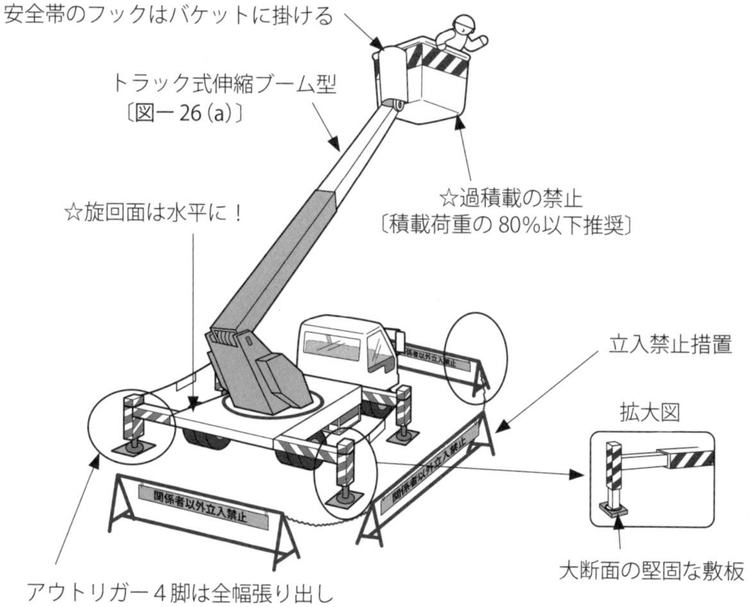

【禁止事項】中小の自営業の造園会社は、未だに「高所作業用ゴンドラ」を
使用しているが、明らかな「クレーンの用途外使用」である＊1
（★災害が発生すると「発注者・元請け責任」を問われかねない）

25 専用脚立は無防備で使用するべからず

リスク算定【ＲＬ－Ⅳ】　　■ 不安全な状態　▲ 不安全な行動

「専用脚立」とは、天板高が 2.3 m（支柱長 2.4 m）以上、天板高が 4.0 m（支柱長4.3 m）以下の長尺の専用脚立。長所は、踏桟が 60mm 程度と幅広で、最長の専用脚立は、３段目の踏桟（高さ 3.4 m）に乗ると、天井の高さ 5.3 m 程度まで作業者の手が届く。短所は（a）横の安定性が悪い、（b）壁面作業は限定される、（c）収納は最長 4.3 m なので、収納場所が限定される、（d）エレベーターでフロアー間の移動が出来ないことなど。

これらの短所故に、20 年位前から補助手すり付き高所作業台〔図－ 22（d）（e）（g）（h）〕と、昇降式移動足場〔図－ 24（b）〕（以下、移動足場）が開発されて急速に普及し、レンタルで入手可能になった。

《専用脚立作業の危険性と改善（☆）》〔図－ 81・82〕

作業者Ａは、天井高 4.8 m の蛍光灯の球交換のため、専用脚立（天板高 3.0 m）の天板から３段目の踏桟に乗り、交換球を外すため体を左右に振っているとき、足を踏み外して踏桟から落ちて、頭と背中が床面に激突した。

【不安全な状態と安全な状態】

（１）専用脚立には、補助手すりがない

☆ ① 手すり付き移動足場（アップスター 36）を使用し、作業床高を 3.0 m程度に調整〔遵守事項〕

（２）安全帯を取り付ける設備がなかった

☆ ② 移動足場の角に「単管パイプ用クランプ」を取り付けた単管パイプを、補助手すりの支柱にクランプ止め

【不安全な行動と安全な行動】

（３）保護帽を着用しない、安全帯も使用しなかった

☆ ③ 保護眼鏡・ヘッドランプ付き保護帽・ハーネス型安全帯（以下、安全帯）を着用

（４）蛍光管収納袋を持参しなかった

☆ ④ フック付き蛍光管収納袋（細長の帆袋）を持参〔補助作業員と都度昇降は不要！〕

【遵守事項】

（a）アウトリガーは、作業床が水平になるように設置

（b）はしごわくでの昇降なので、作業床の支柱に安全ブロックを設置し、安全帯の連結ベルトに安全ブロックを掛けて昇降

〔図－81〕専用脚立の踏桟から墜落

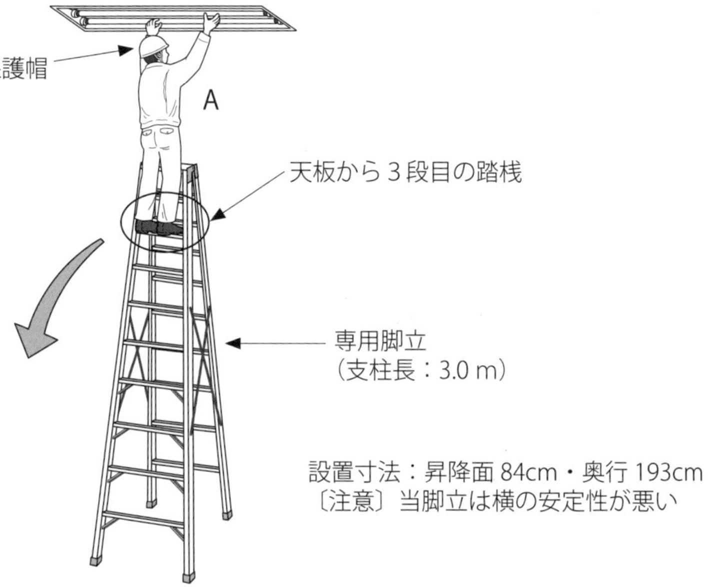

〔図－82〕安定性の良い昇降式移動足場で作業

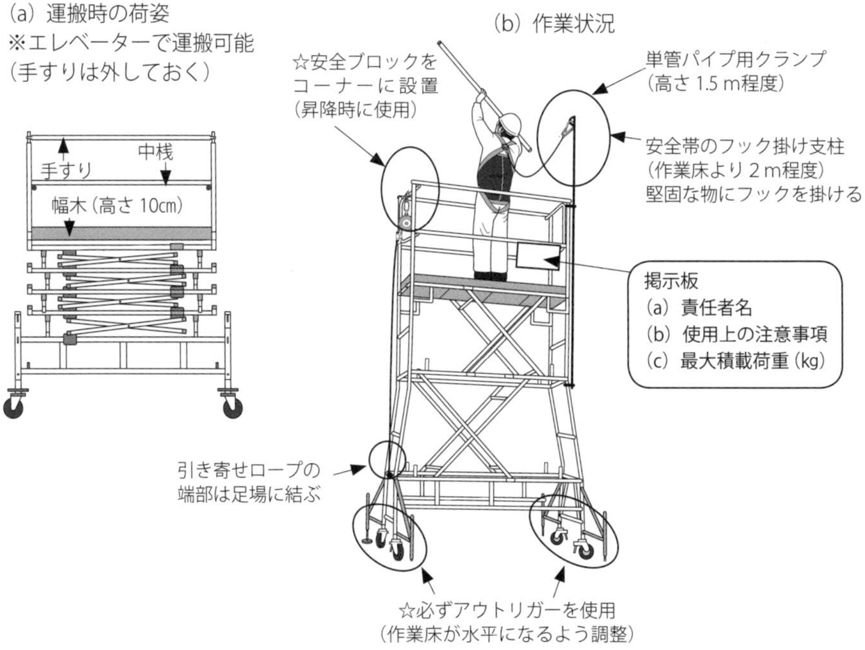

26 階段の踊り場に専用脚立を設置するべからず

リスク算定【ＲＬ－Ⅳ】　■不安全な状態　▲不安全な行動

《階段の踊り場に専用脚立設置の危険性と改善（☆）》〔図－ 83・84〕

当工場は、製造工場内の作業構台（高さ 6.8 m）上に、ユニットハウスの休憩室があり、折り返し階段の踊り場上＊1に蛍光灯の照明器具をつり下げてある。工場内は機械設備が多く高所作業車が近寄れない環境なので、保全社員Ａ・Ｂ＊2は、踊り場上に天板高 2.9 mの専用脚立＊3を据え、蛍光管をＬＥＤ＊4に交換することになった。Ａは脚立の天板から３段目に乗り、幅１mの蛍光管を外しているとき、脚立から身を乗り出していたので、脚立が傾きＡはバランスを崩して脚立から階段上に墜落、階段〔こう配 35 度〕を転落して床面に激突した。〔★ 2.3 m墜落し５m転落の「墜落・転落」〕

＊１：踊り場は５㎡（2.5m × 2 m）で、手すりは高さ 110cm

＊２：Ａが脚立上の作業者で、Ｂは通行者の誘導と補助作業

＊３：支柱長 3.0 m〔質量 13kg・設置寸法（全幅 84cm・奥行 175cm）〕

＊４：ＬＥＤは、消費電力が少なく、熱を帯びないので長寿命

【不安全な状態と安全な状態】

（１）専用脚立を、階段の踊り場上に固定せずに設置

☆ ①踊り場の両側にわく組足場を組み、壁つなぎで手すりに固定、両足場間に梁わくの作業床を設置し､昇降設備はアルミ階段を設置、外周は物の飛来落下防止としてネットで養生

(2) 安全帯を取り付ける設備がない

☆ ② つりボルトにキャッチフック（以下、ＣＦ）を掛ける

【不安全な行動と安全な行動】

（３）Ａは保護帽・安全帯を着用しなかった

☆ ③ ヘッドランプ付き保護帽とフルハーネス型安全帯（以下、安全帯という）を着用し、ＣＦに安全帯のフックを掛ける

（４）Ａは蛍光管入れ袋を持参しなかった

☆ ④ 蛍光管入れ袋を持参

【同種災害】休憩室入口の蛍光管交換も、作業者が手すりを乗り越えて床面に墜落と「見学者・通行者に激突」の危険性もある

〔図－83〕踊り場に専用脚立を設置し蛍光灯の交換

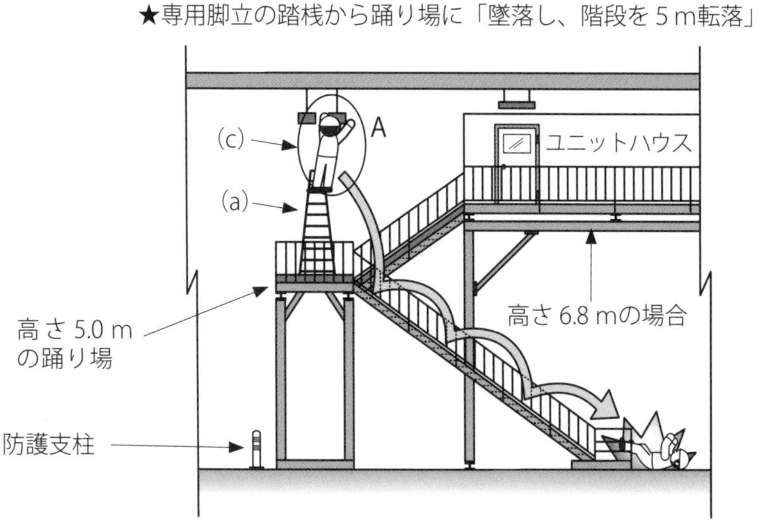

(a) 踊り場に専用脚立を設置し、手すりなどに固定していない
(c) 安全帯を使用しないで、かつ「脚立から身を乗り出して作業」

〔図－84〕踊り場の周囲にわく組足場を組み蛍光灯交換

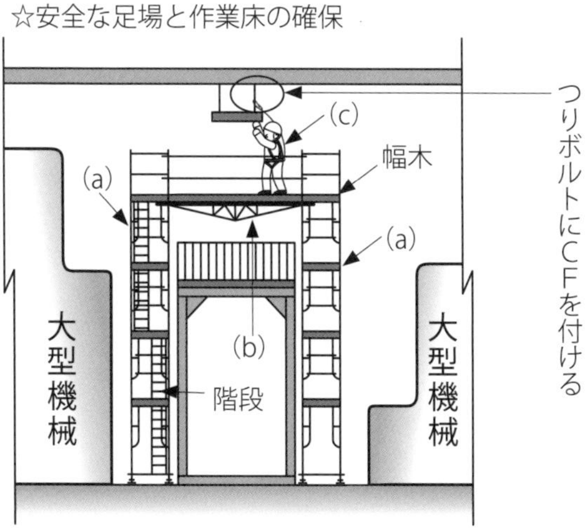

(a) 踊り場に両側にわく組足場を設置
(b) 梁わくの作業床
(c) 安全帯のフックはつりボルトのＣＦに掛ける

27 脚立1スパンに足場板1枚で作業するべからず

リスク算定【ＲＬ－Ⅲ】　■不安全な状態　▲不安全な行動

足場板は、仮設足場の「作業床や通路に用いられる床材」で、鋼製足場板・アルミ足場板・合板足場板・杉足場板[*1]などに大別される。

＊1：〔形状〕(a) 鋼製足場板の幅は25cm、厚さ40mm、長さ1m・1.5m・2m・3m・4m、(b) アルミ足場板の幅は24cm、厚さ29mm、長さ1m・1.5m・2m・3m・4m、(c) 合板足場板の幅は24cm、厚さ28mm、長さ2mと4m、(d) 杉足場板の幅は20cm、厚さ35mm、長さ2mと4mがある。

《脚立足場の短所》

「合板足場板の幅は24cm」なので、脚立の天板（30cm）には、2列入らない。当足場の短所を補うため、近年は〔図－22〕の作業台〔図－24 (b)〕の昇降式移動足場などが急速に普及しつつある。ただし、塗装業では汚れるので、従来通り杉足場板は2列入る（うま足場）が使用されている。

《脚立に足場板1枚を1スパンの危険性と改善（☆）》〔図－85・86〕

作業者Aは廊下にある整理棚（高さ250cm）上部に、転倒防止のL形金具を取り付けるため、天板高169cmのはしご兼用脚立[*2]（以下、兼用脚立）の天板に、長さ3m・幅24cmのアルミ足場板（以下、足場板）1枚を載せて作業中、足場板のたわみで、バランスを崩して、足場板から落ちて、上半身が床面に激突した。

＊2：天板寸法は幅30cm×奥行き18cmで、最大使用質量は100kg

【不安全な状態と安全な状態】

（1）足場板を両端の兼用脚立に緊結しなかった

☆ ① 作業床が広い「補助手すり・アウトリガー付き可搬式作業台（作業床高180cm）[*3]」を使用

＊3：作業床寸法は50cm×150cm程度で、移動が簡単

【不安全な行動と安全な行動】

（2）保護帽・安全帯を着用しなかった

☆ ② 作業床高150cm以上は、保護帽・ハーネス型安全帯を着用し、常時使用

〔図ー85〕2つの脚立に足場板1枚を1スパンで設置

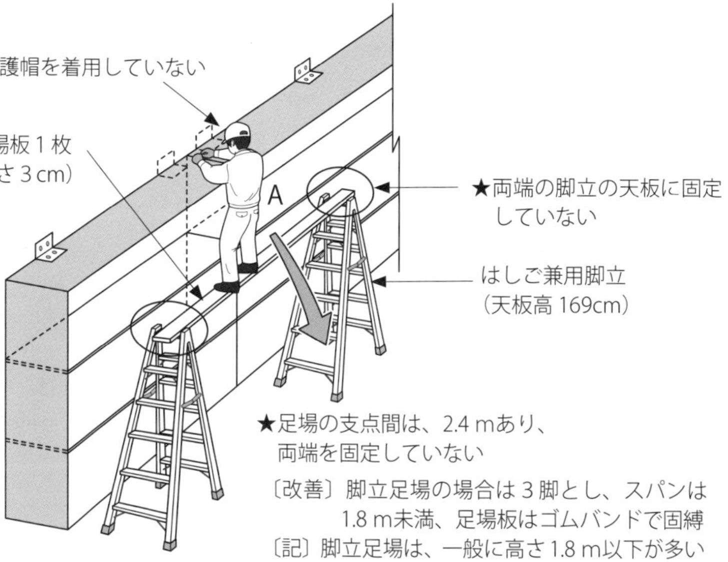

〔図ー86〕作業床の広い可搬式作業台で作業

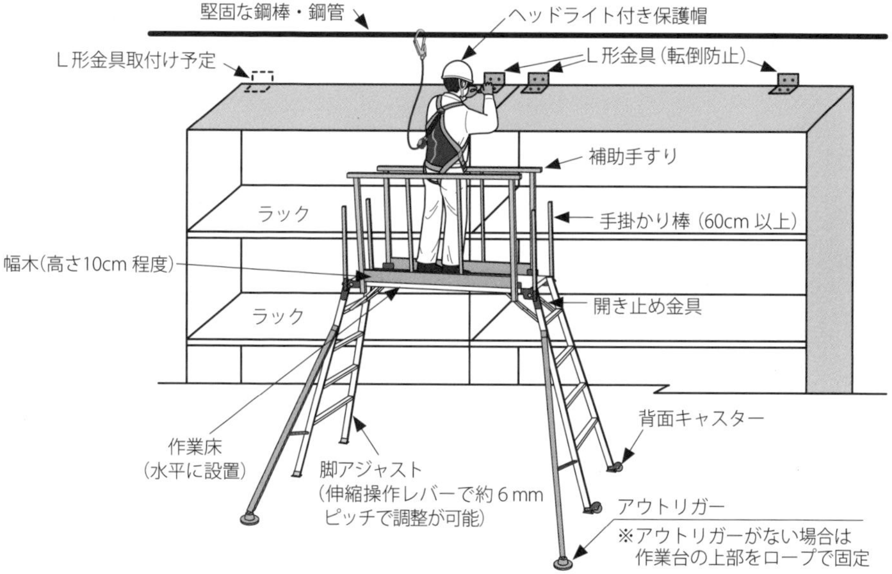

【厳禁】安全帯を使用しないで、可搬式作業台の補助手すり（90cm）から、
「身を乗り出して（体の重心が補助手すりの外側に出る）」作業
☆〔対策〕作業床高は、身を乗り出さなくて良い作業台を使用

Column ③「適正な玉掛けの方法」

（1）クレーンのフックにワイヤロープを掛ける主な方法

①目掛け（アイ掛け）

(a) 1本つり〔＊1〕

(b) 2本つり

(c) 4本つり〔＊2〕

② 半掛け

③ あだ巻き掛け

④ 肩掛け

〔＊1〕「ワイヤロープの１本つり」はつり荷が回転しやすく、ロープの縒（よ）りが戻るので原則禁止

〔＊2〕「小さいフックに４本つり」は、フックから外れる危険性がある

（2）つり荷にワイヤロープを掛ける主な方法

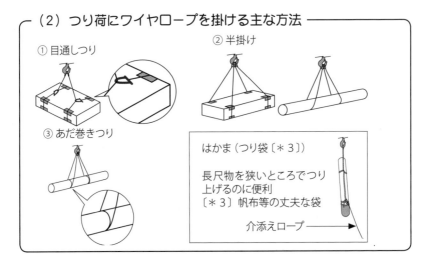

① 目通しつり

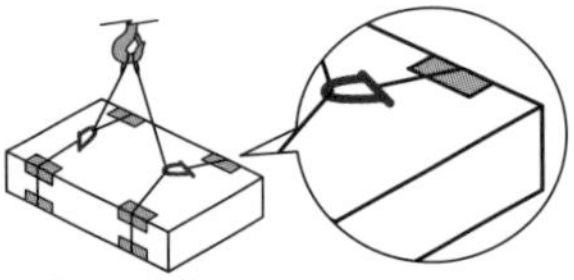

② 半掛け

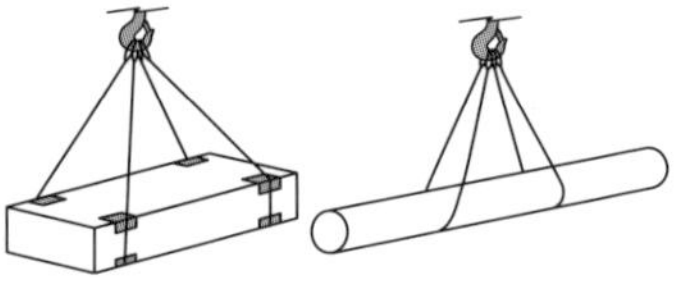

③ あだ巻きつり

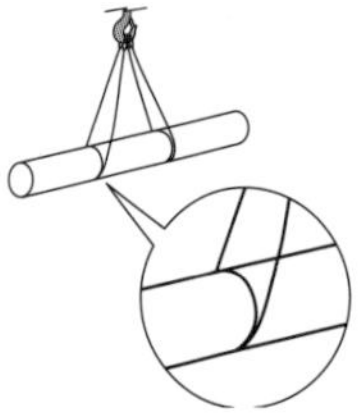

はかま（つり袋〔＊３〕）

長尺物を狭いところでつり上げるのに便利

〔＊３〕帆布等の丈夫な袋

（3）２本づりの玉掛けロープのつり角度と張力

〔つり角度が大きくなるに従ってワイヤロープにかかる張力は大きくなる〕

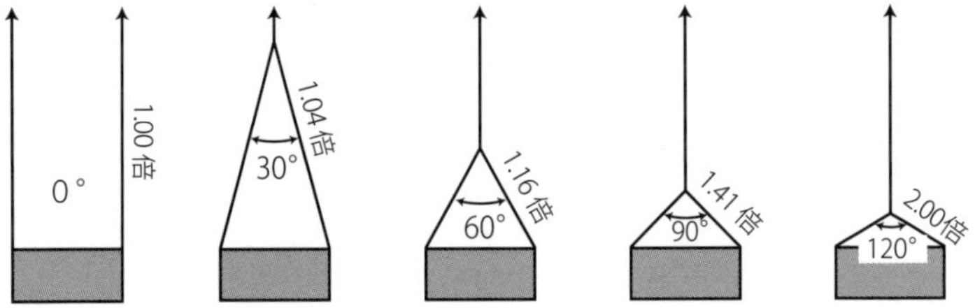

出典：「安全確認ポケットブック　玉掛け・クレーン等の災害の防止」（中災防）」

第3章

足場・水平親綱

この章では、作業床が比較的高い作業「高さ3.0m以上」の足場などを対象にする。足場は「移動式足場と支柱式足場」、水平親綱は「水平親綱ロープとワイヤ」、屋根上等は「屋上・スレート屋根等の屋根・天井裏・大型機械の上部作業など」の「17テーマ」を選び検証する。

【リスクレベル(以下、RL)算定基準】〔リスクポイントは(以下、RP)〕

大多数の足場・水平親綱の作業床の設置高さは、1.5m以上なので「成人男子の頭頂の高さは4.2m以上」。背中から墜落すると「危険状態が発生する頻度は滅多にない：1点・ケガに到る可能性がある：2点」でも「ケガの重篤度は致命傷：10点」となり「RPは13点となり、「RLはⅣ」なので、安全衛生上重大な問題がある。リスク評価基準とRL算定基準」は、第1章の「5」を参考に！〕

〔記〕第3章のリスク算定基準は全テーマ「RL：Ⅳ」です。

〔記〕高所作業は、作業環境が悪い場所での作業も多々あるので、適正な仮設機材等を選択した具体的な「実施作業計画」を作成し「適正な保護具」を着用して使用。作業開始前の朝礼では「健康確認・服装確認」を行う。

1 鳥居型建わくの脚部に車輪を付ければ移動式足場と思うべからず

リスク算定【ＲＬ－Ⅳ】　■ 不安全な状態　▲ 不安全な行動

「鳥居型建わく」は、わく組足場〔図－25 (a)〕の主要な機材で、２層以上は「壁つなぎで壁面に固定しないと横の安定性は極めて悪く」、足場が転倒する危険性がある。移動式足場〔図－24 (a)〕は、専用のはしごわくを使用すれば、作業床は広く＊1、かつ作業床高が 6.5 m以下＊2 の場合、アウトリガー（控わく）は使用しなくても、水平な同一フロアーを移動させながら連続作業が可能な足場で、前後・左右の安定性は良好である。

＊１：はしごわくとブレス幅は 1.52 mなので、作業床は 2.3㎡と広い
＊２：控わくなしの許容高さは 6.5 m（H≦ 7.7 × 1.5 － 5.0）

《鳥居型建わくを移動式足場として使用の危険性と改善(☆)》〔図−87・88〕

作業者Ａは、天井高 7.6 mにある蛍光灯の蛍光管を交換しようとして「３層組みの移動式足場＊3」の「手すりなしの作業床」に乗り、爪先立ちで蛍光管を取り外しているとき、ほこりが目に入ったので「立ち眩（くら）み」をして、作業床から床面に墜落し頭を強打した。

＊３：作業床の高さは、1.73（わく高）× ３ ＋ 0.26（脚輪高）＝ 5.5 m

【不安全な状態と安全な状態】
（１）横幅の狭い鳥居型建わくを使用している
　☆ ① 鳥居型建わくに控わくと昇降用に移動はしごを取り付ける
（２）手すりを外したままにしている
　☆ ② 作業時は、必ず手すりを設置

【不安全な行動と安全な行動】
（３）保護眼鏡・保護帽を着用していない
　☆ ③ 保護眼鏡・ヘッドランプ付き保護帽を着用
（４）安全帯を使用しないで、鳥居型建わくの横桟を昇降すると墜落する危険性が高い
　☆ ④ ハーネス型安全帯を着用し、安全ブロックを安全帯のＤ環に直接掛けて昇降

〔記〕〔図－24 (b)〕の「昇降式移動足場（通称：アップスター）」を使用すれば、作業床の高さ調整・フロアー間の移動もエレベーターで安易

【順守】鳥居型建わくのわく幅 0.9 mは１層、わく幅 1.2 mは２層、移動式足場用建わく（わく幅 1.52 m）は４層までの高さで使用する（建災防の技能講習テキストより）

〔図－87〕鳥居型建わくを移動式足場の主要な機材として使用の危険性

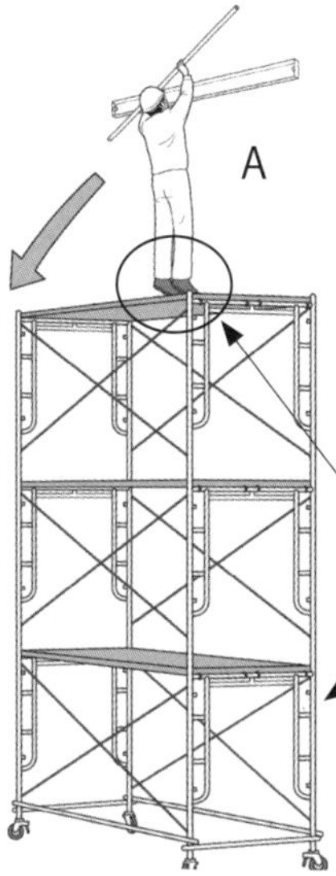

A

（1）■横幅の狭い鳥居型建わくを移動式足場として使用

（2）■作業床に手すりがなかった

（3）■昇降設備がない

（4）■安全帯の取り付け設備がなかった

（5）▲作業者は保護眼鏡・ヘッドランプ付き保護帽・安全帯を未着用

★手すりのない作業床で「つま先立ち」

鳥居型建わく（わく幅は 1.2 m）
（★横の安定性は極めて悪い）

〔図－88〕応急的に鳥居型建わくを移動式足場として使用

〔注意〕この方法はあくまでも「応急的方法」です

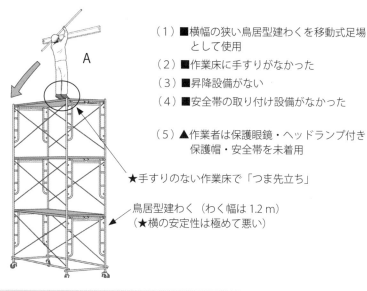

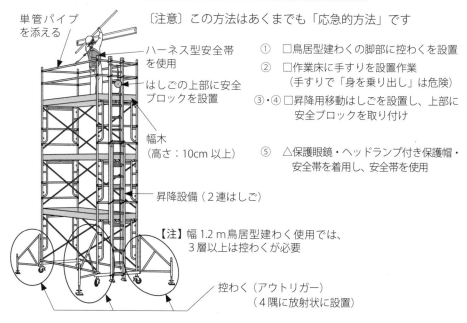

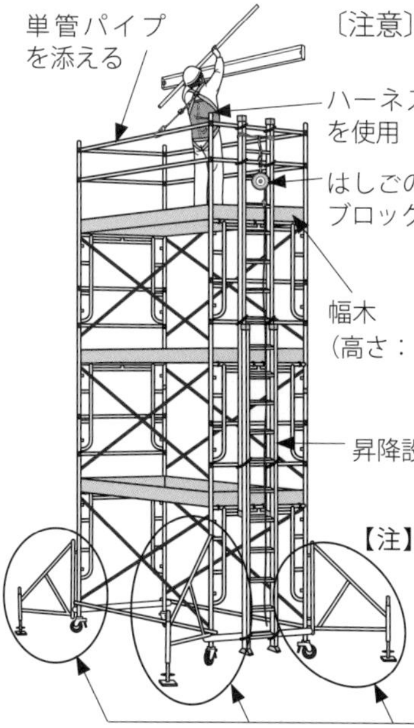

単管パイプを添える

ハーネス型安全帯を使用

はしごの上部に安全ブロックを設置

幅木
（高さ：10cm 以上）

昇降設備（2連はしご）

① □鳥居型建わくの脚部に控わくを設置

② □作業床に手すりを設置作業
（手すりで「身を乗り出し」は危険）

③・④ □昇降用移動はしごを設置し、上部に安全ブロックを取り付け

⑤ △保護眼鏡・ヘッドランプ付き保護帽・安全帯を着用し、安全帯を使用

【注】幅 1.2 m 鳥居型建わく使用では、
3層以上は控わくが必要

控わく（アウトリガー）
（4隅に放射状に設置）

〔記〕天井高が一定の場合は、移動式足場〔図－24 (a)〕、
一定でない場合は昇降式移動足場〔図－24 (b)〕使用を推奨

2 はしごわくの移動式足場を過信するべからず

リスク算定【ＲＬ－Ⅳ】　■ 不安全な状態　▲ 不安全な行動

はしごわく（幅 1.52 m×奥行 1.52m）の移動式足場（通称：ローリングタワー）の定義は「第１章 19」に記載の通りで「水平で､堅固な床面で使用」が必須の条件である。当足場の作業床は 2.3㎡と広く、安定性[*1]があるので、作業床の高さ 6.5 m未満までは、控わくなしで作業が可能で、6.5 m以上・10.5 m未満は、控わく（アウトリガー）が必要である。

＊１：｢高さと脚輪間隔」の制限（昭 50.10.18 技術上の指針公示第６号）
作業床の高さ（m）｛H ≦ 7.7 × L － 5｝ 関連する知識は、
H：脚輪の下端から作業床までの高さ　L：脚輪の主軸間隔

《移動式足場の４つの危険性と改善（☆）》〔図－ 89・90〕

（１） AはBを作業床上に乗せたまま移動し、段差の所で脚輪が落ちて足場が転倒し、Aは作業床上から投げ出されて墜落
（２） Cは手に工具を持って、はしご枠の踏桟[*2]を昇降しているとき、手が滑って床面に墜落
（３） Dは作業床の踏台に乗って作業中に、バランスを崩して墜落
（４） Eは手すりから「身を乗り出して」工具などをつり上げていて墜落
〔※(４) はイラストなし〕

＊２：はしご枠の踏桟間隔は 39cm と広く、補鋼材の直径は 27mm
〔※〕関連する知識は、第１章「13・19」を参考に！

【不安全な状態・行動と、安全な状態・行動】
（１）作業者Aは、移動式足場の作業床上にBを乗せたまま移動
　☆ ① 移動式足場を移動するときは、作業床上の作業者は必ず降りる
　☆ ② 段差部はスロープとし、段差部での移動式足場は、「使用禁止」
（２）作業者Cは手に工具を持って、はしご枠の踏桟を昇降
　☆ ③ 移動式足場は内階段式とし、工具は工具ホルダーを付け工具袋に入れる。荷物はザックに収納し、ハンズフリーで階段を昇降
（３）作業者Dは、作業床上の踏台に乗って作業中、バランスを崩して墜落
　☆ ④「作業床上での踏台使用は禁止[*3]」し、調整わくで高さを調整
　＊３：補助手すりの高さが低い状態になるので！
（４）手すりから「身を乗り出して」工具などをつり上げ・つり下し
　☆ ⑤ 前記「(２) の☆③」と同じ、または「小型クレーン」（つり上荷重100kg）で荷揚げを行う

〔図ー89〕不適切（危険）な移動式足場の使用方法

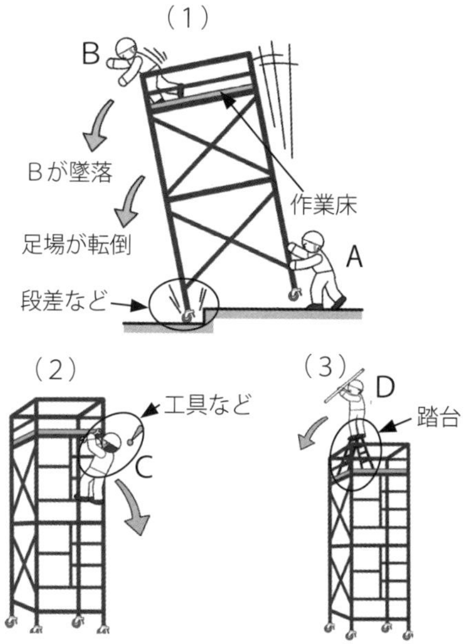

（1）▲Aは作業床に人を乗せたまま移動

（2）▲作業者Cは手に工具などを持って、踏桟を昇降

（3）▲Dは作業床に置いた踏台に乗って作業

（4）■手すりから「身を乗り出して」荷揚げ機械と安全帯取り付け設備がなかった

（共通）▲作業者は保護眼鏡・ヘッドランプ付き保護帽・安全帯を着用しなかった

※（4）のイラストはなし

〔図ー90〕適正（安全）な移動式足場の使用方法

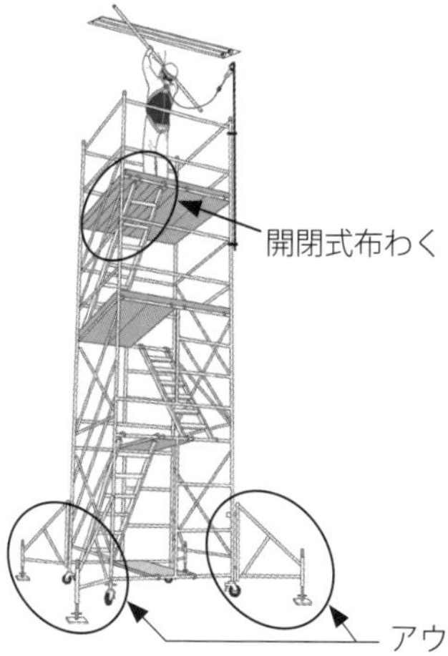

① △移動する時、作業者は作業床から降りる
② △工具などはザックに入れ、ハンズフリーで昇降
③ △作業床高不足は調整わくで高くする
（作業床で踏台などは使用禁止！）
④ □大容量・重量物はポータブルクレーンで荷揚げ、安全帯取り付け設備を設置

（共通）△保護帽・ヘッドランプ付き保護帽・安全帯を着用し、ハーネス型安全帯を使用して作業

【禁止事項】(a) 傾斜床面・凹凸・不安定な床面に設置　(b) 作業床内で踏台・脚立などを使用　(c) 作業床上に最大積載荷重を超えて物を載せる (d) 手すりを外した状態で作業　(e) 手に物を持って踏桟を昇降　(f) 手すりから身を乗り出して作業　(g) 作業床に人を乗せたまま移動　(h) 作業床を許容高さ以上に設置

3 昇降式移動足場は控わくを使わずに使用するべからず

リスク算定【ＲＬ－Ⅳ】　■不安全な状態　▲不安全な行動

昇降式移動足場（通称：アップスター）*1の定義は、第１章19〔図－24（b）〕に記載の通りで、平坦で堅固な床面で使用し「作業床を水平に・控わくを奥行方向に設置」が必須条件

＊１：「アップスターはＮ社」の商品名で型式は３種類

【仕様】最大積載荷重：1310N（133kgf）・作業床寸法：長さ150cm・幅59cm・手すり高92cm、、昇降装置は手動式（バネバランス式）。脚部は控わく（アウトリガー）を使用して全幅張出

〔記〕昇降式移動足場は「Ｔ社」の「のび～る3.6/4.3」もある

《昇降式移動足場の控わくを使用せずの危険性と改善（☆）》〔図－91・92〕

高さ６ｍにある蛍光灯の蛍光管の交換のため、昇降式移動足場（以下、移動足場）「US－36」の控わくを使用しないで、作業床の高さを最大の3.6ｍに移動足場を設置。作業者Ａは蛍光管を脇下に抱えながら、側面の踏桟を昇り作業床上に入り、手すりに背中を寄り掛けて〔図－91（a）〕蛍光管の交換をしているとき、移動足場が転倒し、Ａは投げ出されて「頭・上半身が床面に激突」〔第１章７：カボチャ〕

〔※〕関連記事は、第２章の「６・26」に記載

【不安全な状態と安全な状態】

（１）作業床は傾斜していた

☆①脚輪ジャッキで水平に調整

（２）車輪ブレーキを効かせず・控わくも使用していない

☆②車輪ブレーキは全て効かせ、奥行方向に控わくを設置

（３）作業床の手すりに安全ブロックを取り付けなかった

☆③手すりに安全ブロックを取り付ける（昇降時の墜落予防）

【不安全な行動と安全な行動】

（４）Ａは保護眼鏡・ヘッドランプ付き保護帽・安全帯を着用していない

☆④保護眼鏡・ヘッドランプ付き保護帽・安全帯を着用し、ハーネス型安全帯を使用して作業

【禁止事項】第３章２：□内の禁止事項は共通

〔図ー91〕不適正な昇降式移動足場の使用方法

【危険】作業床が傾斜し、控わくを使用しないで作業

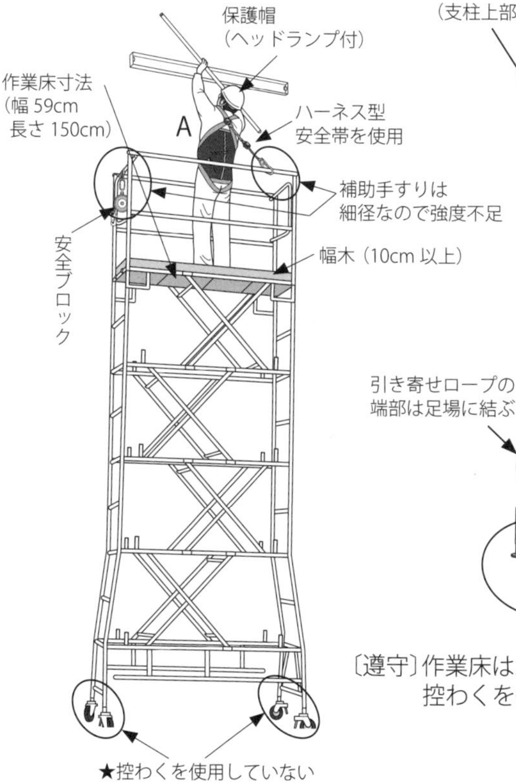

〔図ー92〕適正な昇降式移動足場の使用方法

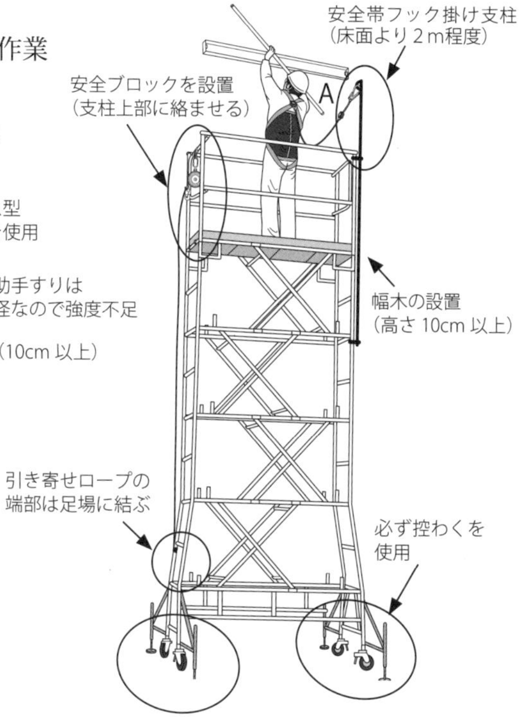

〔遵守〕作業床は水平、控わくを使用

〔移動時の姿図〕

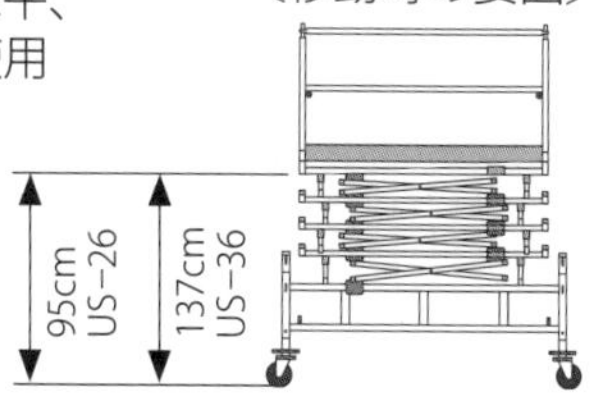

【警告】手すりの高さは 90cm 程度なので「身を乗り出す」は危険！

【アップスターの仕様】型式は（a）（b）（c）の３種類（T社も同じ）

（a）「US － 25」：自重 143kg・機体全長 150cm
・作業床高 ①250cm ②210cm ③151cm ④95cm の４段階

（b）「US － 36」：自重 192kg・機体全長 170cm
・作業床高 ①360cm ②309cm ③251cm ④193cm ⑤137cm の５段階

（c）「US － 42」：自重 260kg・機体全長 274cm
・作業床高 ①420cm ②369cm ③311cm ④253cm ⑤197cm の５段階

4 鳥居型建わくの水平補鋼材等を昇降するべからず

リスク算定【ＲＬ－Ⅳ】　■不安全な状態　▲不安全な行動

支柱式足場の本足場（二側足場）は「わく組足場＊1と、くさび緊結式足場＊2」が主流で、ここでは、わく組足場をテーマにする。

＊１：鳥居型建わくに、床付き布わくを組合わせ、交さ筋かいで補強したユニットを積み上げて構成する足場で、組立・解体が容易で、部材の強度上の信頼性が高いことから安全性も高い。

＊２：一定の間隔で、緊結部を取り付けた建地と、その緊結部に合わせた構造のくさび付き金具等の緊結部を有する「布材、床付き布板、ブラケット等の部材で構成」されている。木造家屋等の低層住宅工事だけでなく、近年は全産業の多くの場所で使用されている。

《不適正なわく組足場の昇降（2事例）の危険性と改善（☆）》〔図－93・94〕

事業場の保全担当者との事前打合せに準じて＊3、工場外壁に仮設機材のレンタル会社が、数日前に図のようなわく組足場を組み立てた

〔災害１〕作業者Ａは作業床に昇るため、建わくの水平補鋼材を足掛かりにして昇り、３層目で足を踏み外して４m下の路面に墜落

〔災害２〕作業者Ｂは交さ筋かいを、足掛かりにして昇っていて、３層目で足が滑って路面に背中から墜落〔第１章７：カボチャ〕

＊３：足場は４層なので、昇降設備として端部に２連はしごを設置

【不安全な状態と安全な状態】

（１）４層で短期間なので、わく組足場の端部に２連はしごを設置

☆ ① (a) 応急的には２連はしごを、わく組足場の中央に移設し、上部に安全ブロックを取り付ける

(b) 原則として物を持って昇降するので、わく組足場の中央に内階段を取り付ける（３層目は折り返し階段）

【不安全な行動と安全な行動】

（２）作業者Ａ・Ｂは、安全帯を着用しなかった

☆ ② 作業者はハーネス型安全帯＊4を着用し、２連はしご上部に安全ブロックを設置し、昇降時は、必ず安全帯を使用＊5

＊４：これからの時代の安全帯は「ハーネス型」を着用

＊５：安全ブロックのフックは、安全帯連結ベルトＤ環に直接掛ける

〔図ー 93〕わく組足場の水平補鋼材等を昇り墜落

★作業者２人は「近道行為」で昇っている

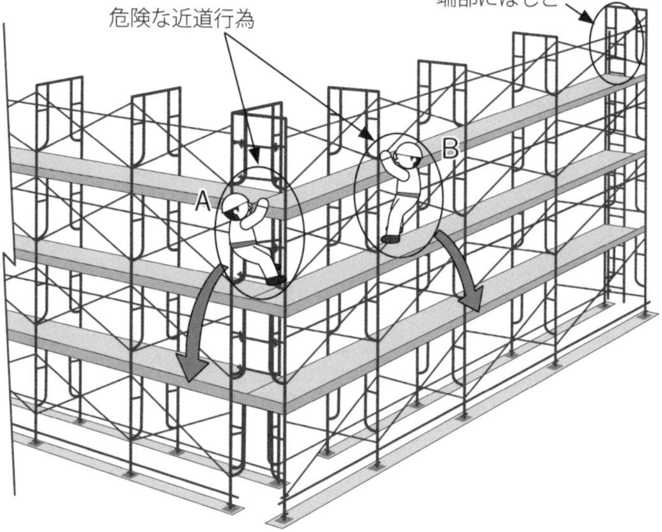

〔図ー 94〕内階段を設置し昇降、または２連はしごを昇降

手すり据置方式わく組足場の例

階段設置の例

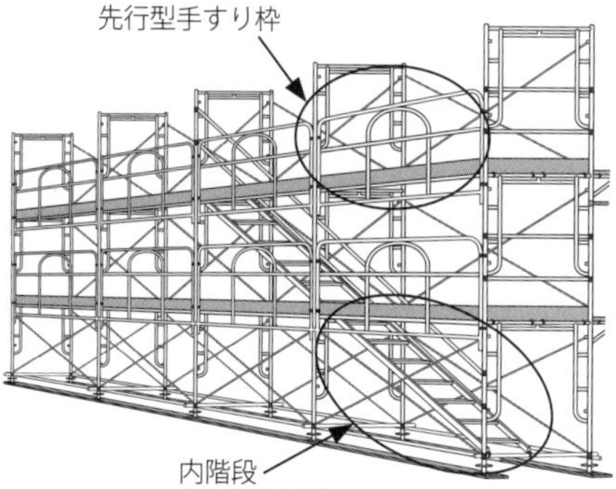

移動はしご固定の例

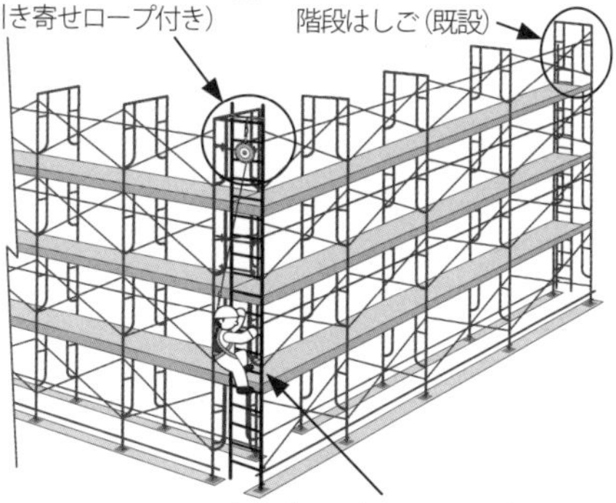

☆ 高さ５ｍ以上のわく組足場の壁つなぎの間隔は「垂直方向９ｍ以下・水平方向８ｍ以下」毎に１箇所設置（安衛則第 570 条第５号）

5 作業床上で墜落防止対策をせずに作業するべからず

リスク算定【ＲＬ－Ⅳ】　■不安全な状態　▲不安全な行動

わく組足場の鳥居型建わく[＊1]（支柱径42.7mm）は、シンプルな構造で軽量、ユニットの組立・解体が容易なので、本足場・棚足場などに多用されており、原則として足場の「高さは45ｍまで」。

＊1：幅1.2ｍ・高さ1.7ｍ・質量16.2kg／建わく・許容支持力4.35t（42.7kN）

《わく組足場の設置状況》〔図－95〕

わく組足場（以下、足場）の状況は、3層目までを前日に組立を完了[＊2]し、災害発生当日は4層目の組み立て作業中である

＊2：足場は1スパン1.8ｍ、壁つなぎは水平方向4スパン毎、垂直方向は2層壁面側に固定、階段は2層まで

《わく組足場の作業床からの墜落の危険性と改善（☆）》〔図－95・96〕

作業者Aは〔図－95〕のように、4層目の作業床への昇降は建わくの水平補鋼材を足掛かりにして昇り、作業床上にクレーンで荷揚げした鳥居型建わくを、水平親綱ロープを掛ける[＊3]ために、中央から端部に向かって抱えて移動中に（幅広作業ズボン[＊4]の裾〔図－95□内〕）が連結ピンに引っ掛かり、バランスを崩して作業床から5.3ｍ下の路面に頭から墜落。

＊3：作業床に乗ってから「水平親綱ロープの設置方法」は危険

＊4：「超ロング8分」と呼ばれる「足首で裾口を絞ったズボン」

【不安全な状態と安全な状態】

（1）最上層の作業床に墜落防止がなかった

☆①（a）3層目で4層目の床面に水平親綱ロープをはわせる

（b）3層目で「わく組足場用手すりわく」を設置

（c）「手すり先行工法」を推奨

【不安全な行動と安全な行動】

（2）「幅広作業ズボン」を着用していた

☆② 足場作業では「幅広作業ズボンの着用は禁止」とし、7分ズボン[＊5]などを着用

（3）墜落防止がない作業床上を、建わくを持って移動

☆③（a）ハーネス型安全帯を着用し、水平親綱ロープに掛けて移動

（b）前記（b）（c）は移動時での使用は不要

〔図－95〕わく組足場の作業床からの墜落

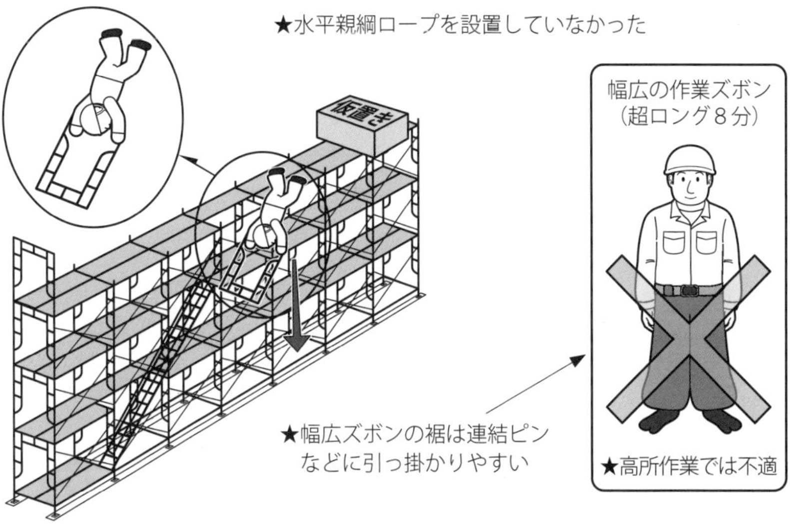

〔図－96〕「わく組足場の据置方式」の例

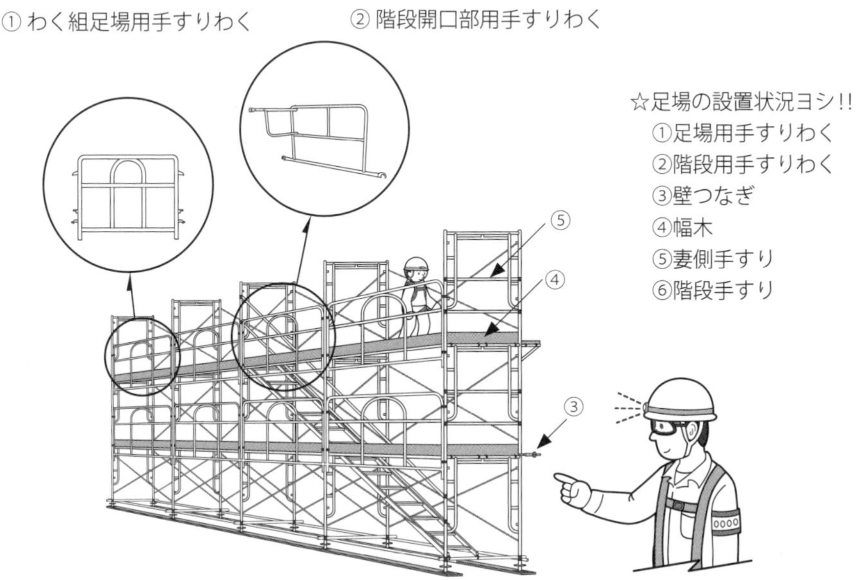

＊５：「膝下で裾口を絞った７分ズボン（ニッカーズ）」を推奨

〔記〕足場の作業床上作業は、墜落しない「先行手すり（安全な機材）が不可欠」、先行手すりがない足場は「床面に水平親綱ロープを設置」

6 ポケット型くさび緊結式足場をブロック化で解体するべからず

リスク算定【ＲＬ－Ⅳ】　■不安全な状態　▲不安全な行動

くさび緊結式足場は、一定の間隔で緊結部＊1を取り付けた建地と、その緊結部に合わせた構造のくさび付き金具等の緊結部＊1を有する「布材、床付き布板、ブラケット等の部材で構成」されている。この足場は、設置する敷地が狭く、複雑な形状の建物でも容易に対応（盛替え、組替え作業が簡単）でき「作業性・安全性・拡幅性」に優れている。

＊１：支柱は単管パイプと同じ直径 48.6mm で、緊結部は〔図－97・98 の〇内〕のように、低層（10ｍ以下）住宅工事用の「ポケット型」と、中層（31ｍ以下）建築工事足場の「フランジ型」がある。

《ポケット型くさび緊結式足場の崩壊の危険性と改善（☆）》〔図－97・98〕

屋外の大型機械設備外周の点検・補修のため、ポケット型くさび緊結式足場を組みました。２面が物流会社の車両道路だったので、作業完了後できるだけ早く解体して頂きたいとの要望があり、作業者４人で、25ｔラフターを使い、大わく組の解体をする事になり、足場補強の「けた行筋かい・コーナー部のブレス・布わく等」を解体して「４スパン・３層」をつり上げ、側道に移動させて降ろそうとしたとき「足場全体が崩壊」し布わく等が路面で飛散し、作業者２人の下半身に激突。

【不安全な状態と安全な状態】

（１）ポケット型くさび緊結式足場をブロック化の状態で解体した

☆①【厳禁】「ポケット型くさび緊結式足場の大ばらし＊2」

（２）つり荷下部は立入禁止措置をしなかった

☆②「立入禁止措置」を行い、「つり荷に介添えロープ」を取付ける

＊２：「ブロック化の大組み・大ばらし」は「ポケットから外れる」

【不安全な行動と安全な行動】

（３）作業者３人は作業打合せにない「これまで通りの作業方法」で、作業を行った（３人は「わく組足場の大ばらし」の経験はあった）

☆③ポケット型くさび緊結式足場は「大ばらしの解体は禁止」

〔図－97〕ポケット型くさび式足場のブロック化の大ばらしによる災害

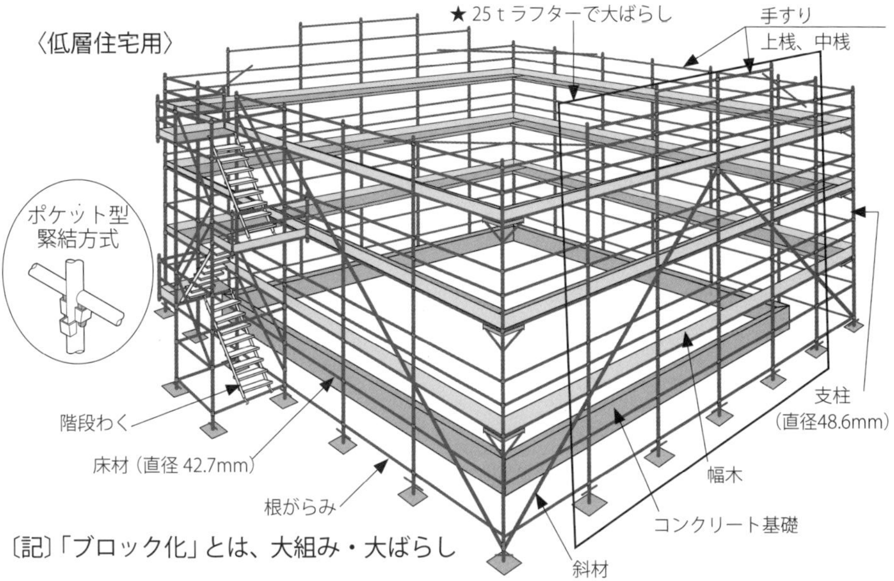

〔記〕「ブロック化」とは、大組み・大ばらし

〔図－98〕「フランジ型くさび緊結式足場」でも、ブロック化の大ばらしは「けた行筋かい等の補強」を行う

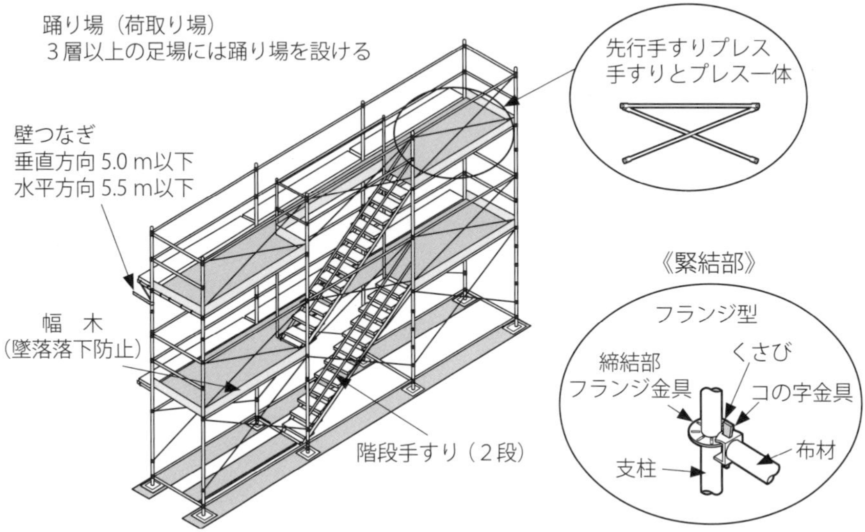

☆ 足場は「崩壊・倒壊の災害」が多く、第３者災害になる危険性が多分にあるので、現場に即応した「足場の作業手順書」を作成し、周知する

7 支柱式足場は壁つなぎをせずに設置するべからず

リスク算定【ＲＬ－Ⅳ】　■不安全な状態　▲不安全な行動

官庁・民間問わず建築物は、維持補修・改築・解体などにおいて「公道・鉄道等に隣接」して、支柱式足場を設置する場合が多々ある。これらの場所での「足場[＊1]の崩壊・倒壊」は「公共（第３者）の安全を脅かす」ことになり、人災がなくても新聞・テレビで報道され、日常業務が全て停止し、関係先にも多大の迷惑をかけることになる。

＊１：足場は「高さ・幅（断面積）が大きい」ので、危険性が高い。鉄道は運休、道路は不通、電気は停電、通信線は通信遮断となり「社会的責任が多大」となる

《支柱式足場が倒壊して第３者災害の危険性と改善(☆)》〔図－99・100〕

前日、集合住宅の屋上施設の改修工事の資材運搬と昇降のため、住宅のベランダ側に、くさび緊結式足場[＊2]を組み立てた。災害当日の昼頃、強風になったので、作業は中止し、４人の作業者は連絡車の中で待機をしていた。「ドドンと大音響」がしたので、現場を見たら足場が倒壊し、散乱した足場の機材が通行者２人に激突し倒れ込んでいた。

＊２：高さ 7.5 m・幅 3.6 m・奥行き 90cm・足場３面はシート養生

【不安全な状態と安全な状態】

（１）短期間なので、壁つなぎを取り付けなかった

☆ ① 工事期間に係わらず「壁つなぎ」は取り付ける

（２）「立入禁止措置」せず、かつ誘導員を配置しなかった

☆ ②「立入禁止措置」を行い､第３者が通行する場所は「誘導員を配置」

（３）協力会社任せだった

☆ ③「第３者災害」の危険性がある場合、事前打合せで具体的な施工方法の確認を行い、書面に残す

（４）風速 10 m以上の強風時に外周３面をシートで覆った状態だった

☆ ④「強風注意報が発令」されたら夜間でもシートはたたむ

【不安全な行動と安全な行動】

（５）作業者４人は「強風時の対応」を何もしなかった

☆ ⑤ 足場の能力向上教育を受講し「崩壊・倒壊」等の危険性を学ぶ

〔記〕単管足場（直径 48.6mm）の壁つなぎの間隔は「垂直方向５ｍ・水平方向 5.5 ｍ」以内毎に設置（安衛則第 570 条第５号）

〔図－ 99〕危険な支柱足場

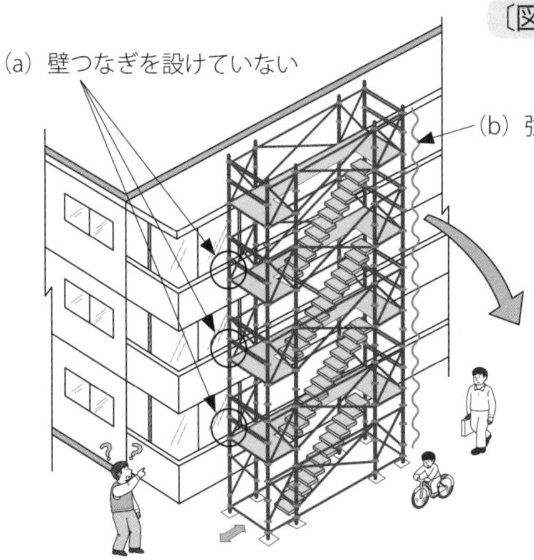

(a) 壁つなぎを設けていない
(b) 強風時にシートをたたんでいない
マンションの管理人

〔図－ 100〕安全な支柱足場

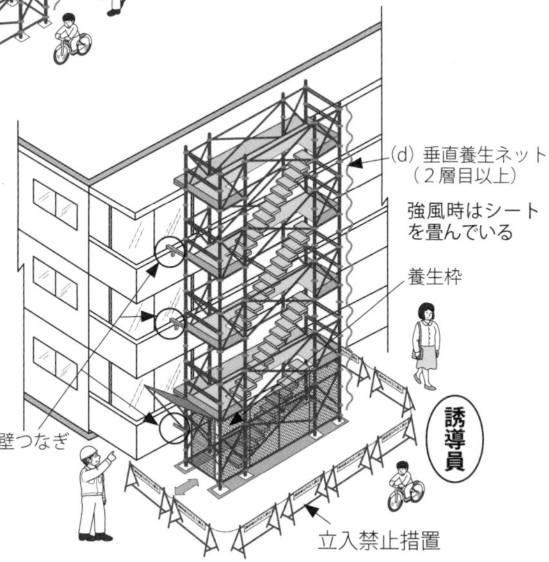

(d) 垂直養生ネット
（２層目以上）
強風時はシート
を畳んでいる
養生枠
誘導員
(a) 壁つなぎ
立入禁止措置

★強風とは、10 分間の平均風速が
10 m／秒以上の風
強風

☆ 第３者が通行する場所では「誘導員を配置」

【忘れてならない支柱足場の倒壊】

〔A〕2012 年３月、埼玉県で「壁つなぎをしていない支柱足場」が倒れて「保育園児２人が死傷」した痛ましい災害が発生。原因は、壁つなぎをしていない足場をシートで覆っていたので、強風で足場があおられて倒壊した

〔B〕2011 年１月、ＪＲ東日本の中央線の架線に「くさび緊結式足場が倒れ掛かり、鉄道を不通」にさせる事故が発生。原因はシート養生をした足場が、強風であおられて倒壊。最近の鉄道車両は軽量なので「脱線すると大惨事」になる危険性がある

8 水平親綱ロープは、最大垂下量を考慮せずに設置するべからず

リスク算定【ＲＬ－Ⅳ】　■不安全な状態　▲不安全な行動

水平親綱ロープは、仮設で鋼材・足場材間などに設置するもので、一般に直径16mmナイロンロープ（破断強度は40kN以上）を使用。足場材間は両端の親綱保持器具を直接取り付ける方法と、鋼材間は梁に親綱支柱を設置し、親綱支柱に親綱保持器具を取り付ける方法がある。前者は足場の作業床上で親綱緊張器で親綱ロープを緊張するが、後者は床面上で親綱緊張器で親綱ロープを緊張できる。〔図－102〕は、手張りで緊張した親綱ロープに、砂のうを落下させた試験（安全帯のランヤードは1.7 m）である。

〔図－101〕落下を阻止した最大垂下量（F社で試験）

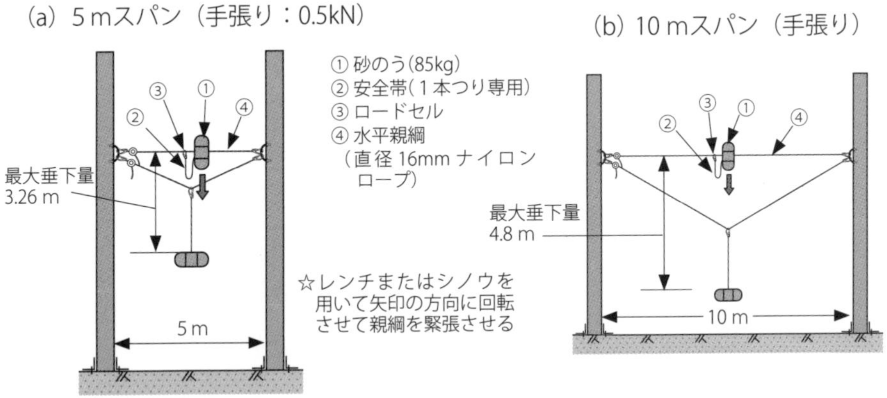

〔記〕両端が大断面の鋼材の場合「親綱支持用ベルト（破断強度62kN）」を推奨

《最大垂下量を考慮しない作業の危険性と改善（☆）》〔図－102・103〕

あらかじめ直径16mm水平親綱ロープを、支柱スパン10 m以上で、高さ4.5 m以下に手張りで設置。作業者（85kg）は、胴ベルト型安全帯（ランヤード、1.7 m）を着用し、梁上で作業中に墜落して床面に激突。

【不安全な状態と安全な状態】

（1）スパン10 m以上・高さ4.5 m以下に取り付け

☆①スパン10 m未満または、中間に親綱支柱を設置

【不安全な行動と安全な行動】

（2）ランヤードの長い胴ベルト型安全帯を着用していた

☆②巻取り式ハーネス型安全帯*2を着用

＊2： 極めて高い場所で宙づりになっても、救助は安易に出来る

〔図ー102〕最大垂下量を考慮しない設置方法

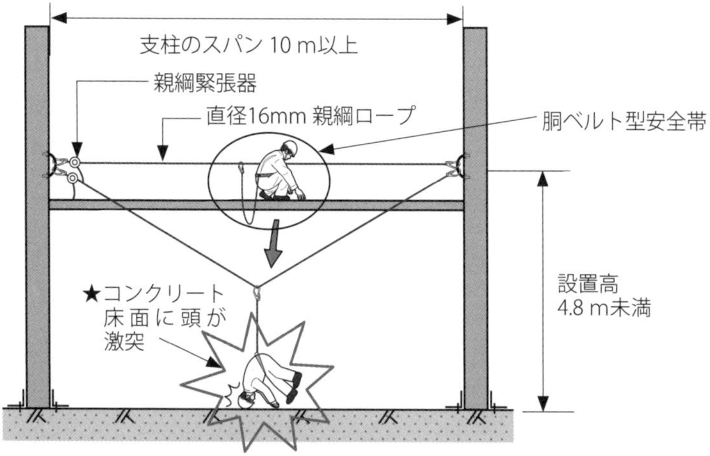

〔図ー103〕最大垂下量を考慮した設置方法

〔作業者はハーネス型安全帯を着用〕

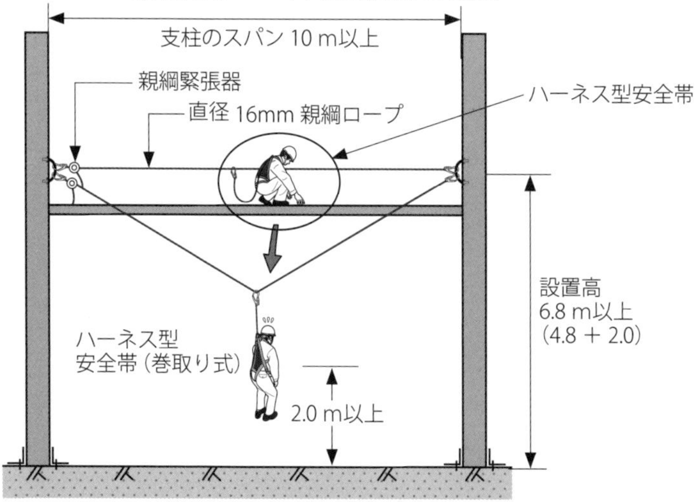

【厳守と対策】水平親綱ロープは「１スパンで１人」で作業

☆ ２人作業は「水平親綱ロープを２列」に設置

9 水平親綱ロープを不適正に設置するべからず

リスク算定【ＲＬ－Ⅳ】　■不安全な状態　▲不安全な行動

水平親綱ロープ[*1]（以下、親綱ロープ）を不適正な方法で設置すると、作業者が落ちたとき親綱ロープは、単管クランプの「締め付け金具で破断」する危険性がある。

＊１： 直径 16mm ナイロンロープ（破断強度は 40kN 以上）を使用

《不適正な親綱ロープの取り付け方法の危険性と改善(☆)》〔図－104・105〕

あらかじめ床面で２スパンの梁上に、単管パイプ（上部に単管クランプ）[*2]を設置し、鉄骨に梁を組み立ててから高所作業車で、長い親綱ロープ１本を取り付けた。作業者2人（A・B）が両梁に乗り、親綱ロープに安全帯のフックを掛けて作業をしているとき、Ａが梁から落ちて宙づりになり、その反動でＢの親綱ロープが大振れし、Ｂは「道連れ状態」で梁から落ちて、Ａ・Ｂは宙づり状態になった。２人が宙づり状態になったので、親綱ロープは単管クランプの金具で破断し、２人は床面に激突した。

＊２： 親綱支柱と親綱保持器具の代用に、単管パイプと単管クランプ

【不安全な状態と安全な状態】

（１）親綱ロープを２スパンで使用していた

☆ ① 親綱ロープは１スパンで１本とし、床面との離隔は十分確保する

（２）単管クランプを親綱保持器具で代用した

☆ ② 専用の親綱保持器具を使用

【不安全な行動と安全な行動】

（３）Ａ・Ｂはランヤードの長い胴ベルト型安全帯を着用していた

☆ ③ 巻取り式ハーネス型安全帯を着用

（４）Ａ・Ｂは不適正な水平親綱ロープに安全帯のフックを掛けた

☆ ④ 作業者は適正な水平親綱ロープに、安全帯のフックを掛ける

【厳守と対策】

水平親綱ロープは「１スパンで１人」を厳守

☆２人作業は「水平親綱ロープを２列」に設置

〔図－104〕不適正な親綱ロープの使用方法など

両スパンに１本の長い親綱ロープ〔Ⓑ〕を通しで掛けて〔※〕作業
〔※危険な２スパン別々の水平親綱ロープもどき〕

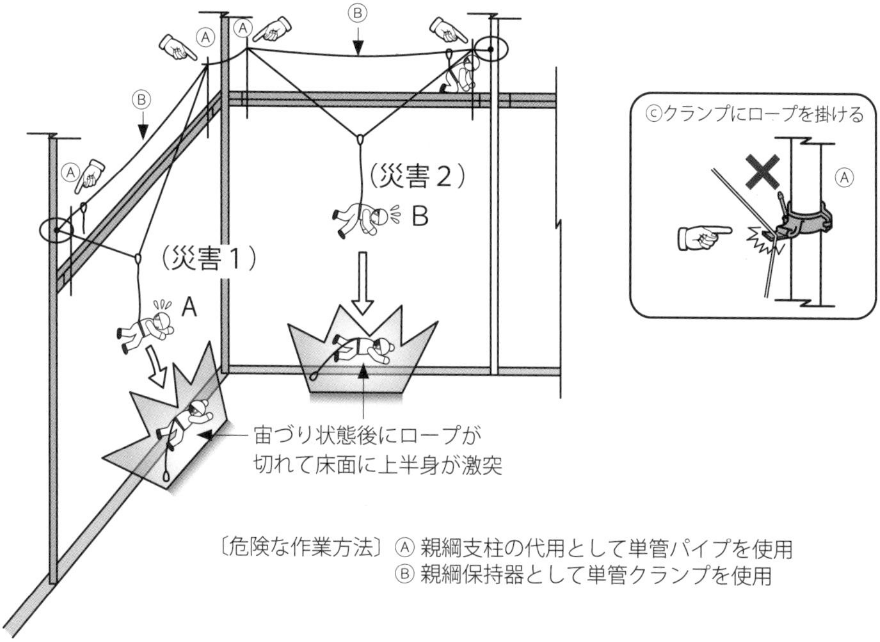

〔危険な作業方法〕Ⓐ 親綱支柱の代用として単管パイプを使用
Ⓑ 親綱保持器として単管クランプを使用

〔図－105〕適正な親綱ロープの使用方法など

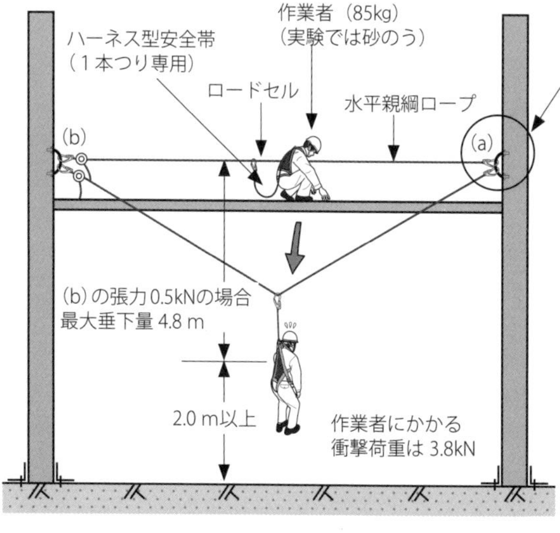

大断面の鋼材の場合は、
「親綱支持用ベルト」を使用
（ベルトの破断強度 62kN）
(a) 親綱保持器具
(b) 親綱緊張器

〔記〕梁上への昇降は、ハーネス型安全帯を着用し、支柱上部に設置の安全ブロックを使用し昇降

10 水平親綱ワイヤを不適正に設置するべからず

リスク算定【ＲＬ－Ⅳ】　■不安全な状態　▲不安全な行動

水平親綱ワイヤ[*1]（以下、親綱 wr）は、高さ 10 m以上の狭い点検通路（天井クレーンのランウェイ含む）などに設置。

＊１：直径９mm ワイヤロープ（破断強度は 40kN 程度）を使用

《不適正な親綱 wr の取り付けの危険性と改善（☆）》〔図－ 106・107〕

建物の機械設備改善を行ったとき（10 年前）、高さ 15m の狭い点検通路[*2]（キャットウォーク）は、手すり設置は必要ないと考え、直径６mm のワイヤを親綱 Wr として設置（１スパン 20 m程度）。ワイヤグリップ（以下、wg）は〔図－ 106〕の方法で２個取り付けてあった。

点検通路上の水銀灯の球交換のため、作業者２人（Aは点検者：Bは監視人）は、天井裏から点検通路に入り、Aは交換球を片手で持ち、親綱 wr に安全帯のフックを掛けながら、点検通路を通行していたとき、入口から 10 mの位置で足が滑って墜落し宙づり状態になった。

Bが事務所に緊急連絡に行っている間に、ワイヤの端部が外れて、作業者は床面にあった低木の上に墜落（幸い低木がクッションとなり打撲程度だった）。

＊２：１年に１度程度、点検会社が利用する程度

【不安全な状態と安全な状態】

（１）親綱 wr は直径６mm だった

☆ ① 親綱 wr は直径９mm と交換

（２）wg は２個で逆止めだった

☆ ② wg は４個で適正な方法で固定

【不安全な行動と安全な行動】

（３）A は交換球を、片手で持ちながら歩行

☆ ③ 交換球はザックに入れて歩行

（４）作業者は、親綱 wr が「不適正な状態か否か」を知らなかった

☆ ④ 親綱 wr の適正な状態を学ぶ

（５）胴ベルト型安全帯を着用

☆ ⑤ ハーネス型安全帯を着用

【推奨】利用頻度の多い親綱 wr は、フックの掛け替え不要の「マンセーフシステム〔図－ 19 ⑤〕」をお勧めします

〔図ー 106〕不適正な親綱ワイヤの設置方法など

★Aは4m落ちてから親綱ワイヤのグリップから外れて 9.0m下の低木上に墜落

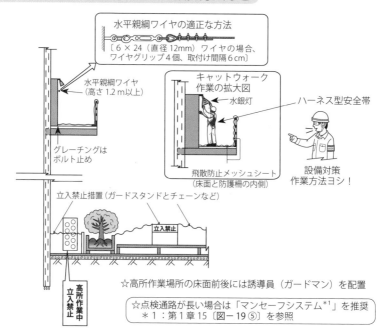

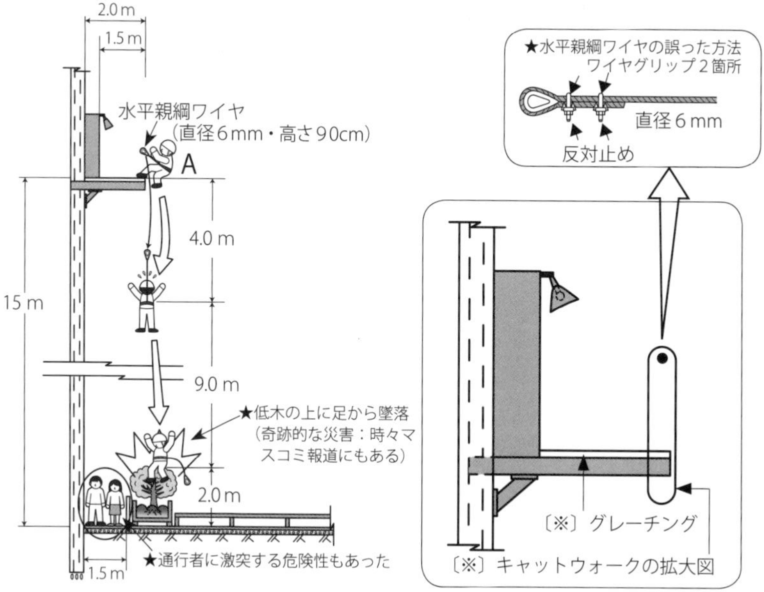
2.0m
1.5m
水平親綱ワイヤ
(直径6mm・高さ90cm)
A
4.0m
15m
9.0m
★低木の上に足から墜落
(奇跡的な災害:時々マスコミ報道にもある)
2.0m
★通行者に激突する危険性もあった
1.5m
★水平親綱ワイヤの誤った方法
ワイヤグリップ2箇所
直径6mm
反対止め
〔※〕グレーチング
〔※〕キャットウォークの拡大図

〔図ー 107〕適正な親綱ワイヤの設置方法など

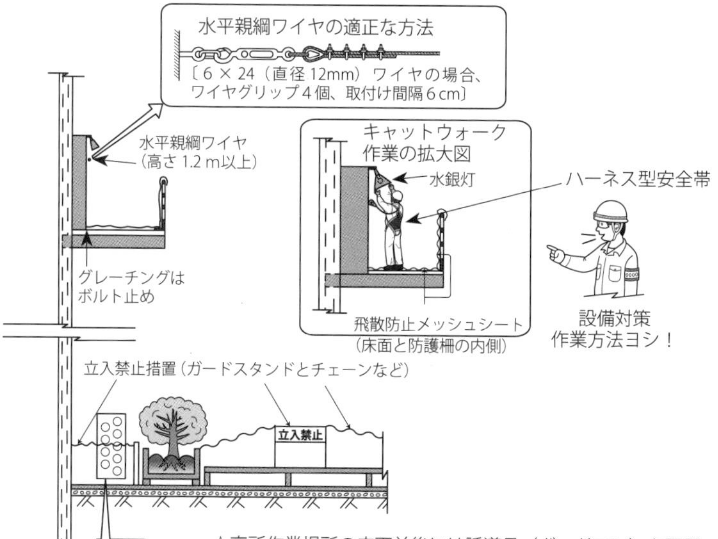
水平親綱ワイヤの適正な方法
〔6×24(直径12mm)ワイヤの場合、
ワイヤグリップ4個、取付け間隔6cm〕
水平親綱ワイヤ
(高さ1.2m以上)
グレーチングは
ボルト止め
キャットウォーク
作業の拡大図
水銀灯
ハーネス型安全帯
飛散防止メッシュシート
(床面と防護柵の内側)
設備対策
作業方法ヨシ!
立入禁止措置(ガードスタンドとチェーンなど)
立入禁止
高所作業中
立入禁止

☆高所作業場所の床面前後には誘導員(ガードマン)を配置

☆点検通路が長い場合は「マンセーフシステム*1」を推奨
＊1:第1章15〔図ー19⑤〕を参照

11 屋上のパラペットに無防護で座るべからず

リスク算定【ＲＬ－Ⅳ】　■不安全な状態　▲不安全な行動

《パラペットと雨水枡の状況》

当事業場の山側は森林と幹線道路は高さ 10 m以上の「落葉樹の高木」が多いので、風雨の直後は雨水枡に落葉が堆積するので、屋上四隅のパラペット内側の雨水枡[＊1]は、定期的に清掃を行う必要がある。

＊1：パラペットとは、建物の屋上に設けた「低い手すり壁」で、雨水枡は四隅の内側にあり、築 40 年以上の建物は、屋上に換気設備の設置などにより、内側に高さ 1 m 程度の防護柵を設置している

《パラペットに座って休憩の危険性と改善（☆）》〔図－108・109〕

3階建事務所の屋上は、多量の落葉で、雨水枡が詰まり雨水が溜まった[＊2]ので、保全担当者Aが1人で4箇所の清掃をすることになり、Aは防護柵の扉を開け、防護柵の外へ出て雨水枡の清掃を行っていた。

4箇所全ての清帰が一段落したので、高さ 40cm のパラペットに座って休憩をしていたとき、向かい風にあおられて「背中から 10 m下の低木の上」に墜落（幸い「低木が衝撃を吸収」したので打撲程度だった）

＊2：防水シートの下に雨水が入ると「天井から雨漏り」となる

【不安全な状態と安全な状態】

（1）水平親綱ロープ（以下、親綱ロープ）を設置しなかった
　☆ ① 親綱ロープにスライド器具を取り付ける

（2）当事業場では、当作業が危険な作業方法との認識がないので、作業手順書などはなく、一人で安易に作業可能と思っていた
　☆ ② 危険な作業方法との認識を持ち「作業手順書を作成」し、墜落防止の具体的な装備を確保し、教育と周知を行う

【不安全な行動と安全な行動】

（3）保護帽と安全帯を着用しなかった
　☆ ③ 保護帽とハーネス型安全帯を着用

（4）防護側の外側で安全帯を使用しなかった
　☆ ④ 防護側の外側では、常時安全帯を使用（安全帯のＤ環をスライド器具に掛けると、防護柵の手すりの安全帯のフックを掛ける）

〔図ー 108〕パラペットに無防備で座って墜落

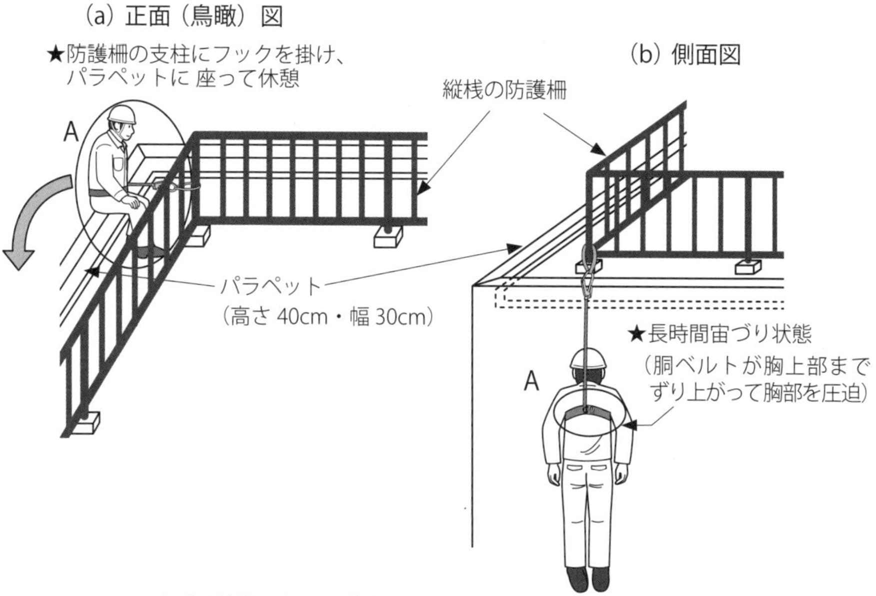
(a) 正面（鳥瞰）図
★防護柵の支柱にフックを掛け、
パラペットに 座って休憩
A
(b) 側面図
縦桟の防護柵
パラペット
（高さ 40cm・幅 30cm）
★長時間宙づり状態
（胴ベルトが胸上部まで
ずり上がって胸部を圧迫）
A

※宙づり状態になると「被災者用つり上げベルト」などがないと救出不可

〔図ー 109〕２重の墜落防止措置（★パラペットに座るは厳禁！）

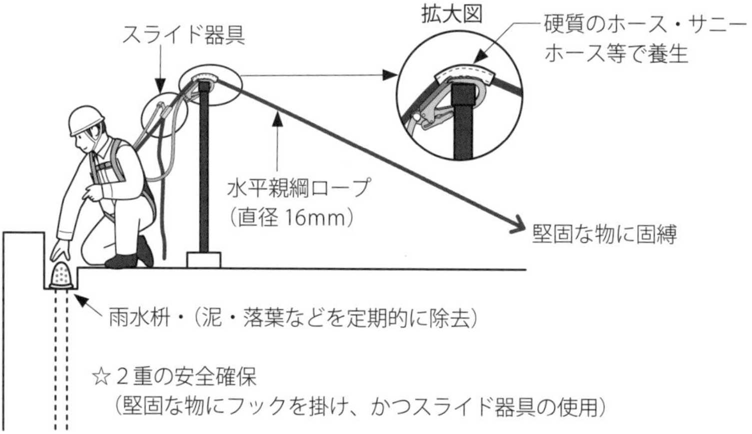
拡大図
硬質のホース・サニー
ホース等で養生
スライド器具
水平親綱ロープ
（直径 16mm）
堅固な物に固縛
雨水枡・（泥・落葉などを定期的に除去）
☆２重の安全確保
（堅固な物にフックを掛け、かつスライド器具の使用）

☆ハーネス型安全帯を着用していれば「宙づり状態」になっても安易に救出が可能

【安全な作業方法】（大断面のメッシュで覆い、柵外に出ない作業方法が最良！）
防護柵内から「工具ホルダー付きマジックハンド」で落ち葉を収集

12 トタン屋根上は無防護で昇降などをするべからず

リスク算定【ＲＬ－Ⅳ】　■不安全な状態　▲不安全な行動

《トタン屋根の倉庫など》

創業から 40 年以上の事業場は、海・河川の近傍にあり、創業時に資機材の屋外倉庫を建設し「定期的にトタンの交換」をしてきた。

《トタン屋根への昇降と屋根上の災害の危険性と改善(☆)》〔図－110・111〕

〔災害１〕作業者Ａは、トタン屋根上に昇るため、固定はしご＊1の下に天板高 169cm（６段）のはしご兼用脚立（以下、兼用脚立）を昇降用に置き、固定はしごに乗り移ろうとしたとき、兼用脚立の上部が転移したので「足元を掬（すく）われて」1.7 m下の床面に墜落。

＊１：床面から 2m 以上に「背もたれのない鋼製固定はしご」

〔災害２〕作業者Ｂは、棟の横を歩いているとき、採光用アクリル板を「踏み抜いて」、４m下の倉庫内の床面に足から墜落

〔災害３〕作業者Ｃは、棟から軒先方向へ歩いているとき、足が滑って 2.9 m下の床面に「滑り台状態で落ち」、背中・頭を強打

【不安全な状態と安全な状態】

（１）兼用脚立の上部を固定しなかった

☆ ①「フック付き階段はしご」のフックを固定はしごの踏桟に掛ける

（２）固定はしごの上部に、安全ブロックを設置しなかった

☆ ② 固定はしごの上部に、安全ブロックを設置

（３）採光用アクリル板は、紫外線により経年劣化していた

☆ ③ アクリル板の下に、踏み抜き防止の「メッシュ網を設置」

（４）棟上の両端支持の水平親綱ワイヤを設置しなかった

☆ ④ 棟上に水平親綱ワイヤ２本を並列に設置し、水平親綱ワイヤに縦親綱ワイヤのフックを掛ける

【不安全な行動と安全な行動】

（５）作業者３人は、全員安全帯を着用しなかった

☆ ⑤トタン屋根作業者は、全員ハーネス型安全帯を着用し、昇降・屋根上移動は、常時安全帯を使用

（６）３人はＬＢマット＊2を持参しなかった

☆ ⑥ 棟上に「ＬＢマット」を敷く

＊２：特殊バネ鋼のメッシュ枠（幅 46cm・長さ 200cm・質量 6.4kg）

〔図－110〕不安全なトタン屋根の状態と行動

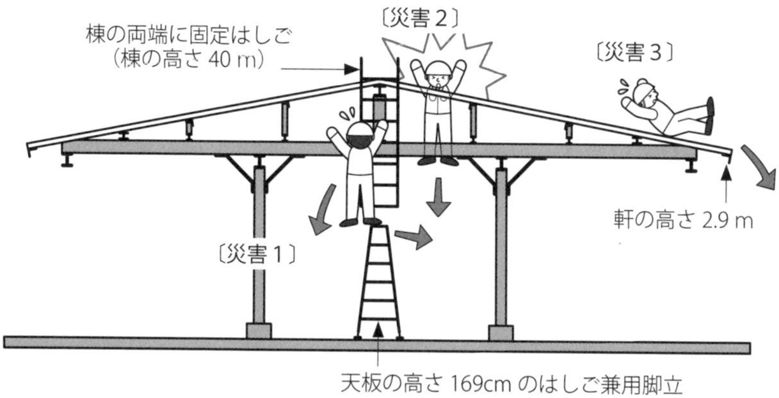

〔図－111〕安全なトタン屋根の状態と行動

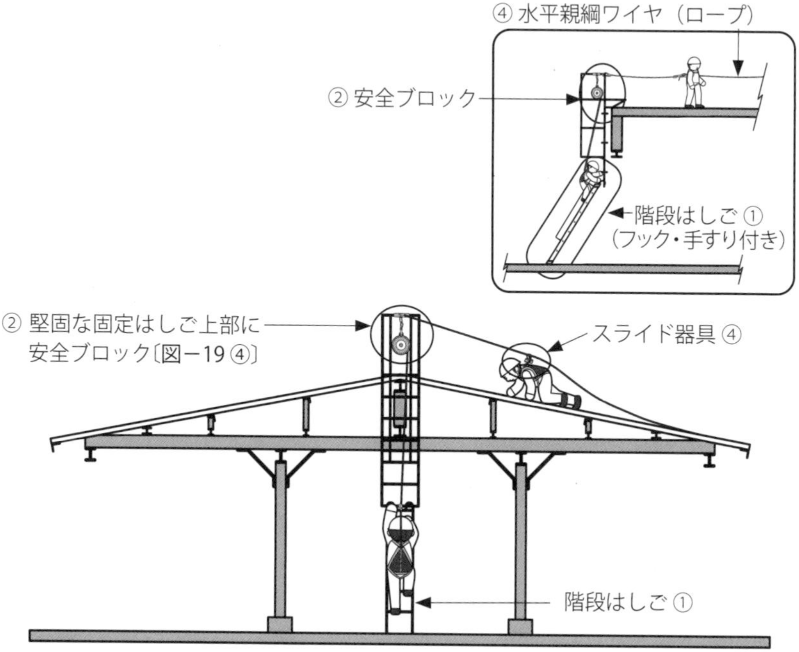

〔屋外倉庫の形状と、抵触する安衛則〕

柱・敷げたなどはH形鋼（200 × 200）、棟高・軒高は4.0 mと2.9 m、両軒先の幅は11 m、奥行き10 m。垂木間隔は60cm、屋根は腐食が多い。

トタン波板で、所々の「採光用アクリル板は経年劣化」していた。これは「安衛則第524条」に抵触する（スレート等の屋根上の危険の防止）

13 スレート波板上は無防護で歩行等をするべからず

リスク算定【ＲＬ－Ⅳ】　■不安全な状態　▲不安全な行動

《石綿スレート波板の倉庫》〔図－ 112〕

当事業場は昭和 38 年創業で、廃品置場にしているスレート波板＊1（以下、波板）屋根の倉庫は、雨漏りが多くなり、大断面の鉄製波板に葺き替えることにした。保全担当者Ａと協力会社の社長Ｂは「波板の劣化調査」のために、長さ８ｍの２連移動はしごを軒に掛けて、安全帯を着用せずに屋根上に昇った。

＊１：「セメントに石綿＊2等を混ぜて作った厚さ数ミリの波形の板」で、比較的安価なので、かつては工場の屋根等に使われていた

＊２：熱・電気の不良導体で、保温・耐火材料として優れているが、石綿の吸引は「中皮腫・肺癌の発生率と深く関連」している

《スレート波板の踏み抜きなどの危険性と改善(☆)》〔図－ 112・113〕

〔災害１〕社長Ａは、波板上で調査をしているとき、経年劣化（昭和末期に葺替え）した波板を踏み抜いて、梱包物の上に墜落

〔災害２〕保全担当者ＢはＡの悲鳴を聞き、緊急事態を事務所にスマホで連絡してから、移動はしごを降りようとしたとき、移動はしごの上部が転移したので、移動はしごから落ちて低木上に墜落

【不安全な状態と安全な状態】

（１）２連移動はしごの上部を固定しなかった

☆①倉庫両端に、くさび緊結式足場（内階段付き）を組み立て、水平親綱ワイヤ２本を並列に設置。かつ、水平親綱ワイヤには縦親綱ロープのフックを掛ける

（２）天井に防網を設置しなかった

☆②天井に防網（安全ネット）を設置

【不安全な行動と安全な行動】

（３）Ａ・Ｂは、安全帯を着用しなかった

☆③屋根作業者は、全員ハーネス型安全帯を着用し、屋根上移動時は、常時安全帯を使用

（４）屋根上に墜落防止の歩み板（ＬＢマット＊3）を持参しなかった

☆④「棟上にＬＢマット」を敷く

＊３：特殊バネ鋼のメッシュ枠（幅 46cm・長さ 200cm・質量 6.4kg）

〔図− 112〕劣化したスレート屋根の状態と行動

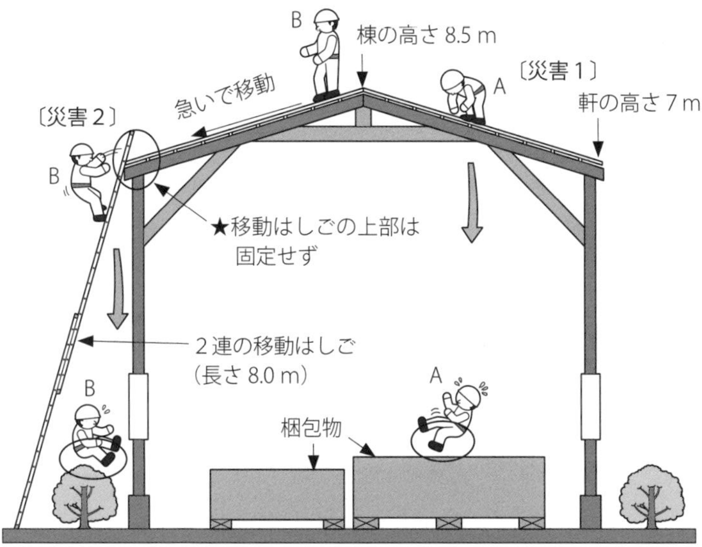
B
棟の高さ 8.5 m
A
〔災害 1〕
軒の高さ 7 m
急いで移動
〔災害 2〕
B
★移動はしごの上部は
固定せず
2 連の移動はしご
（長さ 8.0 m）
B
A
梱包物

〔図− 113〕墜落防護のスレート屋根の状態と行動

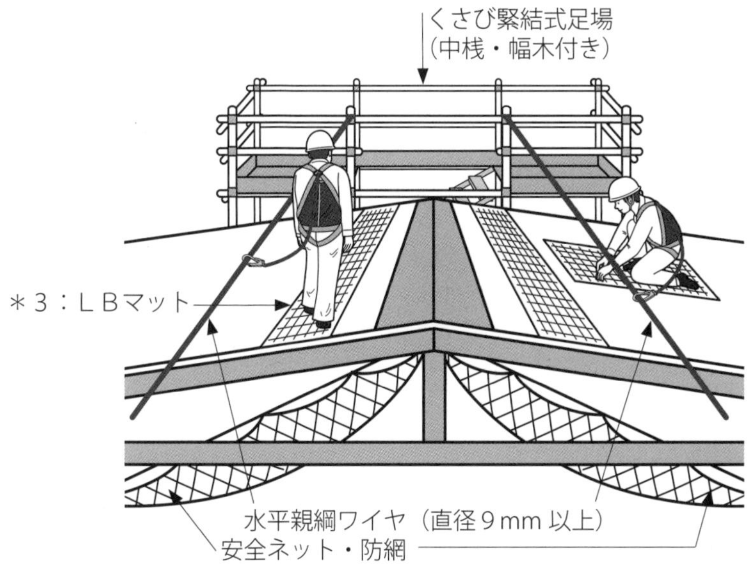
くさび緊結式足場
（中桟・幅木付き）
＊3：ＬＢマット
水平親綱ワイヤ（直径 9 mm 以上）
安全ネット・防網

〔スレート屋根倉庫の形状と、抵触する安衛則〕

鉄骨製で、棟高 8.5 m・軒高 7 m・倉庫幅 10 m・奥行き方向 10 m。「安衛則第 524 条」に抵触（スレート等の屋根上の危険の防止）

14 荷揚げ機に乗って屋根上への昇降するべからず

リスク算定【ＲＬ－Ⅳ】　■不安全な状態　▲不安全な行動

《荷揚げ機について》

荷揚げ機は屋根上工事用の機器である。２連の移動はしご（以下、移動はしご）の脚部に巻揚げ機（winch)、移動はしごの上部に曲がりはしごを付け、移動はしごをレールにして荷台を上下させて、屋根上に「小荷物の揚げ・卸し」を行う。（当機械は人が昇降する昇降設備ではない）

《荷揚げ機の台車で昇降の危険性と改善（☆）》〔図－114・115〕

スレート屋根の補修工事で、軒高６mに資機材の小運搬のため、荷揚げ機[*1]を設置、昇降用は反対側の軒に移動はしごを設置。昼食時、作業者Ａは屋根上から移動はしごで降りたが、作業員Ｂは、荷揚げ機で降りようとして（危険な近道行為）「荷台[*2]に乗った」とき、足が滑って、６m下の路上に墜落して「背中・頭を強打」。また、昇降用の移動はしごは上部を固定していない・安全ブロックも設置していないので、移動はしごの昇降時に墜落の危険性もあった。（検証は、第２章の「６～８」も参考に！）

＊１：揚程９m程度、電源はＡＣ 100 Ｖ単相、最大使用質量 100kg 程度
＊２：75 度程度傾斜し、手すり・幅木はなく、荷台は滑りやすい

【不安全な状態と安全な状態】

（１）荷台に「人乗るな！」の表示がなかった
　☆①荷台に姿図の「人乗るな！」の表示を行い、周知する
（２）移動はしごは不適正な設置方法だった
　☆②(a) 移動はしご上部を固定し、安全ブロックを設置〔図－19④〕
　　(b) 倉庫の両側にくさび緊結式足場（内階段付き）設置を推奨
（３）水平親綱ワイヤがなかった
　☆③水平親綱ワイヤと縦親綱ロープを設置

【不安全な行動と安全な行動】

（４）Ａは荷揚げ機の荷台に乗った（明らかな「用途外使用」）
　☆④【厳禁】「荷台に人が乗る」
（５）作業者は、安全帯を着用していない
　☆⑤ハーネス型安全帯を着用し、屋根上では常時安全帯を使用[*3]
＊３：安全ブロック・スライド器具は、安全帯のＤ環に直接掛ける
〔記〕巻揚げ機の運転は、特別教育修了者（安衛則第 36 条）が行う

〔図ー114〕荷揚げ機の台車に乗って墜落

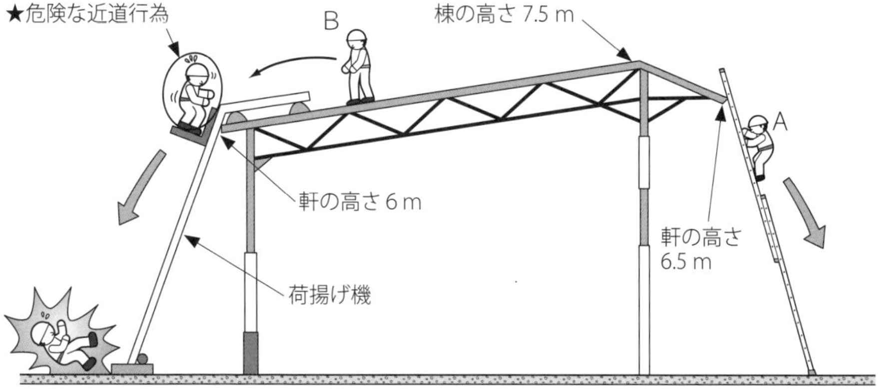

〔不安全な状態と行動〕■ ① 安全な昇降設備がない
■ ② 安全帯取付設備がない
▲ ③ A・Bは安全帯を着用していない

〔図ー 115〕安定な昇降設備と屋根上作業方法

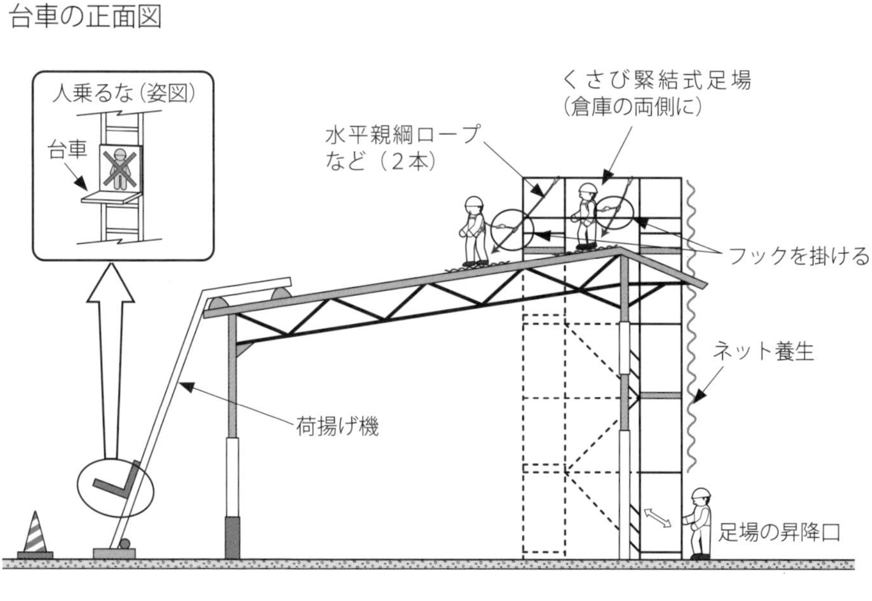

☆水平親綱ロープは 1 スパン 10 m以下とし、2 人作業の場合は 2 本設置

15 無防護の天井裏に無防備で立ち入るべからず

リスク算定【ＲＬ－Ⅳ】　■ 不安全な状態　▲ 不安全な行動

《大多数の天井裏の現状》

近年、スマートフォン・タブレット端末の普及は目覚ましい。事務所棟・工場の廊下の天井裏は、これらのアンテナと消火設備・空調の配管など、複数の諸設備を所狭しと設置（特に、食品製造業、情報通信業、医療・福祉など）。一部の企業と官公庁以外、大多数の天井裏は、設計段階で複数の設備会社の作業者が天井裏に入ることを想定しないで施工し「作業用通路」がないのが現状である。

《天井裏入口と天井裏の踏み抜きの危険性と改善（☆）》〔図－116・117〕

〔災害１〕保全担当者Ａは天井裏点検のため、階段の踊場に高さ 79cm の軽量の踏台を置き、扉を開けて覗こうしたとき踏台が転倒して、階段の手すりの中桟下から擦り抜けて階下に落ち、偶然真下を走行していた手押し台車の積荷の上に墜落。

〔災害２〕保全担当者Ｂ・Ｃは、天井裏の入口に手すり付き階段はしごを設置。Ｂは入口で監視し、Ｃは懐中電燈で足元を照らし、天井板（ボード）つりの軽量鋼材に足を乗せながら奥へ進んでいるとき、うっかりボードに両足を乗せたので、ボードを踏み抜いて４ｍ下の床面に足から墜落。

【不安全な状態と安全な状態】

〔災害１〕

（１）階段の踊り場の天井裏入口に踏台を設置した

☆ ① フック・補助手すり付き階段はしご〔第２章：図－ 62〕を設置、かつ、踊場の手すり下部に高さ 15cm の幅木と高さ 180cm の養生枠等を設置

〔災害２〕

（２）天井裏に作業用通路はなかった

☆ ② 幅 50cm 程度の手すり付き作業用通路を設置

（３）水平親綱ワイヤがなかった

☆ ③ 水平親綱ワイヤを設置（〔図－ 19 ⑤〕のマンセーフを推奨）

【不安全な行動と安全な行動】

〔災害１・２〕

（４）作業者は、ヘッドランプと安全帯を着用しなかった

☆ ④ ヘッドランプ付き保護帽とハーネス型安全帯を着用し、水平親綱ワイヤに安全帯のフックを掛けて歩行

〔図－ 116〕天井裏入口と天井裏の不安全な状態と行動

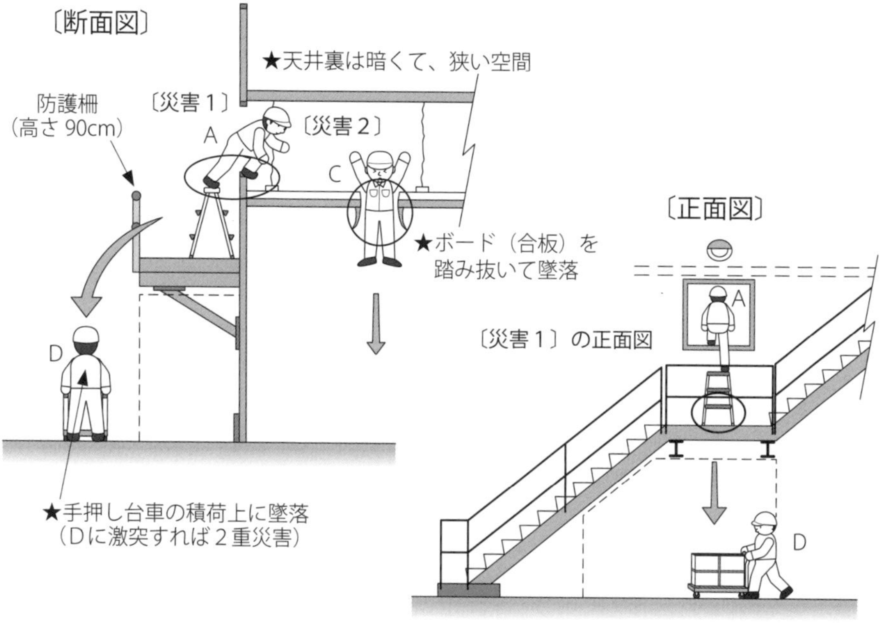
〔断面図〕
★天井裏は暗くて、狭い空間
防護柵
（高さ 90cm）
〔災害１〕
A
〔災害２〕
C
★ボード（合板）を
踏み抜いて墜落
D
★手押し台車の積荷上に墜落
（Dに激突すれば２重災害）
〔正面図〕
A
〔災害１〕の正面図
D

〔図－ 117〕天井裏の安全な状態と行動

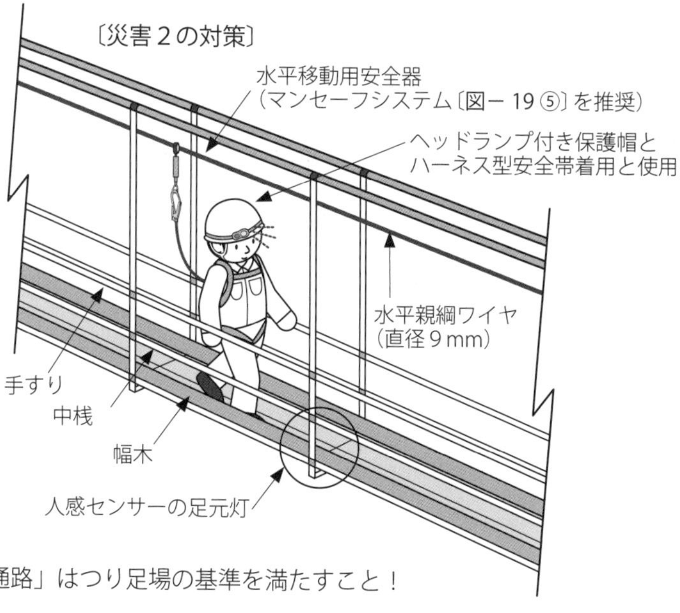
〔災害２の対策〕
水平移動用安全器
（マンセーフシステム〔図－ 19 ⑤〕を推奨）
ヘッドランプ付き保護帽と
ハーネス型安全帯着用と使用
水平親綱ワイヤ
（直径９mm）
手すり
中桟
幅木
人感センサーの足元灯

☆「作業用通路」はつり足場の基準を満たすこと！

16 強い地震での停電を想定せずに作業するべからず

リスク算定【ＲＬ－Ⅳ】　■不安全な状態　▲不安全な行動

《機械設備と防護柵等を設置の経緯》

30年前に設置の機械設備（以下、機械）は高さ3.7 m・横幅3.5 m・奥行き5 mで、機械上部に防護柵はなく、機械側面に、背もたれのない固定はしごを1箇所設置。防護柵設置の経緯は、機械上部での作業頻度が多くなり、重大ヒヤリが多数報告された。このため機械上部にも「安全性・作業性・経済性」の観点から、安全な防護柵等の設置が求められた。

《機械上部で強い地震＊1に遭遇した場合の、墜落の危険性と改善（☆）》〔図－118・119〕

＊1：「震度5強」は「物につかまらないと歩くことが難しく」なる

作業当日、昇降と資機材の荷揚げ用に「2連はしごと荷揚げ機」を左右に設置。機械上部で作業者3人が、防護柵の支柱の取付け「作業中に強い地震」が発生、程無く停電となり地下室の室内は真っ暗になった。2連はしごは転倒、荷揚げ機は傾き、固定はしごの場所も判らず、3人は逃げ場を失った状態になった。余震も続いたので、機械上部の3人はパニックになり、機械上部から3.7 m下の床面に墜落。床面の補助作業者2人はいち早く屋外に退避

【不安全な状態と安全な状態】

（1）「停電は想定外」なので、非常用照明器具は準備しなかった
　☆①携帯用ランタン（ＬＥＤ球）を常備
（2）2連はしごと荷揚げ機の上部を固定しなかった
　☆②2連はしごと荷揚げ機の上部は固定
（3）機械の周囲に安全な足場を設置しなかった
　☆③わく組足場と資機材を置ける昇降式移動足場〔図－24（b）〕を設置
（4）安全帯を取り付ける設備がなかった
　☆④スライド式安全ブロックを取り付け
（5）停電を想定した高所作業の手順書がなかった
　☆⑤停電を想定した「高所作業の手順書」を作成

【不安全な行動と安全な行動】

（6）安全帯・ヘッドランプ付き保護帽を着用しなかった
　☆⑥全員ハーネス型安全帯を着用し、固定はしごの昇降は、安全ブロックのフックに安全帯のＤ環を直接掛ける
（7）作業開始前のＫＹ活動もしなかった
　☆⑦作業開始前のＫＹ活動は必ず行う

〔図－118〕不安全な機械設備上部の状態と行動

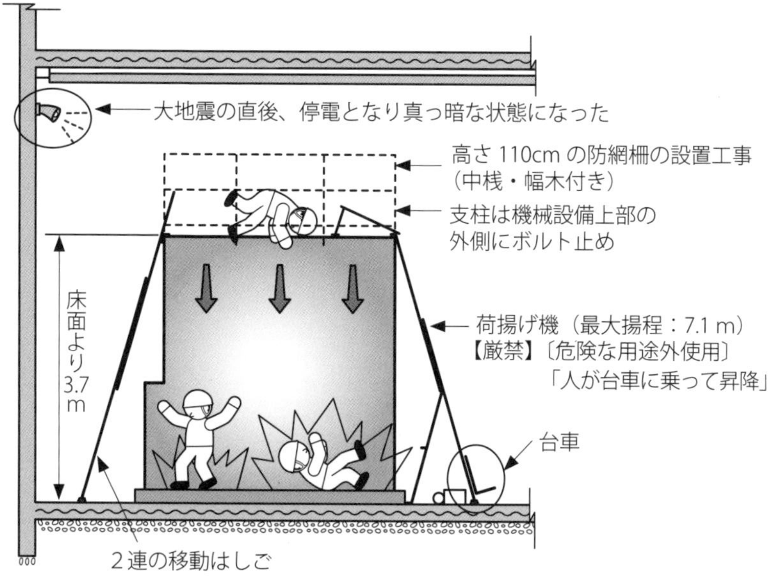
大地震の直後、停電となり真っ暗な状態になった
高さ 110cm の防網柵の設置工事
（中桟・幅木付き）
支柱は機械設備上部の
外側にボルト止め
床面より 3.7 m
荷揚げ機（最大揚程：7.1 m）
【厳禁】〔危険な用途外使用〕
「人が台車に乗って昇降」
台車
2連の移動はしご

〔図－119〕安全な機械設備上部の状態と行動

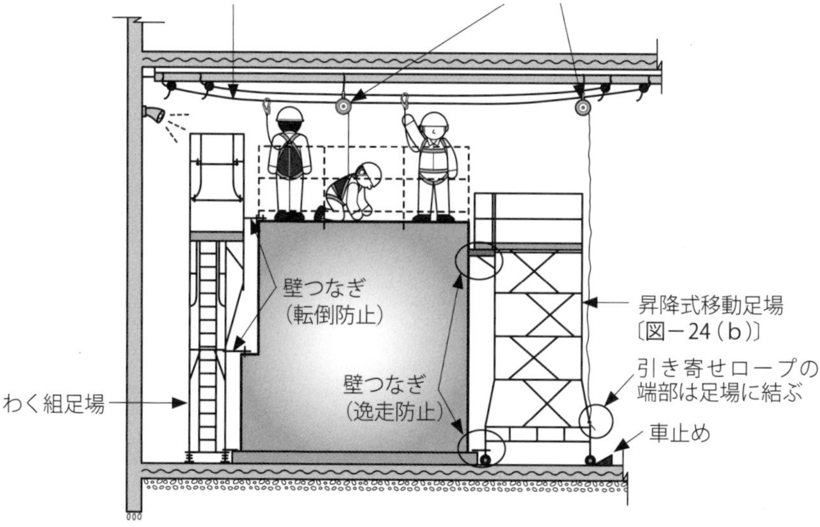
水平親綱ロープを2列に設置
（直径 16mm ナイロン製）
安全ブロック（天井下の梁に掛ける）
（長さ6m）
壁つなぎ
（転倒防止）
壁つなぎ
（逸走防止）
わく組足場
昇降式移動足場
〔図－24（b）〕
引き寄せロープの
端部は足場に結ぶ
車止め

☆ 足場の階段は「階段に向かってハンズフリーで昇降」が基本

17 無防備で屋根上の雪下ろしをするべからず

リスク算定【ＲＬ－Ⅳ】　■不安全な状態　▲不安全な行動

《原料倉庫の状況》

当倉庫は築30年の鉄骨造り〔建築面積165㎡（11 m× 15 m)〕で、屋根は両流れ(こう配は20度)で､大断面の波鉄板。棟高は8.0 m､庇高は5.6 m､屋根上には、自然採光用のドーム状のアクリル製の天窓〔防護のメッシュ枠なし（欧米は堅固なメッシュ枠の設置が多い)〕を4箇所設置してある。

《屋根上に乗り、雪下ろしの危険性と改善（☆)》〔図－120・121〕

〔記〕「雪の名称と重さ」は〔図－121〕の下部に記載。

〔災害1〕職長Aは、庇の側面に掛けた2連の移動はしごを昇り、反対側の庇近傍の降雪状況を見に庇まで来たとき「雪庇（せっぴ)[*1]が崩れ」て降雪した雪の上に落ちて、Aの体は雪の中に埋没し動けなくなった。倉庫内のリーチ運転者が悲鳴を聞き、外に出てAを救出した。

〔災害2〕作業者Bは天窓[*2]に座ったとき、天窓が破損し、倉庫内の梱包物上に墜落。(紙幅の関係で「災害2」は検証を省く)

＊1：「雪庇」は、庇から積雪が突出した雪の吹き溜まり

＊2：製造から10年以上のアクリル製天窓は「紫外線で経年劣化」

【不安全な状態と安全な状態】

（1）庇から「雪庇が迫り出し」、大つらら[*3]が下がっていた

☆①雪庇などは、予め「雪熊手・ドラグショベル」で路上に落とす

（2）水平親綱ワイヤと縦親綱ロープがなかった

☆②軒上に水平親綱ワイヤを設置し、スライド器具付き縦親綱ロープをフック掛け

＊3：「つらら(氷柱)」は、雪などの雫（しずく）が凍って棒状に垂れ下がったもの：約910kg/㎥（水は凍ると10％膨張)

【不安全な行動と安全な行動】

（3）A・Bは、安全帯を着用しなかった

☆③屋根上作業者は、全員ハーネス型安全帯を着用し、縦親綱ロープのスライド器具に、安全帯のD環を直接掛ける

（4）A・Bは、雪下ろし作業を「従来からの経験則」だけで行った

☆④雪下ろし作業の「危険性の知見」を広める

〔図ー 120〕屋根上の雪下ろしの不安全な状態と行動

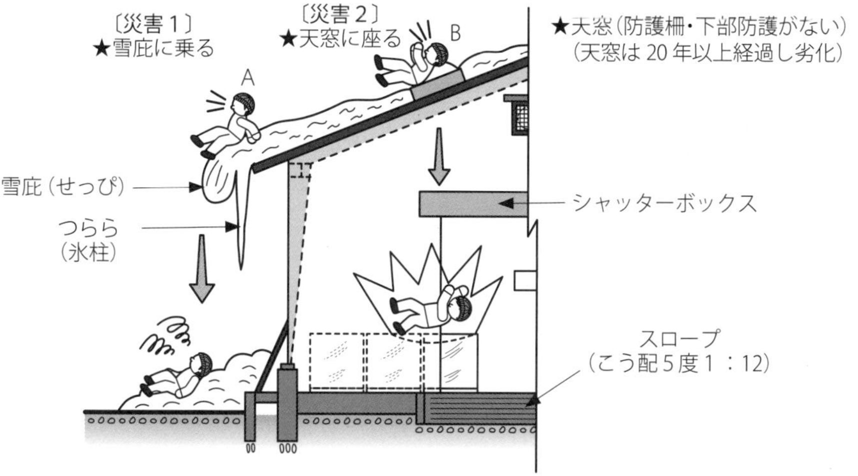
〔災害 1〕
★雪庇に乗る
A
〔災害 2〕
★天窓に座る
B
★天窓（防護柵・下部防護がない）
（天窓は 20 年以上経過し劣化）
雪庇（せっぴ）
つらら
（氷柱）
シャッターボックス
スロープ
（こう配 5 度 1 ：12）

★雪の中に埋没すると、身動きができず、叫んでも声は響かない（笛が良い）

〔図ー 121〕屋根上の雪下ろしの安全な状態と行動

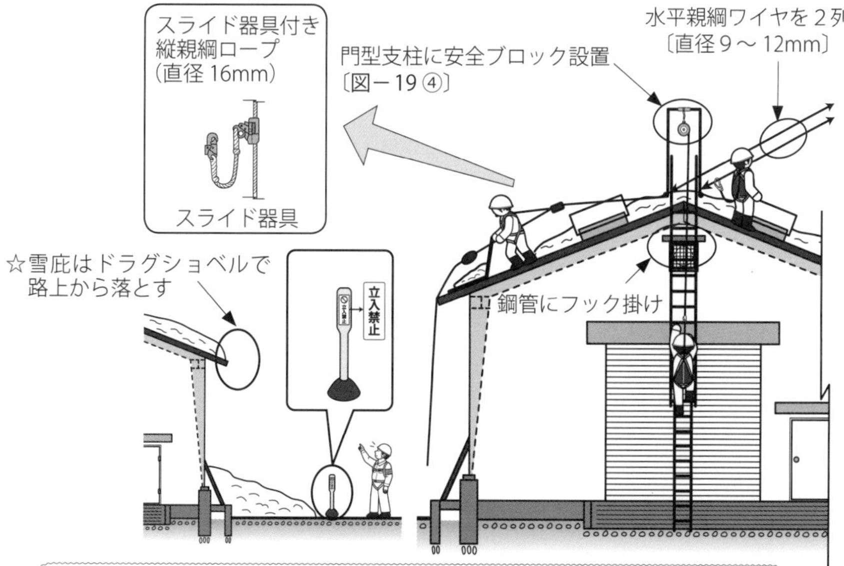
スライド器具付き
縦親綱ロープ
（直径 16mm）
スライド器具
門型支柱に安全ブロック設置
〔図ー19 ④〕
水平親綱ワイヤを 2 列
〔直径 9 ～ 12mm〕
☆雪庇はドラグショベルで
路上から落とす
立入禁止
鋼管にフック掛け

《雪の名称と重さ》 降り積もった雪の分類〔①～④〕

① 新雪(しんせつ)〔 降 っ た ば か り の 雪 〕： 50kg～ 150kg／㎥
② こ 締 ま り 雪 〔降り積もってやや固い雪〕：150kg～ 250kg／㎥
③ 締 ま り 雪 〔雪の重みで固く締まった雪〕：250kg～ 500kg／㎥
④ ざ ら め 雪 〔氷粒のようにざらざら雪〕：300kg～ 500kg／㎥

Column ④「これからの照明はＬＥＤ」

夜間、昼間の事務所・工場・家屋内などでは「照明（illumination）は必需品」である。長年、事務所・家庭などの照明には白熱電球・蛍光灯、工場内には水銀灯を使用してきたが、近年「省エネ・長寿命[*1]」の「発光ダイオード：LED（light emitting diode）[*2]」が登場し、急速に普及している。

＊１：天井が高い場所の照明交換は、危険状態が発生する頻度が激減。短所は費用が高いが「長期間使用は確実にペイ（pay）」する
＊２：一般電球形、蛍光灯型、ボール球型、水銀灯型など各種

《主な場所の照度の推奨値》（JISZ9110より）

① 事務室（細かい視作業）・設計室・玄関・ホール：750lx ～ 1500lx
② 会議室（事務室・役員室）・機械室・制御室：300lx ～ 750lx
③ 休養室、更衣室、倉庫・玄関（車寄せ）・廊下・階段・便所：75lx ～ 150lx
④ 屋内非常階段・倉庫・屋外動力設備：30lx ～ 75lx

マメ知識（出典：広辞苑を要約）

A：「LED・白熱電球・蛍光灯・水銀灯」とは

(a)LEDは、p型とn型の２種類の半導体を張り合わせた電子装置で、電流を流すことにより発光。青色LEDが開発されてから信号機や運動競技場の大型表示板などで広く使用されている

(b) 白熱電球は、真空、または適当な気体を封入したガラス球体に、融解点の高い金属フィラメントを入れ、その白熱を利用。白熱灯

(c) 蛍光灯は、水銀蒸気中の放電によって生ずる紫外線を、ガラス管内面に塗った蛍光体で可視光線にして照明。放電灯の一種

(d) 水銀灯は、水銀蒸気を満たした真空管の放電による、生じる発光を利用。強い紫外線を含む。アーク灯の一種

B：「ルクス・ルーメン」とは

(e) １ルクスは、１ルーメンの光束で１㎡の面を一様に照らした場合の照度。単位は「lx」（ラテン語で光・光明の意）

(f) １ルーメンは、１カンデラの一様な光度の点灯源から単位立体角（steradian）に放射する光束（光の量）。単位は「lm」

〔記〕１㎡に1lx（ルクス）の照度を確保する場合、1lm（ルーメン）の光源が必要

第4章

受水槽(タンク)・開口部・安全帯

東日本大震災(2011. 3.11)以降、全事業場では、飲料水と中水(トイレ・散水など)などの確保のため「受水槽の設置」が急速に増加(特に、郊外と計画停電で懲りた地域の事業場)。

受水槽には、大型受水槽・角形高架水槽・円筒形高架水槽・球形の高架水槽など(タンクも含む)があり、大型受水槽は屋外と地下室設置が多い。

囲い、手すり、覆い等のない開口部から深い床面等に人が落ちると「墜落災害」、物が落ちて作業者に激突すると「飛来・落下災害」になる危険性がある。

【リスクレベル(以下、RL)算定基準】〔リスクポイントは(以下、RP)〕

大多数の受水槽・吹き抜けの開口部・ゴンドラの作業床の設置高さは、２m以上なので「成人男子の頭頂の高さは3.7m以上」。背中から墜落すると「危険状態が発生する頻度は滅多にない：１点・ケガに到る可能性があり、ケガに到る可能性がある：２点」でも「ケガの重篤度は致命傷：10点」となり「ＲＰは13点」となり、「ＲＬはⅣ」なので、安全衛生上重大な問題がある。〔リスク評価基準とＲＬ算定基準」は、第１章の「５」を参考に！〕

〔記〕第４章のリスク算定基準は全テーマ「ＲＬ：Ⅳ」です。

1 大型受水槽は無防備で点検するべからず

リスク算定【ＲＬ－Ⅳ】　■不安全な状態　▲不安全な行動

《大型受水槽の設置状況等》〔図－ 122〕

屋外設置の大型受水槽＊1は、20 年前に高さ 50cm のコンクリート基礎上に 45㎥の水槽（高さ 2.5 m・奥行３m・幅６m、点検口は３箇所で、15㎥毎＊2に隔離）を設置。水槽上部の高さは路面から 3.5 mで、水槽の上部に防護柵はなく、固定はしごの踏桟は細径の鋼棒で、背もたれはなく、上部は 60cm 程度突出し、基礎部の高さ 70cm に踏台はない。

＊１：「FRP（fiber reinforced plastics）製のパネル組立形」で、敷地の広い事業場は屋外に、都会では地下室に設置が多い

＊２：(a) 生活用水（飲料水）(b) 水洗トイレの用水　(c) 冷却や散水用

《大型受水槽点検時の墜落（2 事例）危険性と改善（☆）》〔図－122・123〕

事業場の職員Ａとビルメンテナンス会社の主任Ｂは、受水槽の各点検口を開けて、水槽内の定期点検のため受水槽の上部に昇った。Ｂは受水槽の右端部にある点検口の施錠を外しているとき、足が滑って背中から路面に墜落。Ｂの悲鳴を聞いたＡは事務所に連絡しようとして、固定はしごから降りようとして、踏桟に足を掛けたとき、背もたれがなかったので、Ｂと同様に背中から路面に墜落した。

【不安全な状態と安全な状態】

（１）受水槽の上部に防護柵がなかった

☆ ① 受水槽の外周に防護柵を設置（点検口の周囲だけでも良い）

（２）固定はしごに背もたれがなかった

☆ ② 固定はしごは路面から２m以上に背もたれを設置

（３）受水槽の上部に安全ブロックを設置していなかった

☆ ③ 固定はしごの上部に門形支柱を設置し、安全ブロックを取り付ける（推奨）

【不安全な行動と安全な行動】

（４）ＡとＢは、安全帯を着用しなかった

☆ ④ 受水槽の点検者は、ハーネス型安全帯を着用し、受水槽上の防護柵にフックを掛ける。固定はしごに背もたれが無い場合は、安全帯のフックを掛けながら昇降

〔図ー 122〕不安全な状態の大型受水槽と不安全な行動

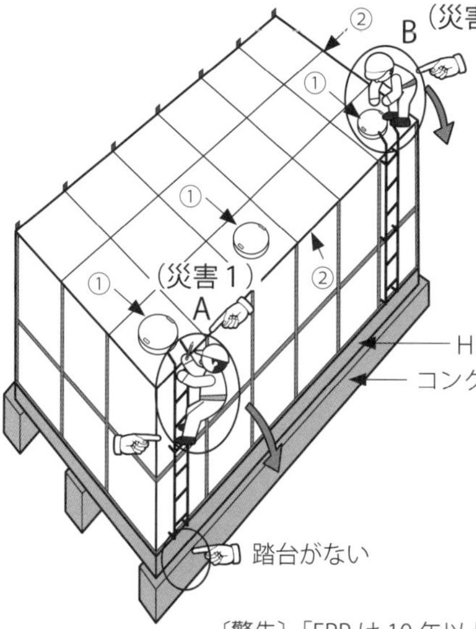

〔不安全な状態〕
★①マンホールは端部に３箇所
②水槽の上部に防護柵がない
③両固定はしごに背もたれがなく、
上部は 30cm 程度の突き出し

〔不安全な行動〕
★④Ａ・Ｂは保護帽・安全帯を着用せず
（高さ 3.5 m程度は高所作業と認識せず）
⑤Ａは右手に工具を持って昇降

〔警告〕「FRP は 10 年以上経過すると紫外線により経年劣化」する

〔図ー 123〕安全な状態の大型受水槽と安全な行動

〔安全な状態〕
☆①全周（奥行２m、幅６m）に防護柵（中桟２段・３面に幅木）
②固定はしごに背もたれ

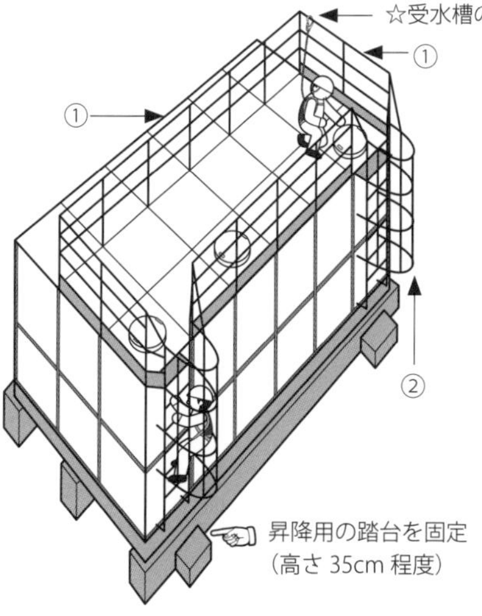

☆受水槽の上部では常時安全帯を使用
①
①
②
昇降用の踏台を固定
（高さ 35cm 程度）

☆堅固な防護柵があれば、安全帯を掛けられる

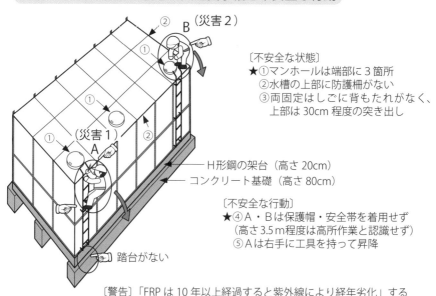

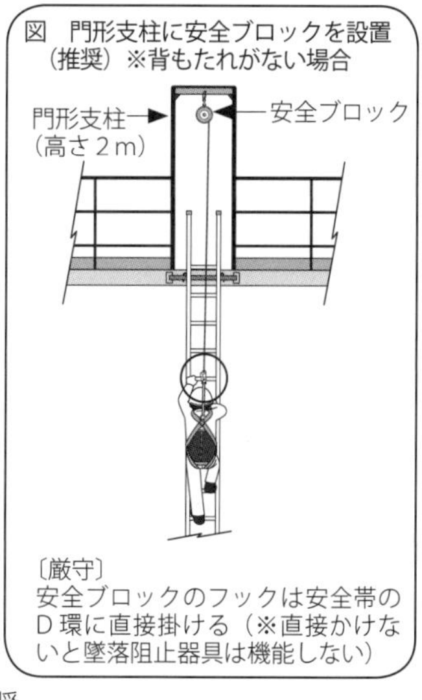

図　門形支柱に安全ブロックを設置
（推奨）※背もたれがない場合
門形支柱
（高さ２m）
安全ブロック
〔厳守〕
安全ブロックのフックは安全帯の
Ｄ環に直接掛ける（※直接かけな
いと墜落阻止器具は機能しない）

〔注意〕ＦＲＰメーカーは「紫外線防止塗装」を推奨

2 角形高架水槽は無防護・無防備で点検するべからず

リスク算定【ＲＬ－Ⅳ】　■不安全な状態　▲不安全な行動

屋上に設置する高架水槽＊1は、飲料水・消火水を一時的に貯留するための水槽で、停電になっても「自然流下で飲料水・消火水の供給」が可能。

なお、ビルメンメンテナンス会社（以下、ビルメン会社）では、飲料水水槽の「清掃は１回／年、点検は１回／月」行っている。

＊１：「東日本大震災」以降、高架水槽の設置が増加している

《塔屋上の高架水槽の設備環境》〔図－124〕

(a) 高さ2.5ｍの8㎥高架水槽は、屋上の端部にある高さ3ｍ塔屋上に設置
(b) 屋上と塔屋上のパラペットは高さ 40cm 程度
(c) 塔屋の扉は内扉で、塔屋外壁とパラペット内側の通路は60cm程度と狭い
(d) 塔屋と高架水槽の固定はしごは、背もたれが無く、車道側に設置

《塔屋上の高架水槽の点検時の墜落の危険性と改善（☆）》〔図－124・125〕

ビルメン会社の社員Ａ・Ｂは、ビル屋上にある塔屋に入り、内扉を開けて屋上に出た。霧で危険な状態と思わなかったので、２人は安全帯を車中に置き忘れて着用しないで、Ａが先行して高架水槽まで昇った。Ｂはスマホを右手に持ち、塔屋の固定はしごを昇り始め、途中まで昇ったとき、踏桟が濡れていたので、手・足が滑って、パラペット上に落ちて宙返りになり、18ｍ下の車道まで墜落。

【不安全な状態と安全な状態】

（１）高架水槽の固定はしごは塔屋の車道側に設置してあった
　☆①両固定はしごは、広い屋上側に設置
（2）両固定はしごは背もたれがなかった
　☆②両固定はしごには背もたれを設置
（3）高架水槽上に安全ブロックを設置しなかった
　☆③高架水槽の上部に安全ブロック＊2を取り付ける
＊２：固定はしごに背もたれがない場合、安全ブロックの設置と使用は必要

【不安全な行動と安全な行動】

（４）Ａ・Ｂは、安全帯を着用しなかった
　☆④高架水槽の点検者は、ハーネス型安全帯を着用し、安全ブロックのフックは、安全帯のＤ環に直接掛ける

〔図－124〕不安全な状態の高架水槽と不安全な行動

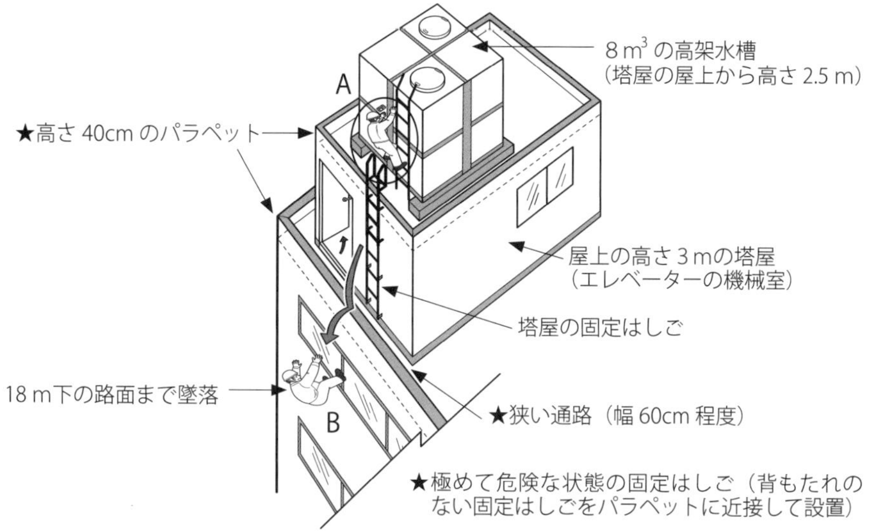
8 m³ の高架水槽
（塔屋の屋上から高さ 2.5 m）
A
★高さ 40cm のパラペット
屋上の高さ 3 mの塔屋
（エレベーターの機械室）
塔屋の固定はしご
18 m下の路面まで墜落
B
★狭い通路（幅 60cm 程度）
★極めて危険な状態の固定はしご（背もたれのない固定はしごをパラペットに近接して設置）

〔図－125〕安全な状態の高架水槽と安全な行動

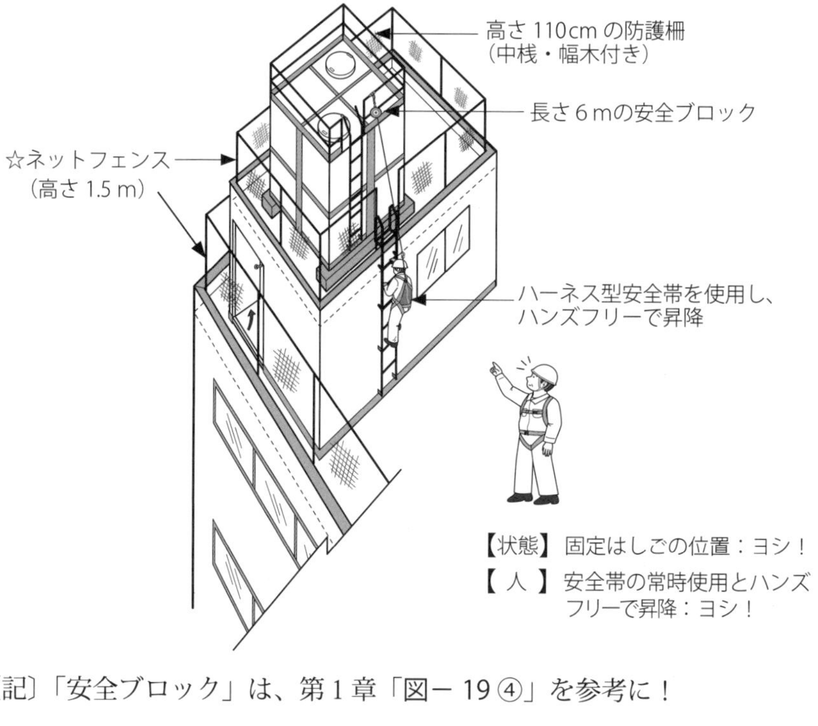
高さ 110cm の防護柵
（中桟・幅木付き）
長さ 6 mの安全ブロック
☆ネットフェンス
（高さ 1.5 m）
ハーネス型安全帯を使用し、
ハンズフリーで昇降
【状態】固定はしごの位置：ヨシ！
【 人 】安全帯の常時使用とハンズフリーで昇降：ヨシ！

〔記〕「安全ブロック」は、第１章「図－19④」を参考に！

第4章

3 円筒形高架水槽は無防護・無防備で点検するべからず

リスク算定【ＲＬ－Ⅳ】　■不安全な状態　▲不安全な行動

《構台上の円筒形高架水槽の設置状況》〔図－126〕

６階建て事務棟の屋上は、塔屋がないので屋上にＨ鋼２本を敷き「高さ３ｍの構台＊1」上に、ＦＲＰ製の「５㎥円筒形高架水槽＊2」を設置。危険な状況は図の通り、構台と高架水槽（以下、水槽）の固定はしごは直線でなく、かつ、背もたれがない。

《構台上の高架水槽の点検時に２重災害の危険性と改善(☆)》〔図－126・127〕

事務棟の水槽は、半年に１回の頻度で休日の土曜日に清掃会社が水槽内の清掃を行っている。金曜日の夜中に水槽内の水を排水し、土曜日に職長Ａと社員Ｂ（新入社員）の２人で清掃を行うことになり、Ａは水槽上に昇って点検口を開錠し、酸素濃度18％以上の確認をした。

〔災害発生〕狭い構台上に清掃用具を仮置きしてから、Ａは構台上で待機し、Ｂは若いので点検口から深さ２ｍの水槽の中に飛び降りた。

飛び降りた時、足が滑って「足首をひねり」動けなくなった。ＡはＢの 叫びで、状況を見るために水槽の上に昇ったが「救助の方法」を全く知らないので、応援を求めるために慌てて降りたとき、Ａは水槽の固定はしごを踏み外して、４ｍ下の屋上に墜落し頭を強打した。

【不安全な状態と安全な状態】

（１）水槽内に、移動はしごを設置しなかった
　☆①水槽内に、全長2.4ｍ程度の２連はしごなどを設置
（２）上下の固定はしごに、背もたれがなかった
　☆②上下の固定はしごは直線とし、背もたれを設置
（３）水槽と構台の上部に防護柵がなかった
　☆③両上部に防護柵を設置
（４）高架水槽の上部に安全ブロックを設置しなかった
　☆④水槽の上部に安全ブロック＊3を取り付ける
＊３：固定はしごに背もたれがない場合、安全ブロックは必要

【不安全な行動と安全な行動】

（５）Ａ・Ｂは、安全帯を着用しなかった
　☆⑤点検者は、ハーネス型安全帯を着用し、安全ブロックのフックは、安全帯のＤ環に直接掛ける

〔図ー 126〕不安全な状態の円筒形高架水槽と不安全な行動

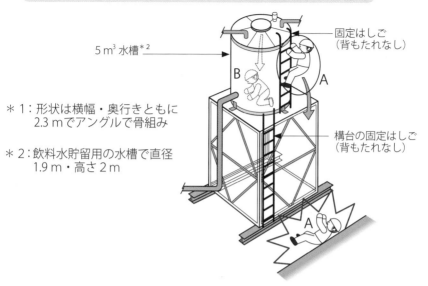

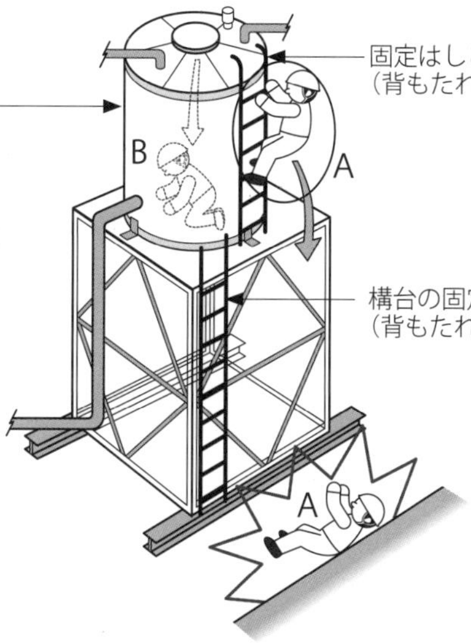

＊ 1：形状は横幅・奥行きともに
2.3 m でアングルで骨組み

＊ 2：飲料水貯留用の水槽で直径
1.9 m・高さ 2 m

★構台は建物の端部設置が多い

〔図ー 127〕安全な状態の円筒形高架水槽と安全な行動

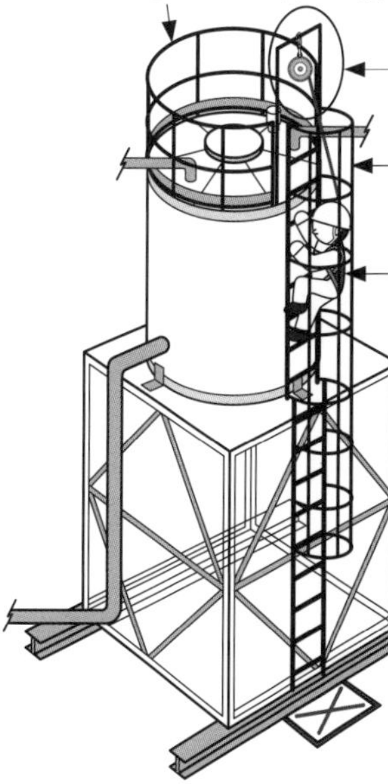

マメ知識

【人力による荷揚げと人命救助の方法】
ロープ比率の２事例

1：1 比率（逆Ｖ型）　2：1 比率（Ｖ型）

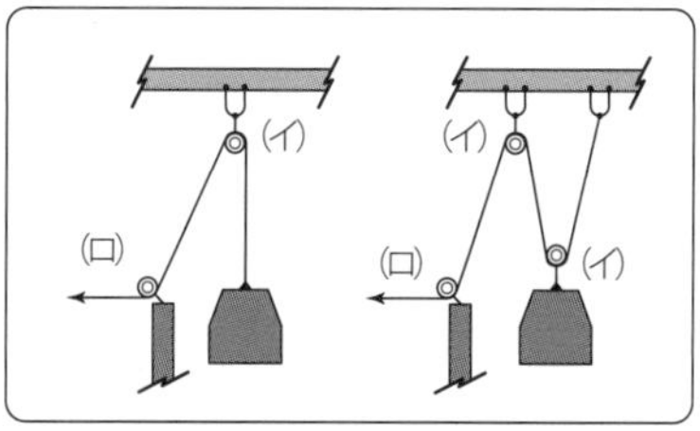

（イ）救助用プーリーは強度15ｋＮ以上

（ロ）アッセンダーは、歯の付いたカムの働きで、逆方向はグリップ

【注】ロープは直接 9 mm（19kN）〜 11mm（30kN）のクライミングロープを使い、連結具は強度 22kN以上のカラビナを使用

〔警告〕荷のつり上げ用滑車は使用荷重 3 kN以下なので、救助には不適

〔記〕ハーネス型安全帯を着用していれば「簡単に救助が可能」

4 球形の高架水槽は無防護・無防備で点検するべからず

リスク算定【ＲＬ－Ⅳ】　■不安全な状態　▲不安全な行動

《球形の高架水槽設置の経緯》〔図－128〕

当工場は大規模工業団地内にあるので、屋外にある大型受水槽＊1から飲料水を受水していたが、東日本大震災の「電源喪失計画停電」で懲りたので、２年後、事務所棟（高さ10ｍの３階建）の屋上に、高さ６ｍの構台を設置＊2し、その上に飲料水用＊3の、ＦＲＰ製の「５m^3球形(直径2.2ｍ)」の高架水槽を設置。

＊１：「飲料水用・水洗トイレ用・冷却と散水用」の３分割

＊２：構台・水槽の上部に、防護柵はない

＊３：飲料水用は、手・顔や体を洗うことを考え「1人20ℓ／日」と試算し、80人の３日分は4,800ℓ（約5m^3）

《球形の高架水槽の昇降時の墜落の危険性と改善(☆)》〔図－128・129〕

清掃日の前夜に水槽内の水を排水し、ビルメン会社の職長Ａは事務所で、排水済の確認を行い、作業員Ｂと共に事務所棟の屋上に昇った。

Ａは構台から水槽の固定はしごに乗り移り、点検口を開錠しようとしたとき、鋼棒の踏桟は不安定だったので、足を踏み外して８ｍ下の屋上に墜落し、背中と頭を強打した。

【不安全な状態と安全な状態】

（１）水槽の固定はしご最上部の踏桟は、細径の鋼棒だった

☆①最上部の踏桟は、奥行き20cm程度の踏桟とする

（２）水槽上部に防護柵がなかった

☆②水槽上部に防護柵を設置

（３）水槽・構台の固定はしごに背もたれがなかった

☆③両固定はしごに背もたれを設置

（４）水槽の上部に安全ブロックを設置しなかった

☆④水槽の上部に安全ブロック＊4を取り付ける

【不安全な行動と安全な行動】

（５）Ａ・Ｂは、安全帯を着用しなかった

☆⑤点検者は、ハーネス型安全帯を着用し、安全ブロックのフックは、安全帯のＤ環に直接掛ける

＊４：固定はしごに背もたれがない場合、安全ブロックは必要

〔図－128〕不安全な状態の球形高架水槽と不安全な行動

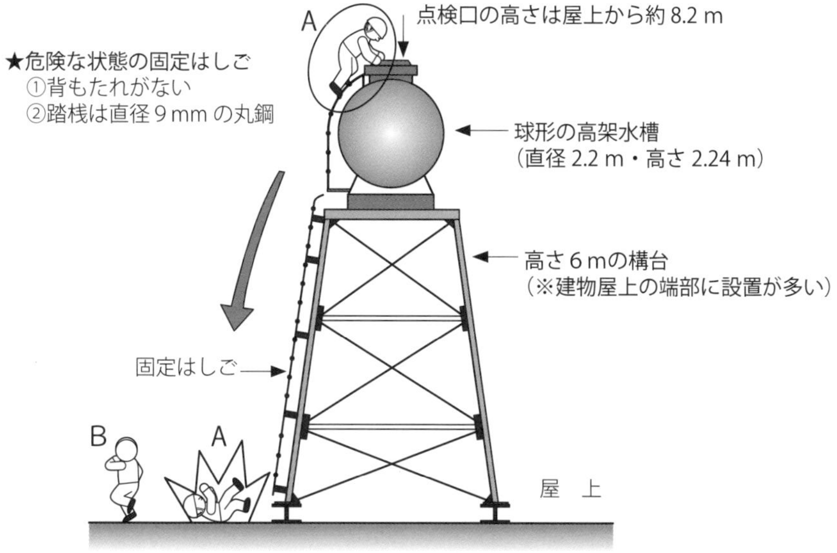
A
点検口の高さは屋上から約 8.2 m
★危険な状態の固定はしご
①背もたれがない
②踏桟は直径 9 mm の丸鋼
球形の高架水槽
（直径 2.2 m・高さ 2.24 m）
高さ 6 mの構台
（※建物屋上の端部に設置が多い）
固定はしご
B
A
屋　上

★固定はしごがパラペットに近接していると「作業者が路上に墜落」する危険性もある

〔図－129〕安全な状態の球形高架水槽と安全な行動

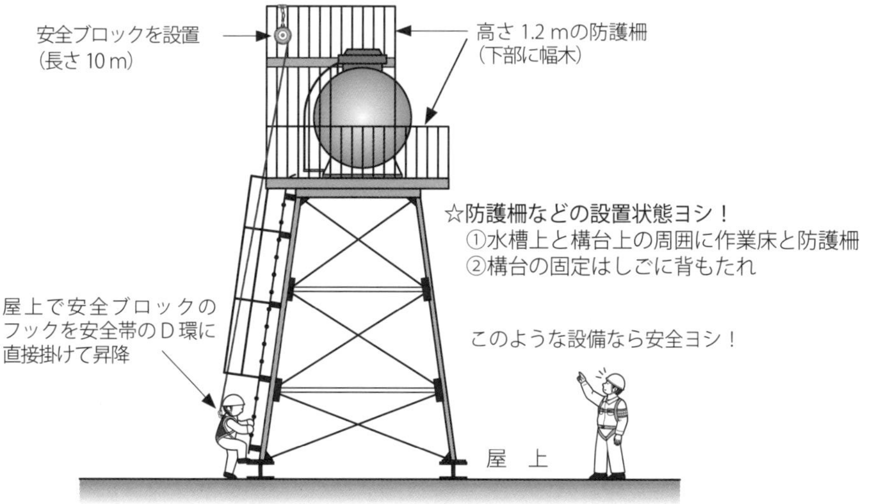
安全ブロックを設置
（長さ 10 m）
高さ 1.2 mの防護柵
（下部に幅木）
☆防護柵などの設置状態ヨシ！
①水槽上と構台上の周囲に作業床と防護柵
②構台の固定はしごに背もたれ
屋上で安全ブロックの
フックを安全帯のＤ環に
直接掛けて昇降
このような設備なら安全ヨシ！
屋　上

【警告】高架水槽の清掃と点検は「危険性が極めて高い作業」なので「ビルメン会社任せ」にせず、複数の防護設備対策を講じること

5 タンク内の清掃を無防備でするべからず

リスク算定【ＲＬ－Ⅳ】　■不安全な状態　▲不安全な行動

小生が行う安全指導で、事業場に複数の円筒形タンクがある場合、担当者に「あのタンク内で、作業者が倒れたらどうしますか？」と尋ねると「清掃会社に任せている」、または「沈黙して答えない！」の何れかが多い。特に「酸欠は、如何に早く救出！」が必要なので、人任せでは困るのでは！

《屋外貯水タンク内の入室中に墜落の危険性と改善（☆）》〔図－130・131〕

30年前に製作の鋼製10㎥円筒形貯水槽（直径1.9ｍ・深さ4ｍ）は、数年間使用中止していたが、再利用となり、塗装会社に内面清掃と塗装を依頼。点検口は作業開始直前に開け、タンク上部の酸素濃度は19％だったので、職長Ａは「換気の必要なし」と判断し、点検口に「ロープ式はしご（以下、はしご）を掛けて」入った。

はしごの途中で、腕・足に力が入らなくなり、タンク底に墜落。作業者Ｂは、事務所に緊急連絡を行い、消防署を通じてレスキュー隊の出動となった。ボンベ着用の救急隊員は狭い点検口からは入れない（タンク内の中間と下部の酸素濃度は12％だった）ので、タンク下部をガス切断し被災者を救出。

【不安全な状態と安全な状態】

（１）タンク内への入室前に全体換気をしなかった
　☆①作業中も、常時タンク底に送気、上部から排気
（２）タンクの周囲に足場を組み立てなかった
　☆②周囲に堅固な足場を組み立てる＊1・＊2
（３）安全ブロックを設置しなかった
　☆③タンク上部に安全ブロックを取り付ける
（４）人命救助の用具は何もなかった
　☆④人命救助用具を備え、ダミーで訓練
　＊１：足場に、つり上げ荷重160kgのポータブルクレーン＊2を設置
　＊２：タンク内廃棄物除去だけでなく「緊急時は人命救助」が可能

【不安全な行動と安全な行動】

（５）Ａ・Ｂは、安全帯を着用しなかった
　☆⑤作業者は、ハーネス型安全帯を着用し、安全ブロックのフックは安全帯のＤ環に直接掛ける
（６）作業開始前の危険予知（ＫＹ）活動を実施しなかった
　☆⑥ＫＹ活動を行い事務所に報告

〔図－130〕不安全な状態のタンク内の清掃と不安全な行動

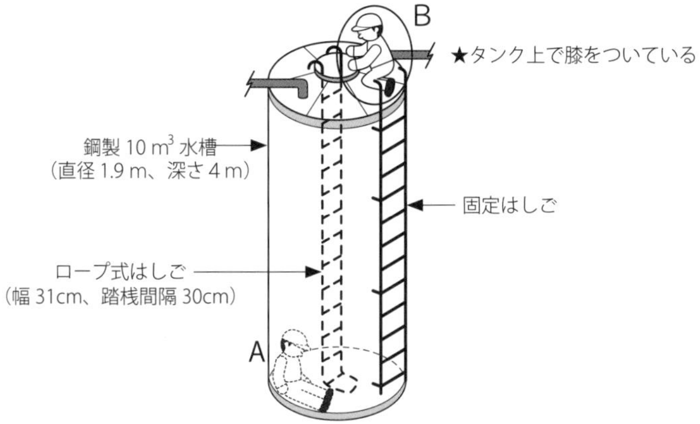
B
★タンク上で膝をついている
鋼製 10 m³ 水槽
（直径 1.9 m、深さ 4 m）
固定はしご
ロープ式はしご
（幅 31cm、踏桟間隔 30cm）
A

〔危険〕安全帯を着用しないで、命綱を使用せずタンク内に入る（タンク内は密室の空間）

〔図－131〕安全な状態のタンク内の清掃と安全な行動

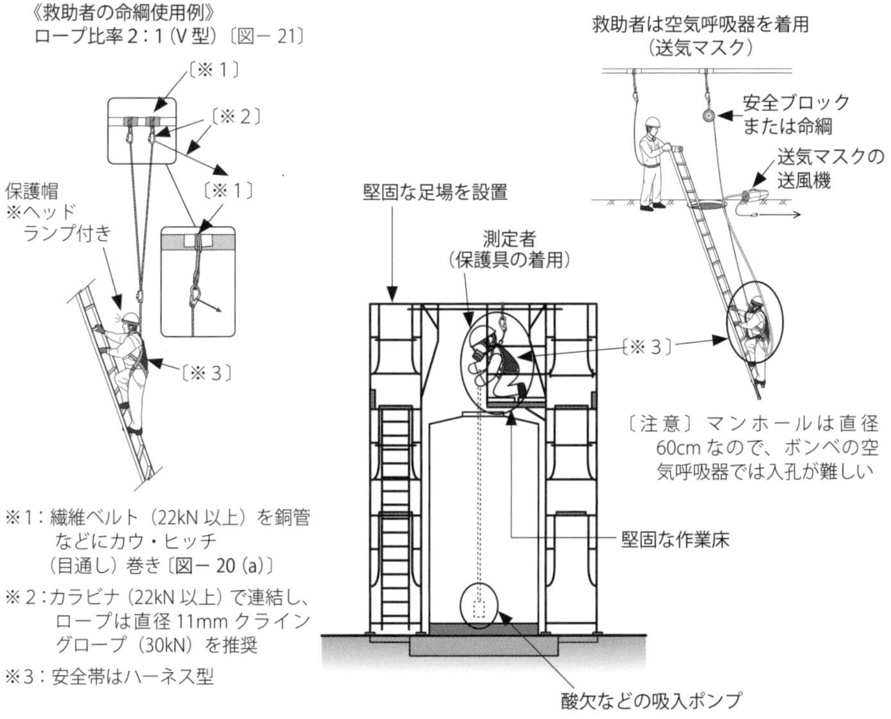
《救助者の命綱使用例》
ロープ比率 2：1（V 型）〔図－ 21〕
〔※ 1〕
〔※ 2〕
〔※ 1〕
保護帽
※ヘッド
ランプ付き
〔※ 3〕
※1：繊維ベルト（22kN 以上）を鋼管などにカウ・ヒッチ（目通し）巻き〔図－ 20 (a)〕
※2：カラビナ（22kN 以上）で連結し、ロープは直径 11mm クライングロープ（30kN）を推奨
※3：安全帯はハーネス型
堅固な足場を設置
測定者
（保護具の着用）
救助者は空気呼吸器を着用
（送気マスク）
安全ブロック
または命綱
送気マスクの
送風機
〔※ 3〕
〔注意〕マンホールは直径 60cm なので、ボンベの空気呼吸器では入孔が難しい
堅固な作業床
酸欠などの吸入ポンプ

【警告】タンクの清掃と塗装は「危険性が極めて高い」ので「清掃会社任せ」にせず「リスクアセスメントを行い、設備対策を優先」させる

6 開口部の手すりから身を乗り出すべからず

リスク算定【ＲＬ－Ⅳ】　■ 不安全な状態　▲ 不安全な行動

《不適正な開口部の危険性》（開口部は危険な落とし穴）

不安全な状態の開口部で、人が作業床から落ちると「墜落災害」、物が落ちると「飛来・落下災害」、事業場内の通路上に物が落ちて、通行者[＊1]に当たると「激突災害」となり、複数の事故の型となる。

＊１：お客様・見学者だと「信用を無くす（all or nothing）」

《床面開口部の手すりから身を乗り出して墜落の危険性と改善（☆）》〔図－132・133〕

作業者Ａ[＊2]（身長 180cm）は、作業者Ｂが操作するテルハ[＊3]で、開口部の手すり（高さ 90cm）から身を乗り出して[＊2]、階下からつり上げた荷を触ったとき、荷振れしたので宙返りになって階下に墜落。

＊２：Ａの重心高は、約 100cm〔180cm × 0.54 ＋３cm（踵高）〕なので「手すりに身を委ねると体は回転」（鉄棒の回転と同じ）。なお、身長 171cm の人は、重心高約 95cm（第１章「11」）を参考に！〕

＊３：「500kg 以下のテルハと玉掛け」は、特別教育修了者を推奨

【不安全な状態と安全な状態】

（１）手すりが体の重心より低かった

☆ ① 開口部の手すりは、防護柵として考え、高さ 110cm 以上とし、中桟・幅木（高さ 15cm 以上）を設置

（２）安全帯取付設備がなかった

☆ ② 安全ブロック、または、安全帯のフック掛け支柱を設置

（３）開口部周辺と階下が暗かった

☆ ③ 150 ルクス以上を確保

（４）つり荷に介添えロープを取付けなかった

☆ ④ つり荷には介添えロープを付ける（つり荷の荷振れ防止）

（５）開口部周辺の注意喚起の表示がなかった

☆ ⑤「開口部注意」の表示を行う

【不安全な行動と安全な行動】

（６）Ａは保護帽・安全帯を使用しないで、手すりから身を乗り出した

☆ ⑥ 保護帽・ハーネス型安全帯を着用し、安全帯のＤ環に安全ブロックのフック、またはフック掛け支柱の安全帯のフックを掛けて作業

（７）作業開始前に危険予知（ＫＹ）活動を実施しなかった

☆ ⑦ 現場で作業開始前にＫＹ活動を行い、事務所に報告し保管

〔図－132〕不安全な手すりと、不安全な玉掛け方法

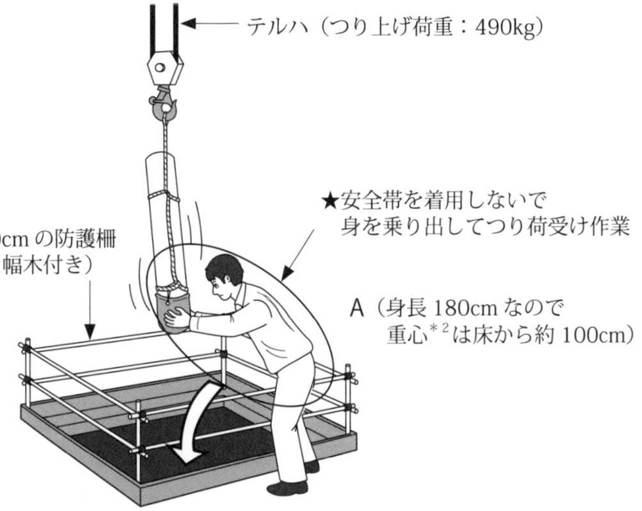
テルハ（つり上げ荷重：490kg）
★安全帯を着用しないで
身を乗り出してつり荷受け作業
★高さ 90cm の防護柵
（中桟・幅木付き）
A（身長 180cm なので
重心＊2は床から約 100cm）

〔図－133〕適正な防護柵と、安全な玉掛けの方法

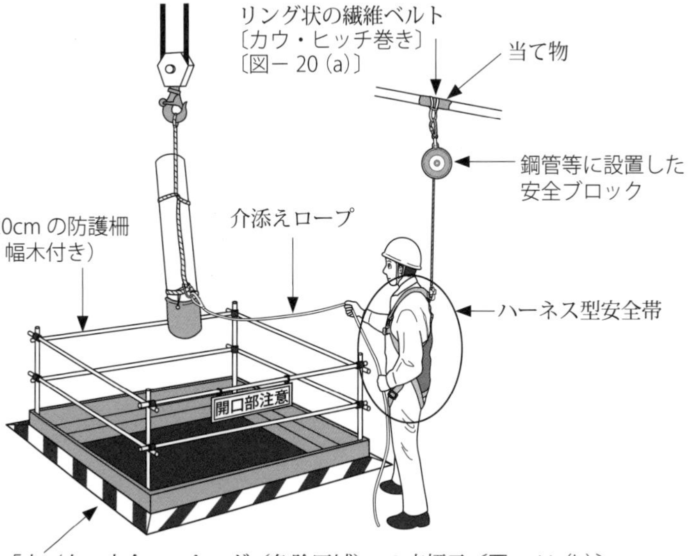
リング状の繊維ベルト
〔カウ・ヒッチ巻き〕
〔図－20（a）〕
当て物
鋼管等に設置した
安全ブロック
介添えロープ
☆高さ 120cm の防護柵
（中桟・幅木付き）
ハーネス型安全帯
開口部注意
「赤／白の安全マーキング（危険区域）」の床標示〔図－11（b）〕

〔記〕本書では第１章「11」に説明の通り「手すり（hand rail）と柵（fence:防護柵）の違い」を明確に分けている

7 リーチのパレットに乗って荷受けをするべからず

リスク算定【ＲＬ－Ⅳ】　■ 不安全な状態　▲ 不安全な行動

《作業構台への荷揚げの状況》〔図－134〕

物流会社の倉庫内にある高さ 3.3 mの作業構台上への荷取り作業。リーチフォークリフト（以下、リーチ）の運転者Ａは、一人[＊1]で収納箱[＊2]を床面でパレットに手積みして、搬入口の高さまでリフトしてから、固定はしごを昇り、パレットに乗って荷受け作業をした。

＊１：いつもは二人作業だったが、同僚は急用で休暇
＊２：質量 30kg 程度で、両手で抱えられる程度のダンボール箱

《パレット上で荷受け作業中に墜落の危険性と改善（☆）》〔図－134・135〕

リーチ運転者Ａは、パレット上の収納箱を、パレットに乗ってマスト側の収納箱を取ろうとしてパレット上に乗ったとき、軽量になったパレットが傾き、３ｍ下の床面に墜落。

【不安全な状態と安全な状態】

（１）搬入口の真下にパレット荷があった
☆ ① 搬入口真下は「物置き禁止×印」を表示し周知
（２）事業場では、作業構台の上部に安全ブロックを設置しなかった
☆ ②〔図－135〕の通り「スライド式の安全ブロック」を設置（固定はしごの昇降と構台の路肩作業の両方で使用が可能）
（３）搬入口の路肩に「路肩危険」の床表示がなかった
☆ ③ 安全マーキングで「路肩危険」床表示[＊3]を行う
＊３：第１章「10」の〔図－12〕を推奨

【不安全な行動と安全な行動】

（４）リーチの脚部を作業構台下に入れなかった
☆ ④ 搬入口真下のパレット荷は移動し、リーチの脚部を搬入口真下に入れ込む
（５）保護帽・安全帯を着用しなかった
☆ ⑤ 保護帽・ハーネス型安全帯を着用し、安全帯のＤ環に安全ブロックのフックを掛けて作業
（６）職長とリーチ運転者の二人で、ＫＹ活動を実施しなかった
☆ ⑥ 現場でＫＹ活動[＊4]を行う
＊４：「一人作業」では、職長との「２人ＫＹ活動」が必要

〔図－134〕危険な状態での荷取り作業

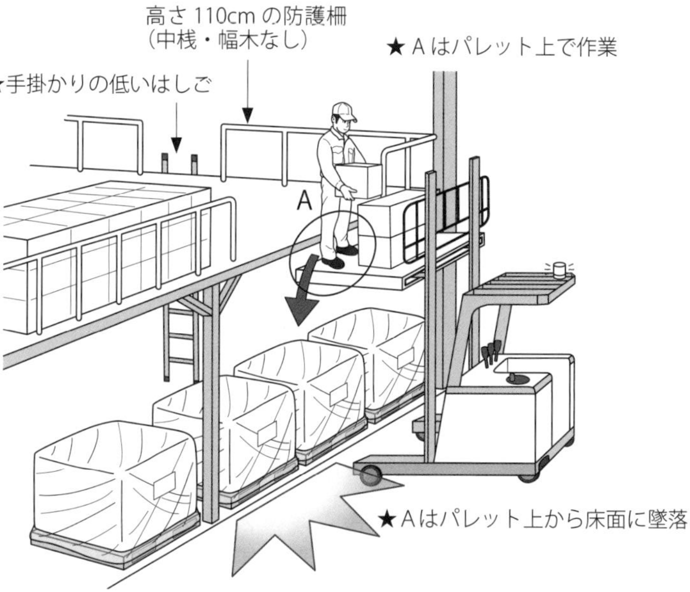
高さ 110cm の防護柵
（中桟・幅木なし）
★ A はパレット上で作業
★手掛かりの低いはしご
A
★ A はパレット上から床面に墜落

〔図－135〕安全な一人作業の状態と作業方法

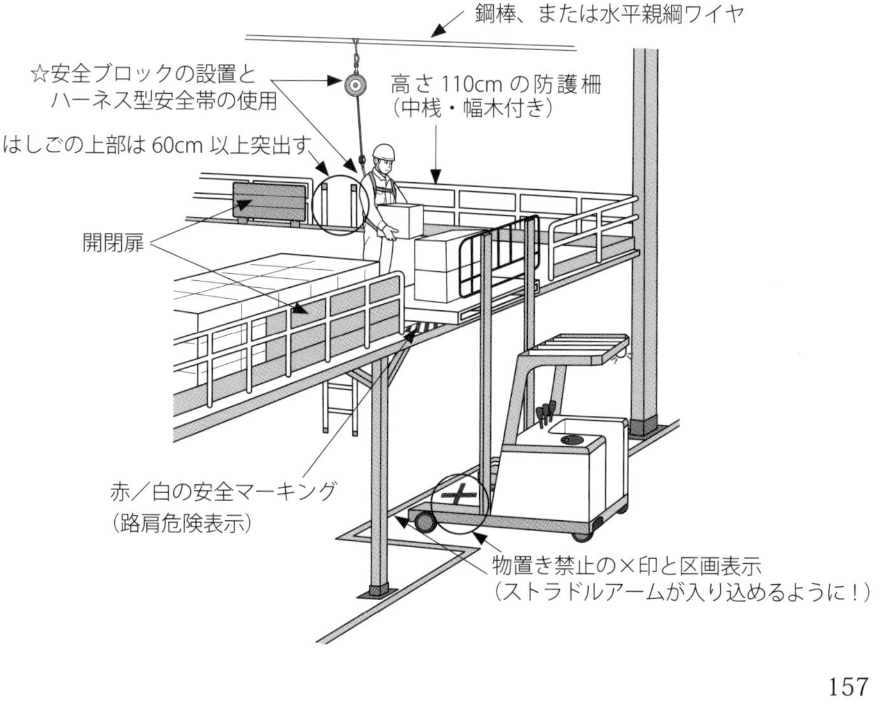
鋼棒、または水平親綱ワイヤ
☆安全ブロックの設置と
ハーネス型安全帯の使用
高さ 110cm の防護柵
（中桟・幅木付き）
はしごの上部は 60cm 以上突出す
開閉扉
赤／白の安全マーキング
（路肩危険表示）
物置き禁止の×印と区画表示
（ストラドルアームが入り込めるように！）

8 テルハの荷受けは無防護で作業するべからず

リスク算定【ＲＬ－Ⅳ】　■不安全な状態　▲不安全な行動

「テルハ」とは、Ｉ形鋼等のレールに沿って、荷の上げ下げと、移動（横行）をする「二次元運動のクレーン＊1」をいい「荷役・揚重作業の合理化と省力化」ができる。電気トロリ結合式チェーンブロックは、定格荷重１t以下が多いが、大容量形は 7.5 t から 20 t がある。

＊１：ホイスト（巻上げ装置）を使ったものが多く、チェーンが主流で、用途は材料・製品の搬出入、小規模の荷役運搬用など操作が簡単なので、多数の業種の屋内・屋外で使われている

《荷揚げ中に、足が滑って墜落の危険性と改善（☆）》〔図－136・137〕

作業構台は、高さ３ｍ・搬出入口の間口は４ｍで、搬出入口に「開閉式の扉」がなかった。テルハ操作者Ａは「長方形の荷（300kg）」を、搬出入口中央の路肩で、テルハでつり上げているとき、荷が回転していたので、荷振れを止めるため、前屈み状態になり、足が滑って床面に墜落。

【不安全な状態と安全な状態】

（１）路肩に「立入厳禁」の床表示がなかった

☆ ① 路肩に立入禁止区域「立入禁止」の床表示＊2を行う

（２）荷役運搬は、全て「協力会社任せ」だった

☆ ② 監督者は搬出入口の現場を観て（inspect）「危険な高所作業」との認識を持ち、テルハの作業手順書を作成し、内容を周知

＊２：第１章「10」の〔図－12〕を推奨

【不安全な行動と安全な行動】

（３）操作者Ａは安全帯を着用しなかった

☆ ③ 操作者はハーネス型安全帯を着用し、安全帯のフックを防護柵の手すりに掛けて作業

（４）玉掛け者＊3は、つり荷に介添えロープを取り付けなかった

☆ ④ 操作者は、必ず「地切り三寸＊4」を行い、玉掛け者は、介添えロープで誘導

＊３：法定資格未取得なので「安全な玉掛け方法は無知」だった

＊４：「地切り後、一旦停止」して、荷の安定状態などを確認

〔記〕玉掛けの方法は、Column ③「適正な玉掛けの方法」を参考に！

〔図－136〕危険な搬出入口の状態と作業方法

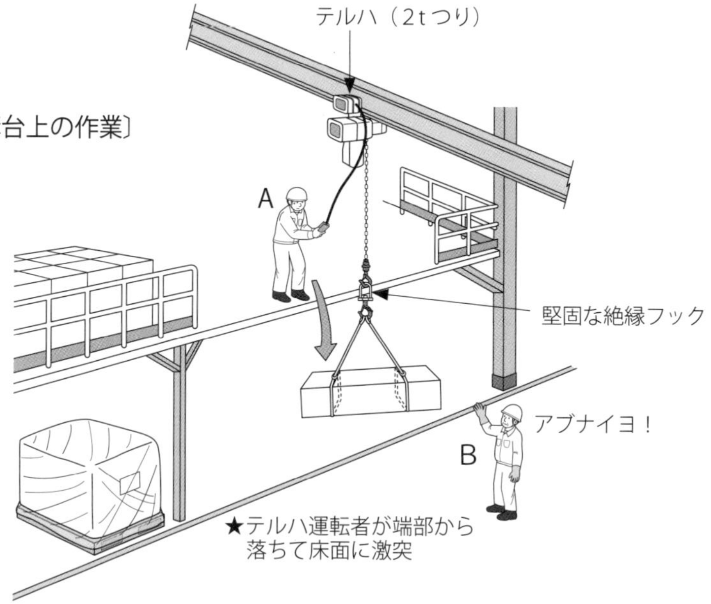

〔図－137〕安全な搬出入口の状態と作業方法

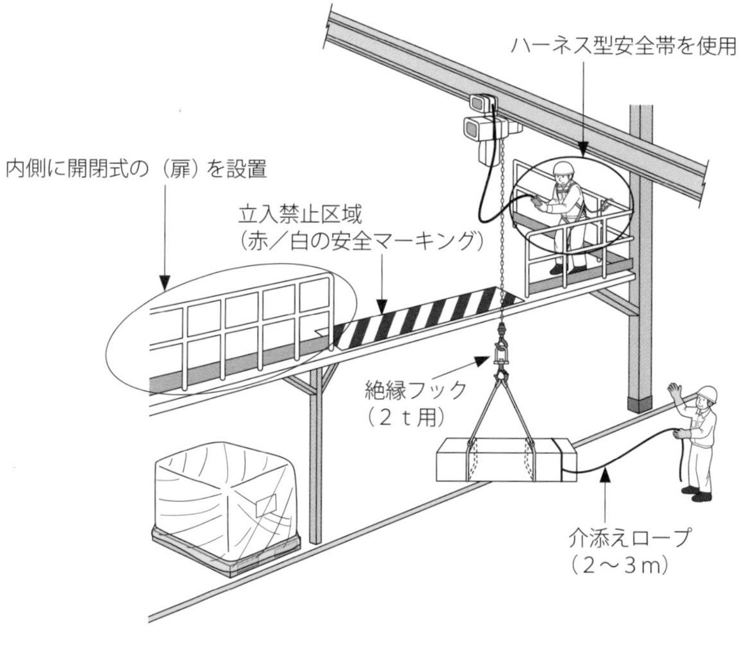

9 吹き抜け開口部は無防護状態で作業するべからず

リスク算定【ＲＬ－Ⅳ】　■不安全な状態　▲不安全な行動

吹き抜け開口部とは、物流・資材倉庫、製造職場が同一の製造棟（複数階）で、建物端部の中央にある「広い吹抜けの荷上げ・荷下げ用の開口部＊１」がある場所と定義する。

＊１：上部に床上運転式クレーンがあり、荷物の上げ下げ・横移動を行う
〔長所〕大容量の物を各階の床面へ、簡単に搬入・搬出が可能
〔短所〕「物の落下、人の墜落」の危険性が常に潜在する

《吹き抜け開口部での、墜落と落下の危険性と改善（☆）》〔図－138・139〕

〔災害１〕クレーン運転者Ａは、最上階にパレット荷を上げるため防護柵の下桟に乗り、身を乗り出して玉掛者Ｂを見ながら、クレーン操作をしていたとき、宙返りになって、９ｍ下の床面に墜落

〔災害２〕玉掛け者Ｃは、荷降ろし状況を見ようとして、防護柵の横に近づいたとき、バラ置きの単管パイプにつまずいて、パイプ２本が１階に落下し、床面で跳ねて（飛散し）通行者Ｄに２本が激突

【不安全な状態と安全な状態】

〔災害１・２共通〕

（１）防護柵の横桟は３本で、幅木は設置していなかった
☆ ① 横桟は縦桟とし、下部に高さ 15cm の幅木＊２を設置
＊２：幅木は「物の落下・人の墜落防止」に極めて有効〔安衛則第 563 条〕

（２）安全帯のフック掛け支柱がなかった
☆ ② 開口部の２隅に安全帯のフック掛け支柱を設置

（３）単管パイプ複数を、路肩に乱雑に置いていた
☆ ③ 単管パイプは「多目的台車＊３」に載せ、路肩から２ｍ以上離し横向きに置く

〔災害２〕

（４）１階の荷受け場に立入禁止柵がなかった
☆ ④ 図のように、荷受け場の周囲は「立入禁止の防護柵」を設置

【不安全な行動と安全な行動】

〔災害１・２共通〕

（５）Ａ・Ｂ共に、安全帯を着用しなかった
☆ ⑤ ハーネス型安全帯を着用し、安全帯のフック＊４は「フック掛け支柱」に掛ける

＊３：長い単管パイプ・鋼材などを収納、そのまま玉掛けが可能
＊４：〔図－16・17〕の通り、フックは頭より高くないと効果が少ない
〔記〕開口部は、第４章「６」と同様の危険性がある

〔図－138〕
危険な開口部の状態と作業方法

〔**災害1**〕はAが墜落

〔**災害2**〕はパイプ類が落下し、通行者Dに激突

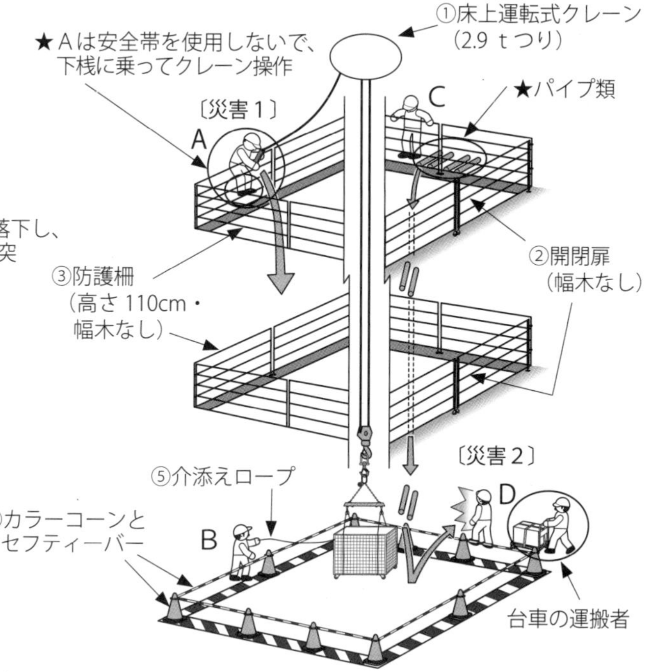

〔図－139〕
安全な開口部の
状態と作業方法

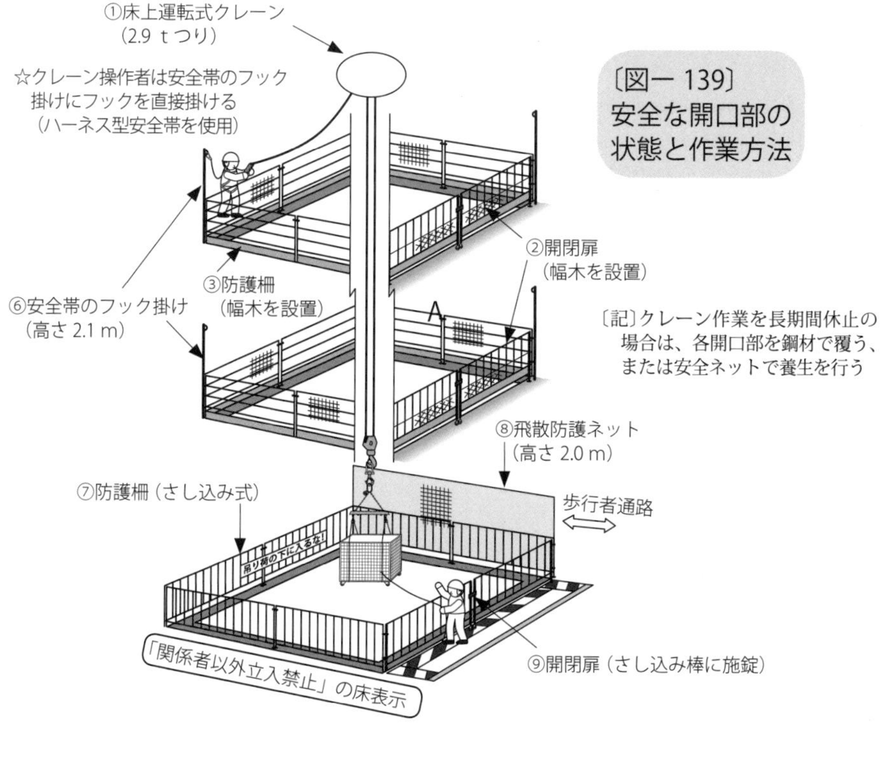

〔記〕クレーン作業を長期間休止の場合は、各開口部を鋼材で覆う、または安全ネットで養生を行う

10 通路内の点検口は開放状態で放置するべからず

リスク算定【ＲＬ－Ⅳ】　■不安全な状態　▲不安全な行動

《通路内の点検口の清掃・維持管理》

大多数の事業場には「通路内に点検口」が多数あり、点検口[＊1]は蓋を開けると「一瞬にして危険な開口部状態」になる。当事業場では、清掃・維持管理作業は土・日とし、別々のビルメン会社[＊2]に委託。

＊１：地下に共同溝があり、給水管・下水管などを収納

【警告】海に近い排水路は「酸欠と硫化水素中毒」の危険性がある

＊２：ビルメン会社の作業者の大多数は、55 歳以上の高齢者の就業が多い

《清掃会社の女性従業員が点検口から墜落の危険性と改善（☆）》〔図－ 140・141〕

給水管の漏水補修のため、水道会社のＡ・Ｂは点検口の蓋を開けてロッカーの横に置き、作業に必要な資機材運搬のために、駐車場の貨物自動車に戻り準備をしていた。悲鳴が聞こえたので、点検口に戻ったら清掃会社の女性Ｂが深さ３ｍ下の底面に墜落していた。急報を聞き、休日出動の従業員ら多数が被災現場に駆けつけたが「救助方法を全く知らない」ので、消防署からの要請で遠方にあるレスキュー隊が出動し、事故発生から２時間後に救急車で病院に搬送された。

【不安全な状態と安全な状態】

（１）Ａ・Ｂは「点検口を開放状態」で点検口を離れた

☆ ① 点検口周辺に「立入禁止措置と開口部養生」を必ず行う

（２）通路の照度は自然光のみなので薄暗かった

☆ ② 点検口周辺は、照明を点灯

（３）事業場・清掃会社にも「開口部作業の作業手順書」はなかった

☆ ③「開口部作業の作業手順書」を作成し、内容を周知

【不安全な行動と安全な行動】

（４）女性従業員Ｂ（60 歳）は、両手にプラボックスを抱え、足元が見えない状態で小走りで歩いていた

☆ ④ プラボックスは台車に載せて、足元を見ながら歩行

（５）誰も人命救助の方法を知らなかった

☆ ⑤ 人命救助の用具（兼用脚立とロープ）を備え、ダミーで訓練を行う（〔図－ 21〕の「２：１比率」のロープワークは、人力で救助可能！）

〔図ー 140〕
危険な点検口の状態と作業方法

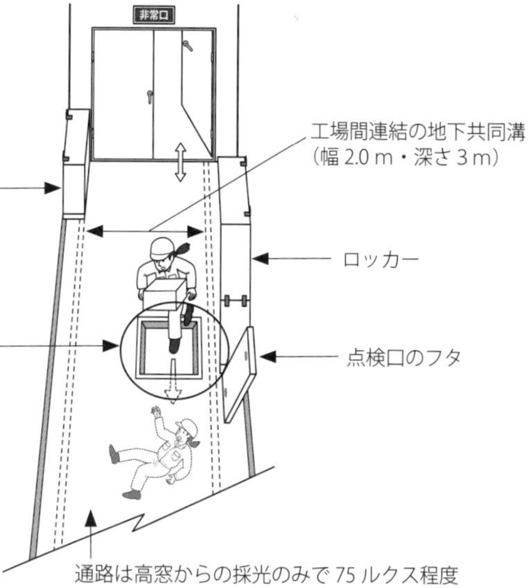

非常口
工場間連結の地下共同溝
（幅 2.0 m・深さ 3 m）
ロッカー
ロッカー
70cm 角の点検口（深さ 3 m）
★危険な落とし穴！
点検口のフタ
通路は高窓からの採光のみで 75 ルクス程度

〔図ー 141〕安全な点検口の状態と作業方法
〔応急的な救助は、兼用脚立とロープ比率「図ー 21」で可能〕

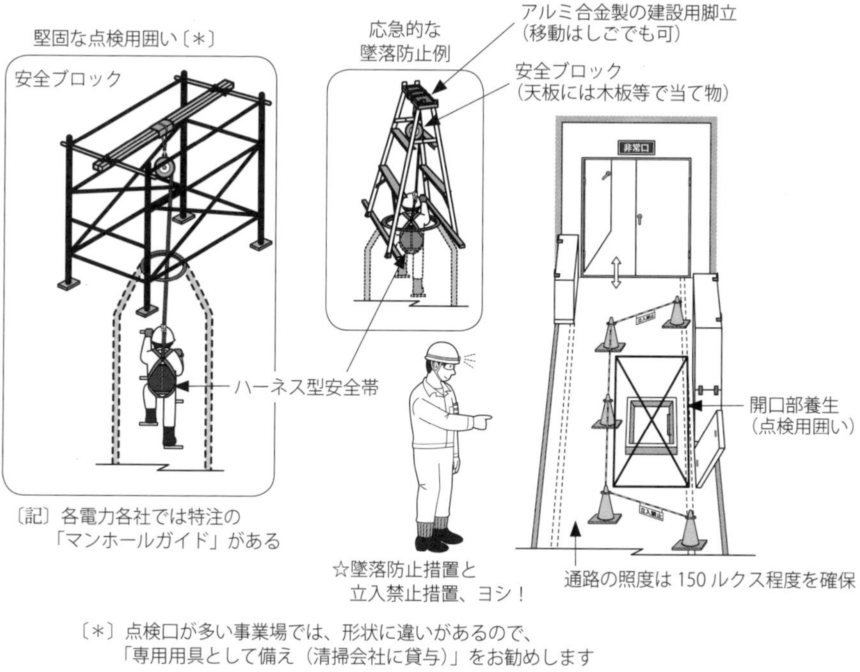

堅固な点検用囲い〔＊〕
安全ブロック
応急的な
墜落防止例
アルミ合金製の建設用脚立
（移動はしごでも可）
安全ブロック
（天板には木板等で当て物）
非常口
ハーネス型安全帯
開口部養生
（点検用囲い）
立入禁止
〔記〕各電力各社では特注の
「マンホールガイド」がある
☆墜落防止措置と
立入禁止措置、ヨシ！
通路の照度は 150 ルクス程度を確保

〔＊〕点検口が多い事業場では、形状に違いがあるので、
「専用用具として備え（清掃会社に貸与）」をお勧めします

〔記〕「酸欠・硫化水素中毒」は「如何に早く救助するか！」である

11 タンク車のタンク上は無防備で作業するべからず

リスク算定【ＲＬ－Ⅳ】　■不安全な状態　▲不安全な行動

大型タンク車は、油・水・原乳・原粉などを運ぶ、筒型の金属製タンクを装備した貨物自動車である。道路交通法で高さは 3.8 m以下と規制されているので「固定の手すり設置は不可能（折りたたみ式は可能）」なので、タンク上は、高さ３m程度＊1の手すりのない作業床の危険な作業となる。

＊１：タンク上に 170cm の人が立てば、頭頂は 4.7 m

《原乳運搬のタンク上から墜落の危険性と改善（☆）》〔図－142・143〕

〔災害１〕Ａは、運転席横の固定はしごを昇り、屋根上に乗り移ろうとした時、足が滑って 2.7 m下の路面に墜落し、頭・背中を強打

〔災害２〕運転者Ｂは、タンク上を移動していて足が滑り、つま先止めで「翻筋斗（もんどり）打って」、３m下の路面に頭から墜落

【不安全な状態と安全な状態】〔災害１・２共通〕

（１）固定はしごは「壁面との間隔が２cm 程度」だった

☆①全長４mのフック付き階段はしご〔図－23（d）＊2〕を設置

＊２：両側手すり付き、設置角 60 度、踏桟奥行きは 15cm と広い

（２）安全帯を掛ける設備がなかった

☆②墜落阻止装置を設置〔図－19〕

(a) 門型移動式　(b) ひさし下に固定式〔図－143 □内〕

（３）墜落防止の手すりがなかった

☆③高さ 1.1m の折りたたみ式手すり＊3を設置（推奨）

＊３：危険性を認識している一部の事業所の散水車などに設置

（４）タンク上作業は「物流会社任せ」だった

☆④事業場内作業なので、物流会社と共同で設備対策重視の「タンク上作業の作業手順書」を作成し、勉強会を行い周知

【不安全な行動と安全な行動】〔災害１・２共通〕

（５）Ａ・Ｂは、保護帽・安全帯を着用しなかった

☆⑤高所作業では保護帽は着用。また、ハーネス型安全帯を着用し、安全ブロックのフックは「連結ベルトのＤ環に直接」掛ける

【事業者の責務】高さ２m以上の箇所では、事業者は「安全帯等の取付設備等」を設けなければならない〔安衛則第 521 条〕

〔図ー 142〕不安全な固定はしごとタンク上の状態と行動

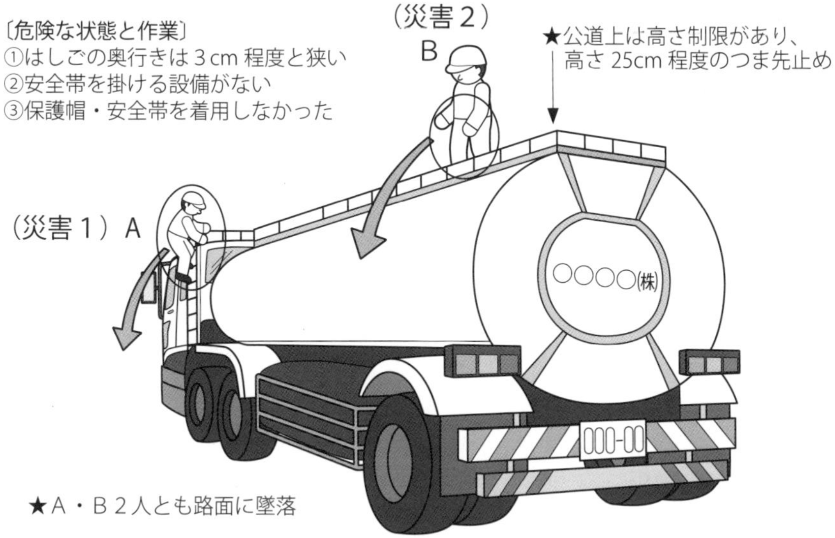
〔危険な状態と作業〕
①はしごの奥行きは3cm 程度と狭い
②安全帯を掛ける設備がない
③保護帽・安全帯を着用しなかった
（災害２）
B
★公道上は高さ制限があり、
高さ 25cm 程度のつま先止め
（災害１）A
○○○○㈱
000-00
★A・B２人とも路面に墜落

〔図ー 143〕常時安全帯を使用の状態と行動

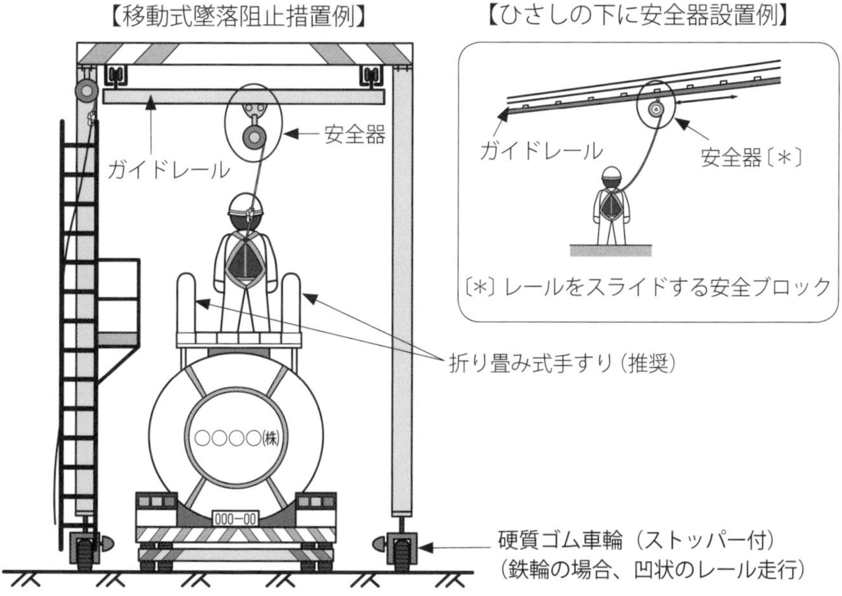
【移動式墜落阻止措置例】
【ひさしの下に安全器設置例】
安全器
ガイドレール
ガイドレール
安全器〔＊〕
〔＊〕レールをスライドする安全ブロック
折り畳み式手すり（推奨）
○○○○㈱
000-00
硬質ゴム車輪（ストッパー付）
（鉄輪の場合、凹状のレール走行）
☆ひさしの下に安全器のガイドレール設置を推奨

〔記〕タンク車は、昇降時・タンク上では「常時ハーネス型安全帯を使用」

12 ホイール式高所作業車は砂利面に設置するべからず

リスク算定【ＲＬ－Ⅳ】　■不安全な状態　▲不安全な行動

近年、ホイール式垂直昇降型（シザース型）高所作業車＊1は、無足場工法として、多業種の設備・保全作業などで多用されている。

＊１：複数の会社が製造しており、作業床高 10 m未満が大多数
　Ｉ社の作業床高 5.8 m（SV06DNS）の場合、主な仕様は、機体寸法〔L＝185cm. W＝76cm. H＝206cm〕、質量：1470kg、積載荷重：230kg

《ホイール式シザース型高所作業車の転倒の危険性と改善（☆）》〔図－144・145〕

〔作業状況〕倉庫の増築工事で鉄骨組と屋根葺きが完了し、床面は砂利を敷き、転圧をしていない状態で、設備会社は工期が大幅に遅れていたので、休日返上で天井部の配管などを行うことにした。

〔災害発生〕設備会社は、ゼネコンから借りた高所作業車を砂利上に直接設置し、作業床に３人が乗って、高さ６mの天井下の配管を行っていた。高所作業車を砂利の上で何度も移動させたので、砂利の凹凸が甚だしくなり、配管連結部の増し締めをしているとき、作業床が傾き３人は乗った状態で転倒した。３人は安全帯を手すりに掛けていたので、飛び降りる事も出来ず、床面に激突した。

【不安全な状態と安全な状態】

（１）高所作業車を凹凸のある砂利上に直接設置した
　☆ ① 砂利は水平に転圧し、大断面の敷鉄板を作業区域全体に設置

（２）作業床内の３人は、最大積載荷重に近い状態だった
　☆ ② 資機材・工具も見込み、作業床内は２人に限定

（３）安全帯を安全に掛ける設備がなかった
　☆ ③ 天井部に安全ブロックを設置〔安全ブロック＊2は、１人に１組〕

＊２：フック付き安全ブロックは「床面から操作棒」で掛ける

【不安全な行動と安全な行動】

（４）３人は胴ベルト型安全帯（１本つり専用、ロープ式）だった〔図－14(a)〕
　☆ ④ ２人作業とし、ハーネス型安全帯を着用し、安全ブロックのフックは「連結ベルトのＤ環に直接」掛ける

（５）操作者は操作が未熟だった
　☆ ⑤ 技能講習修了者の熟練者が操作を行う

〔図ー 144〕不安定な床面に高所作業車を設置と不安全な行動

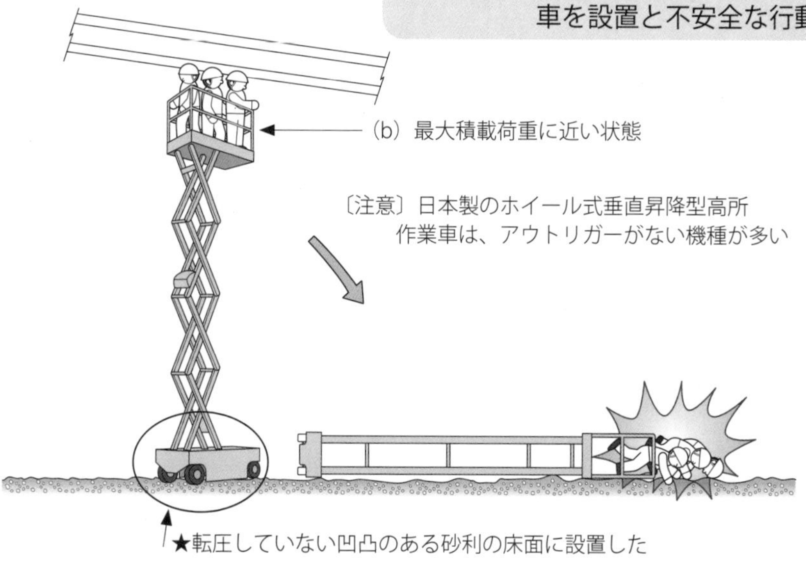
(b) 最大積載荷重に近い状態
〔注意〕日本製のホイール式垂直昇降型高所作業車は、アウトリガーがない機種が多い
★転圧していない凹凸のある砂利の床面に設置した

〔図ー 145〕不安定な床面に高所作業車を設置と安全な行動

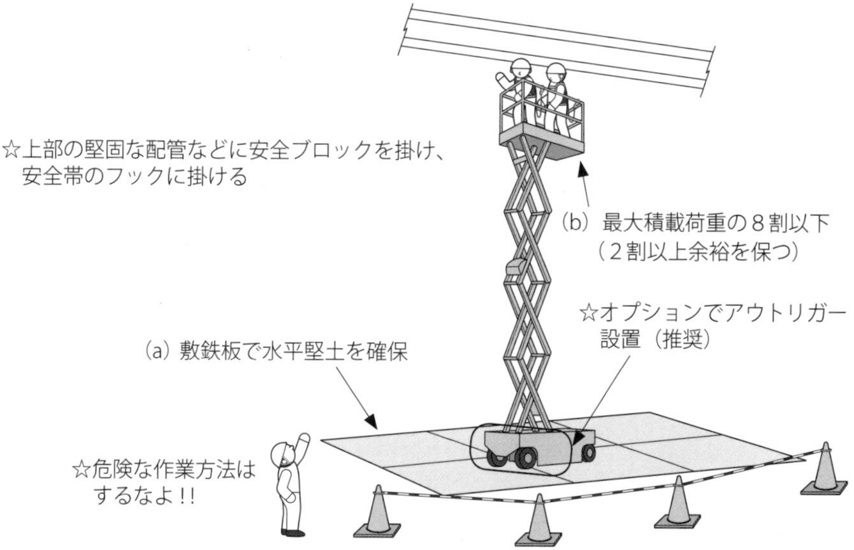
☆上部の堅固な配管などに安全ブロックを掛け、安全帯のフックに掛ける
(b) 最大積載荷重の８割以下（２割以上余裕を保つ）
☆オプションでアウトリガー設置（推奨）
(a) 敷鉄板で水平堅土を確保
☆危険な作業方法はするなよ!!

【警告】お客様が、立ち合い検査で作業床に乗り、被災したら信用を無くし「営業活動は、全て無（all or nothing)」になる

第4章

13 バケットから身を乗り出して作業するべからず

リスク算定【ＲＬ－Ⅳ】　■不安全な状態　▲不安全な行動

高所作業車は、主に４種類〔図－26〕に大別され、ここでは小型の、２ｔ車架装の「トラック式伸縮ブーム型＊1」をテーマとする。

＊１：Ｔ社のバケット床面高さ 9.9 m（AT−100TG）の場合、主な仕様は、バケット内寸法〔L＝100cm. W＝70cm. H＝90cm〕、機体寸法〔L＝477cm. W＝170cm. H＝281cm〕、積載荷重：200kg（２人）、車両質量：6150kg

《バケットから身を乗り出して墜落の危険性と改善(☆)》〔図−146・147〕

〔作業状況〕強風のとき事務所棟に隣接した高木の小枝が窓ガラスに接触して騒々しいので、造園会社が枝打ちをすることにした。作業は、職長Ａ・社員Ｂ＊2・誘導員Ｃ・剪定枝の片付け２人の計５人。

〔災害発生〕上記の高所作業車を、事務所棟横に設置し、職長Ａが路面で剪定箇所の合図をしながら、Ｂはバケットの手すりに安全帯フックを掛けて「身を乗り出して剪定」しているとき、宙返りになってバケット下に宙づり状態になった。Ａは「緊急下降方法」を知らなかったので、レンタル会社に緊急連絡して１時間後にＢを救出した。

＊２：Ｂは身長 180cm＊3、入社２年目で特別教育修了者

＊３：第１章「11」の計算式で、身長 180cm の人の重心の高さは、
180cm × 0.54（体の重心高）＋３cm（靴の踵高）＝100cm

【不安全な状態と安全な状態】

（１）バケット内は１人だった
☆①バケット内は２人で作業

（２）バケット高 90cm の高所作業車を使用した
☆②バケット高 100cm の高所作業車を使用

【不安全な行動と安全な行動】

（３）Ａ・Ｂは、高所作業車の操作に未熟だった
☆③バケット内は操作慣れした人が最低１人

（４）Ｂはバケットから「身を乗り出して剪定＊4作業」をした
☆④バケットから「身を乗り出して剪定」作業は厳禁

（５）Ｂは胴ベルト型安全帯（１本つり専用、ロープ式）だった
☆⑤高所作業ではハーネス型安全帯を着用

＊４：造園会社は、三脚脚立と２連はしご使用の作業が多い

〔図ー 146〕
長身者がバケット内で
身を乗り出して１人作業

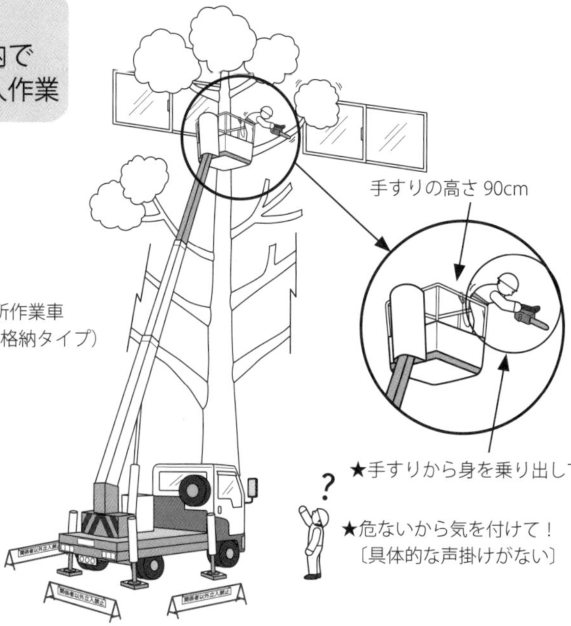
手すりの高さ 90cm
トラック式伸縮ブーム型高所作業車
（アウトリガー固定式：前方格納タイプ）
★手すりから身を乗り出して作業
？
★危ないから気を付けて！
〔具体的な声掛けがない〕

〔図ー 147〕ハーネスを着用し、高いバケット内で２人作業

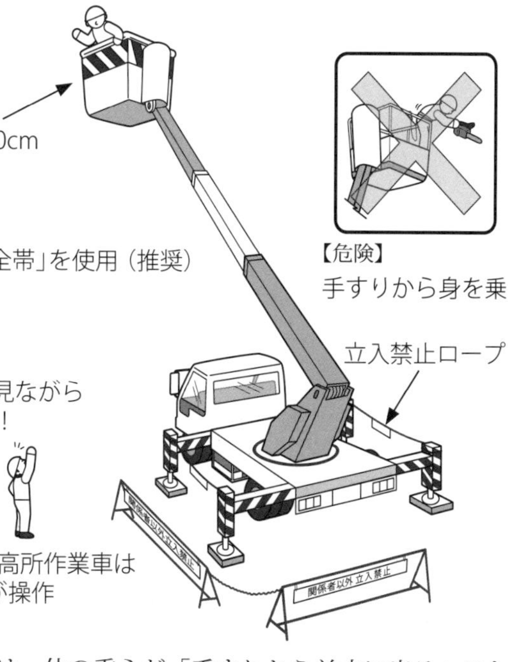
手すりの高さ 100cm
☆これからの時代は、
「造園会社もハーネス型安全帯」を使用（推奨）
【危険】
手すりから身を乗り出す
立入禁止ロープ（両側）
☆進行方向を見ながら
操作。ヨシ！
※高さ 10 m以上の高所作業車は
技能講習修了者が操作
関係者以外立入禁止
関係者以外立入禁止

〔記〕「身を乗り出し」とは、体の重心が「手すりから前方に出る」こと

14 天井クレーンのガーダー上などは無防護で歩くべからず

リスク算定【RL－Ⅳ】　■不安全な状態　▲不安全な行動

クレーン（以下、Cr）は「荷を動力を用いてつり上げ、かつ、これを水平に運搬」することを目的とする機械装置で、定置されたレールなどの「限定された場所を移動（移動式Crは、不特定な場所に移動）」する形式のもので、ここでは、死亡・重篤な災害事例＊1が多い「クラブトロリ式天井Cr＊2（ランウェー上をガーダー（以下、桁）が走行〕を、テーマとする。

＊1：「クレーン則第30条の2（運転禁止等）」などで厳しく規制

＊2：主巻き50t／副巻き10t：桁スパン20m：両桁間4m：桁上部の高さ20m（揚程17m）：手すり高は80cmで幅木はない

《ランウェーと桁上を歩行中の、墜落の危険性と改善（☆）》〔図－148・149〕

クラブ等の年次点検のため、作業者A・Bは、ランウェーの端部にある「固定はしご＊3」を昇り、Aは両手に工具袋を抱えて、ランウェー上を歩行中「レールにつまずいて」20m下の床面に墜落。Bは固定はしごの上部に、仮置きした工具類を運搬のため、桁上を歩行中「レールにつまずいて」17m下の工作機械上に墜落。

【不安全な状態と安全な状態】

（1）ランウェー上などの照度は、50Lx程度と薄暗かった

☆①天井Cr箇所上部の全体照明、または、投光機で200Lx程度の照度を確保

（2）歩行する両方の通路に、安全帯を掛ける物がなかった

☆②常設の水平親綱ワイヤー、または、マンセーフシステム〔図－19⑤〕を設置

【不安全な行動と安全な行動】

（3）A・Bは、安全帯を使用しなかった

☆③点検作業者はハーネス型安全帯を着用し、桁上などの歩行・作業時は「安全帯を常時使用」

（4）A・Bは、両手に物を持って歩行していた

☆④工具類は、背負子（しょいこ）などで背負い「ハンズフリー」で歩行

（5）A・Bは、ヘッドランプを保護帽に装着しなかった

☆⑤点検作業者は、ヘッドランプ付き保護帽を着用

〔図－148〕水平親綱ワイヤなどがない状態で歩行

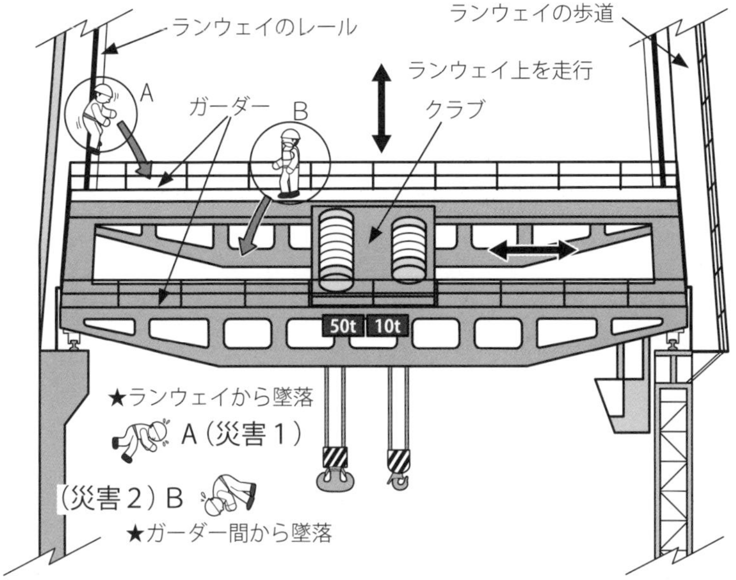

〔図－149〕墜落阻止器具を設置し、常時安全帯使用で歩行

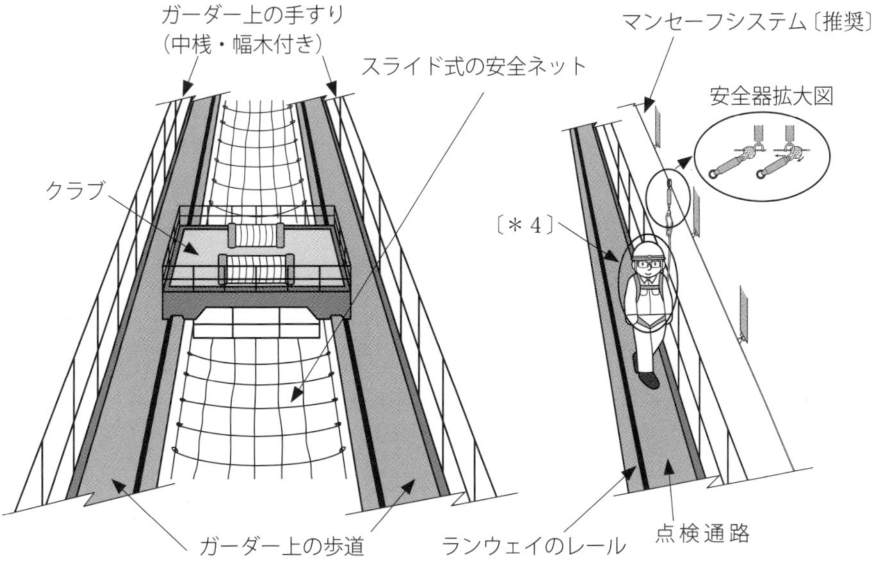

＊3：ガーダーは高さ 20 m以上なので、昇降設備は「踏だなのある固定はしご」〔第２章「４」〕で、墜落阻止装置〔図－19 ①〕を推奨
＊4：「ヘッドランプ付き保護帽とハーネス型安全帯」を着用

15 損傷したつり下げワイヤのゴンドラで作業するべからず

リスク算定【ＲＬ－Ⅳ】　■ 不安全な状態　▲ 不安全な行動

ゴンドラは、専用の昇降装置によって「作業床が上昇または下降するつり足場[＊1]」で、ワイヤロープ（以下、wr）などによってつり下げられた作業床、作業床の昇降装置、巻過ぎ防止装置、制動装置などにより構成されている。形式は、ビルなどの外壁・窓ガラスの清掃作業に使用される「アーム俯仰型[＊2]・アーム固定型・モノレール型」、外装工事などに使用される「デッキ型」などがある〔安全衛生用語辞典〕。

＊１：落下等による事故のほか、作業床からの墜落災害等が多く発生

＊２：作業床をつっている wr を受け止めているアームが起伏する

《作業床が傾いて宙づりの危険性と改善（☆）》〔図－ 150・151〕

地上９階建てビルの窓ガラス清掃のため、備え付けの「アーム俯仰型ゴンドラ（軌道式）を用いて、３階（３Ｆ）の窓で作業中、つり下げ wr ２本のうち１本が破断して作業床が傾いたため、作業床内の２名（Ａ・Ｂ）は「路上から高さ６～７ｍの位置で宙づり状態」になった。屋上の職長Ａが事業場に緊急連絡し消防署のはしご車が到着し、はしご車で救出された。幸い「短時間の救出」だったので、腹部打撲と軽度の内蔵破裂で短期入院で済んだ。

【不安全な状態と安全な状態】

（１）つり下げ wr は「著しく形くずれ・キンク」していた

☆ ① つり下げ wr は「定期自主点検と作業開始前の点検」を行う

（２）垂直親綱（ライフライン）を設置しなかった

☆ ② 垂直親綱[＊3]は「ひとりに１本」設置

（３）ゴンドラの真下は、カラーコーン程度で誘導員は配置しなかった

☆ ③「立ち入り禁止措置」を行い、誘導員を配置（第３者を誘導）

＊３：２本の直径 16mm ナイロンロープにスライド器具を取り付ける

【不安全な行動と安全な行動】

（４）胴ベルト型安全帯を着用し、作業床の手すりにフックを掛けていた

☆ ④「保護帽・ハーネス型安全帯を着用」し「スライド器具のフックに安全帯の連結ベルトのＤ環」を直接掛ける

〔図－150〕アーム俯仰型ゴンドラの危険性

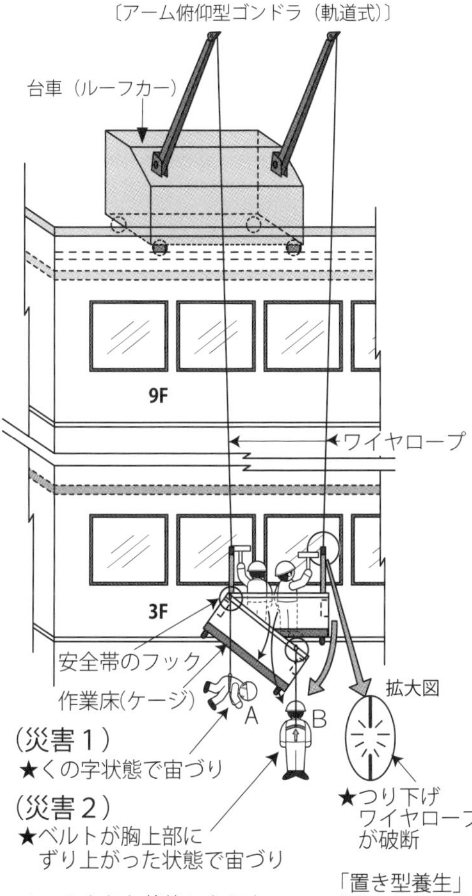

〔図－151〕垂直親綱使用で身の安全確保

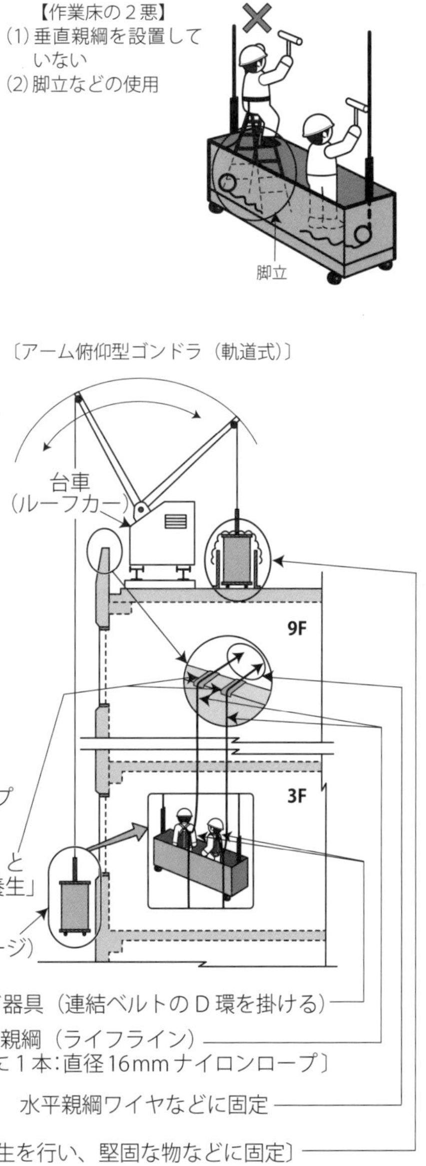

☆ハーネス型安全帯を着用し、垂直親綱（ライフライン）を使用していれば作業事業場で救出も可能

〔記〕公道隣接作業が多いので「第３者災害防止対策」を最重点に複数実施する

16 突りょうの設置方法不良でゴンドラ作業をするべからず

リスク算定【ＲＬ－Ⅳ】　■不安全な状態　▲不安全な行動

ゴンドラは、高層ビルなどの「外壁のメンテナンス」を行うために「都会では必要不可欠なつり足場」として、多数使用されている。ここでは、中高層の高さ 30m 以下のビルなどで使用している、可搬型ゴンドラの「突りょう[*1]の転倒でゴンドラが傾き宙づり」災害をテーマにする。

＊１：安衛法施行令に規定するゴンドラのうち「建造物の工事等のため一定期間設置」されるもので「昭 61.6.9 技術上の指針公示第 14 号」に「上部支持金具と突りょう」の使用方法を具体的に図示

《突りょうの設置方法不良の危険性と改善（☆）》〔図－ 152・153〕

路上に「標準デッキ型ゴンドラ（以下、ゴンドラ」を置き、立入禁止措置を行い、誘導員を配置してから、職長と作業者２名（Ａ・Ｂ）、突りょう等を運搬台車に乗せて、６階建てマンション屋上までエレベータで運搬。レンタル会社の作業手順書に基づき、台付け装置としてパラペット内側の丸環を利用し、直径 12mm のワイヤ（以下、wr）２本を、縦横に張りめぐらしてから、突りょうつり wr 等を設置。

【不安全な状態と安全な状態】

（１）「昇降装置はゴンドラの外側設置」を手配して使用した
　☆ ① ビル端部使用があるので「昇降装置はゴンドラ内設置」を使用
（２）突りょうをパラペットの端よりはみ出して設置した
　☆ ② 突りょうは「パラペット端部よりはみ出さない」ように設置
（３）「垂直親綱（ライフライン）」を設置しなかった
　☆ ③ 垂直親綱（直径 16mm のナイロンロープ）を２本設置

【不安全な行動と安全な行動】

（４）胴ベルト型安全帯を着用し、ゴンドラの手すりにフックを掛けていた
　☆ ④ 作業床内作業者はハーネス型安全帯を着用し、垂直親綱のスライド器具に安全帯のＤ環を直接かけて作業〔ゴンドラ則第 17 条〕
（５）Ａ・Ｂは法定資格はなく、特別教育修了者は、職長１名だけだった
　☆ ⑤ 特別教育修了者が操作を行う〔ゴンドラ則第 12 条〕

〔図－152〕パラペット端部に突りょうを設置

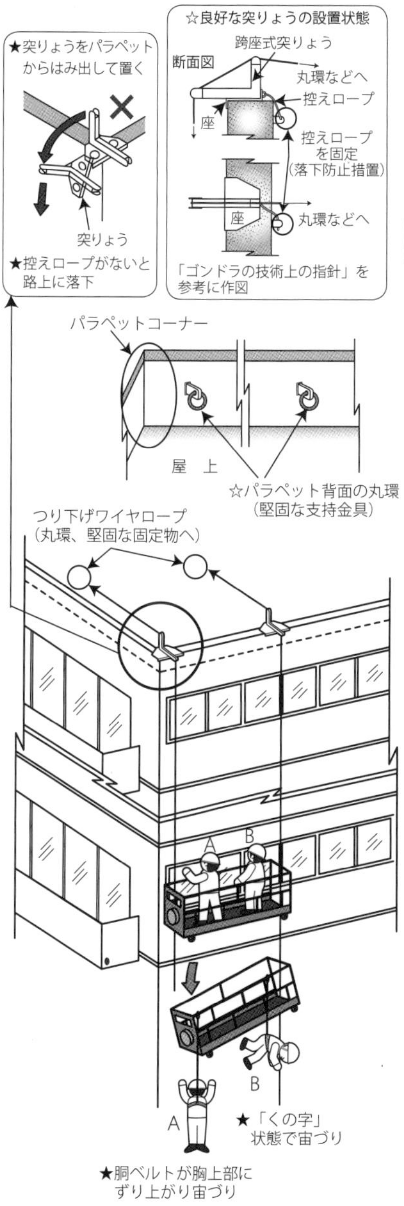

【両状態の被災は、事業場では救出困難！】

〔図－153〕突りょうの安全な設置方法と垂直親綱の使用

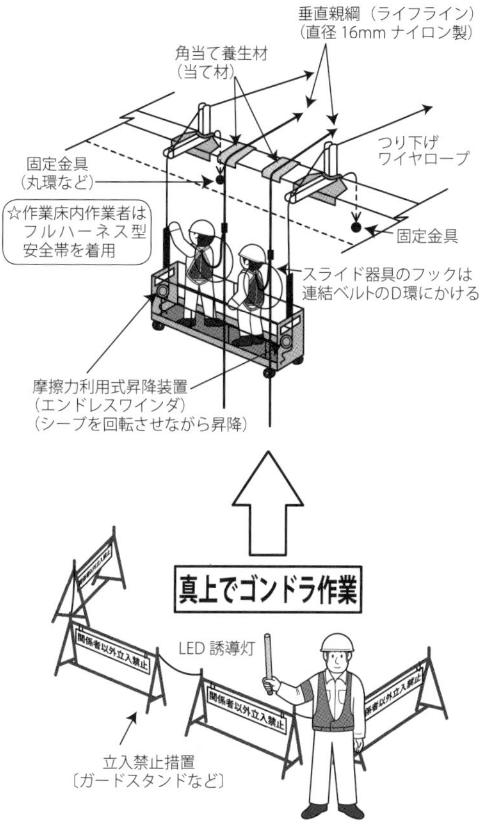

ゴンドラ作業の主な遵守事項

〔ゴンドラ則の第 3 章「使用及び就業」を要約〕

（1）ゴンドラの操作の業務を行う作業員は「特別教育受講者」を配置〔ゴンドラ則第 12 条〕

（2）ゴンドラは「最大積載荷重（人と材料を含む）の厳守」〔ゴンドラ則第 13 条〕

（3）ゴンドラ作業現場の下方に「立入禁止措置」を行う〔ゴンドラ則第 18 条〕

（4）ゴンドラ作業を行うときは、必ず「作業開始前点検」を行う〔ゴンドラ則第 22 条〕

（5）ゴンドラ作業を行う作業員は、安全帯を着用し「垂直親綱を使用」〔ゴンドラ則第 17 条〕

☆安全帯はフルハーネス型を推奨(☆宙づり状態になっても、事業場で救助が可能)

（6）「悪天候（強風・大雨・大雪等）時の作業禁止」〔ゴンドラ則第 19 条〕

（7）ゴンドラの作業床内で「脚立・はしご等の使用禁止」〔ゴンドラ則第 14 条〕

〔記〕関係者は「ゴンドラ作業の主な遵守事項」〔ゴンドラ則〕を学びましょう

17 マンホール作業は無防護で作業をするべからず

リスク算定【ＲＬ－Ⅳ】　■不安全な状態　▲不安全な行動

マンホール（manhole）とは、地下の下水道や配電管路の途中に設けられた「作業点検用の出入口」。地表面にはふつう鋳物製の蓋で覆う。丸型マンホールの直径で一番多いのは 60cm で次いで 90cm。深いマンホールが多数ある場所は飛行場〔＊１〕・大規模の造成地・発電所・ゴルフ場などです。

＊１：滑走路の周辺は突起物を出せないので、大断面の共同溝の中に消防用水・雨水管・電力管・通信管・作業用通路を設置。深さは６m程度。

《マンホールを開口状態にして作業を行う場合の危険性》

①作業者・第三者が墜落　②資材等が落下し坑内作業者に激突など。

〔図－ 154〕市販の安全柵４例

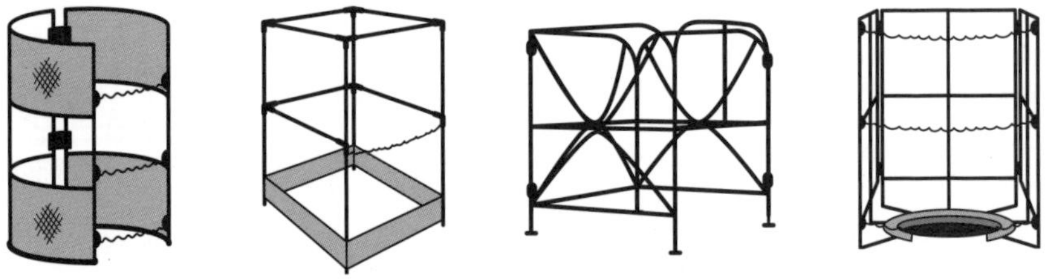

(a) 孔柵くん　(b) 丸型鉄蓋用ガイド　(c) ポールフェンス　(d) エックスティーパ

【災害】無防護のマンホールから墜落

〔災害発生〕大雨の後、水路内の状態を確認のため作業者Ａがマンホール内に入ろうとしたとき、手・足が滑って５m下の水路に墜落し、50 m下流の泥溜まで流された。２時間後にレスキュー隊に救助されたが溺死だった。

【不安全な状態と安全な状態】〔図－ 155・156〕

（１）周囲に立入禁止措置を設置しなかった。

☆ マンホール屏風等で立入禁止措置を行う。

（２）マンホール（MH）の出入口は無防護だった

☆ MH は開口状態にする前に、安全ブロック付き安全棚で防護。

【不安全な行動と安全な行動】〔図－155・156〕
（3）作業者Aは安全帯を着用しなかった
☆作業者はハーネスを着用し、安全ブロックのフックに掛けて入坑
（4）作業者Aは硫化水素・酸素濃度の測定をしなかった
☆作業者は、「硫化水素・酸素濃度の測定」を行い、安全確認を行う

〔図－155〕開口状態のマンホールから墜落し、水路を流され溺死

（1）▲周囲に立入禁止措置を設置しなかった
（2）▲マンホールの出入口は無防備だった
（3）▲作業者は安全帯を着用しなかった
（4）作業者はガス濃度の測定をしなかった

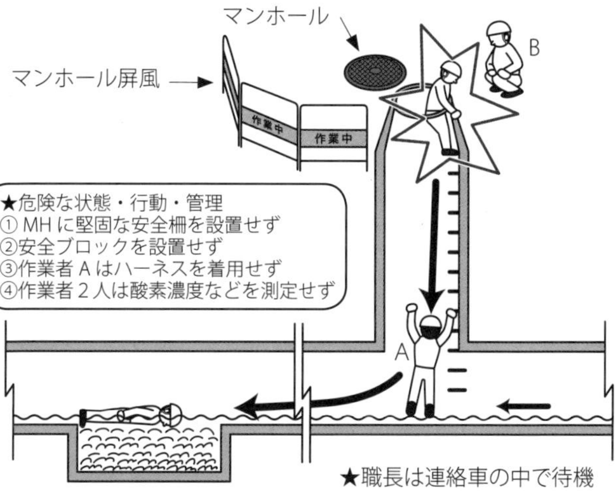

〔図－156〕安全柵を設置し、ハーネスを使用し昇降

（1）△マンホール屏風等で立入禁止
（2）△安全柵で開口部養生
（3）□ハーネスを安全ブロックに掛けて昇降
（4）□ガス濃度測定を行い、安全確認し入坑

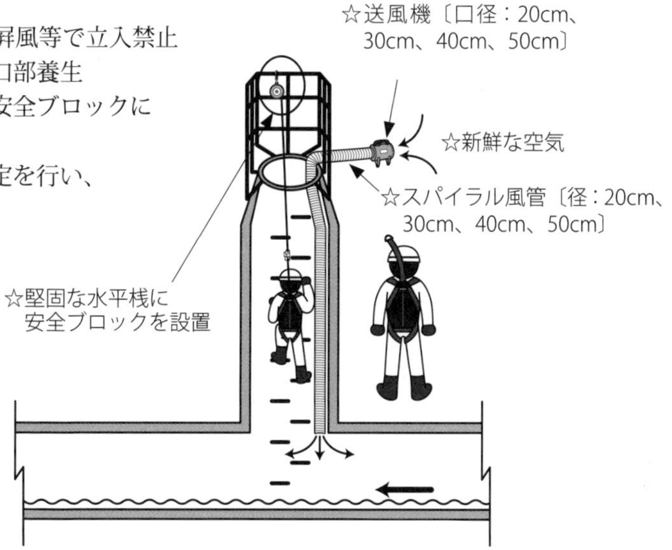

むすび

筆者は、ゼネコン在職中（昭和40年〜平成11年）に、建設業での多数の死亡・重篤な災害を体験・見聞きし、過去の不幸な災害事例等からも多くのことを学びました。また、中災防の安全管理士（平成11年〜平成24年）活動と、中災防卒業後は労働安全コンサルタント・中災防安全衛生エキスパート活動*1を通じて、建設業以外の官公庁を含む全産業でも、「墜落等で致命的な災害が発生*2」を知り、多数の具体的な改善提案を行ってきました。筆者は、「天災（natural disaster）は防げない（減災*3は可能）が、人災（human negligence）は防げる*4」との強い思いを持ち、高所作業に係わる集大成（compilation）として、執筆図書と連載の中から厳選し「高所作業の知識*5とべからず83事例（改訂第2版）」にまとめました。

本書をここまでまとめることができたのは、安全衛生に関する諸先輩の御指導、多くの参考図書等によるところが大きく、関係各位に厚く感謝申し上げます。特に、今回も「中災防出版事業部編集課、藤井電工(株)、(株)杉孝の本社、労働新聞社出版事業局」にお世話になり、ここに記してお礼申しあげます。

＊1：多数の図書執筆・監修と長期の連載（364回）継続中。

＊2：2024年4月から、日本クレーン協会の「クレーン」に再連載

＊3：「人がエネルギーとなって衝突（collision）」〔第1章「4」〕

＊4：作業中の長時間停電は、墜落阻止器具と保護具で対応が可能

＊5：安全な行動には「適正な知識⇒知恵を働かす（知力）」が必要

令和6年2月

《主な参考図書等》

①「新・産業安全ハンドブック」中災防刊　②「安全の指標（令和5年版）」中災防刊　③「安全衛生用語辞典」中災防刊　④「安衛法便覧（令和5年度版）」労働調査会刊　⑤「なくそう！墜落・転落・転倒（第8版）」中災防刊　⑥「安全の手引」三井住友建設刊　⑦「仮設機材マニュアル」仮設工業会・(株) 杉孝　⑧複数社の「レンタル総合カタログ」

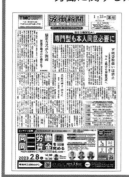

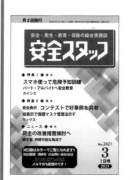

索引 〔用語、機械等の種類、Column、他〕

著者略歴　中野　洋一

1965年4月、準大手ゼネコンに入社し、1992年まで同社で全国各地の大型土木工事の現場に勤務。その後、本店・支店の安全環境部に勤務しながら、社外協力として建設業界の各種の委員を歴任。この間に労働安全コンサルタントを取得。

1999年5月～2012年6月は、中災防の安全管理士として勤務し、全国多業種の事業所の安全診断、安全指導、安全講話、安全教育等を行いながら、複数の図書の執筆、監修指導を行いました。2012年7月に安全コンサルタントとして独立、複数社の図書の執筆・監修指導・連載を行い、中災防在職中と同様の安全指導などを行っています。2016年10月に「緑十字賞（中災防）」を受賞。2011年4月から2回／月・2020.4.1から1回／月、労働新聞社の安全スタッフに「イラストで学ぶリスクアセスメント（以下、ＲＡ）」を連載中です。2016年11月に「製造現場等におけるイラストで学ぶＲＡ〔第1集〕を出版。

執筆・連載のエネルギーは「読者の声に支えられての情熱（passion）」で、「社会的な使命（mission）・天命（fate）」と考えています。

〔主な執筆図書と監修指導した図書・小冊子〕

Ａ：　執筆図書

（1）「なくそう！墜落・転落・転倒（第8版）」：中災防刊

（2）安全確認ポケットブック6冊：中災防刊

(a)「墜落・転落災害の防止（第3版）」

(b)「酸欠等の防止」

(c)「玉掛け・クレーン等の災害の防止」

(d)「フォークリフト災害の防止」

(e)「はしご・脚立等の災害の防止（第2版）」

(f)「工作・加工機械の災害の防止」

（3）「高所作業のべからず65（絶版）」ジェイマック刊

（4）「イラストで学ぶリスクアセスメント（第1集）」労働新聞社刊

Ｂ：　監修指導図書

（5）「墜落・転落・転倒（災害ゼロに向けて）」地方公務員安衛協刊

（6）「安全就業のためのチェックポイント」全国シルバー人材センター協会刊

イラストで学ぶ 高所作業の知識とべからず83事例 改訂第2版

平成30年6月1日　初　版

令和6年2月22日　改訂第2版第1刷

著　者　中野 洋一

発行所　株式会社労働新聞社

〒173-0022　東京都板橋区仲町29-9

TEL：03-3956-3151　FAX：03-3956-1611

https://www.rodo.co.jp/　Email：pub@rodo.co.jp

印　刷　株式会社ビーワイエス

イラスト　高橋 晴美

ISBN978-4-89761-978-1

乱丁本・落丁本はお取替えいたします。